KB236344

'무학대사' 자초스님에 관하여

　무학대사 자초(自超) 큰스님은 고려왕조 말엽으로부터 새 조선왕조의 창업에 이르는, 역사적 사회적 격동기를 뜨겁게 살다간 현실참여의 지식인 승려이다. 나옹 혜근선사에게서 법을 이어받는 등 불법을 구함에도 게을리하지 않았으나, 스님에 대한 역사적 평가는 무엇보다 썩고 병든 고려를 대신할 새로운 왕조를 위하여 현실정치에 뛰어들었던 역사적인 사실에서 찾을 수 있겠다. 스님은 태조 이성계의 정신적 지주이자 스승이 되어, 낡은 왕조 4백여 년의 병든 고려를 버리고 나라의 안정과 민족의 장래를 위하여 주요한 산파역을 담당하였다. 그러므로 스님은 새나라의 건국과 평화를 갈구하여 온몸으로 정성을 바쳐서 뒷바라지함으로써, '위로는 부처님을 구하고, 아래로는 중생을 제도(上求菩提 下化衆生)'하고자 자비의 보살행을 실천하신 어른이다.

　무학스님은 그의 나이 58세 때에 당대의 명장 이성계와 인연을 맺는다. 스님이 함경도의 안변 설봉산 토굴에서 참선수행하는 중에, 두 사람은 운명적으로 조우하게 되었으며, 그로써 스님께서는 당대의 신진 개혁세력과 손을 잡는다. 그리하여 스님은 어지러운 국가적 난

무학대사 진영 : 태조 이성계의 스승으로서 조선왕조 개국에 깊이 관여하였으며, 회암사에 머물며 한양 천도에도 일조하였다. 조선왕조 최초이자 최후의 왕사(王師)

☞ 회암사 가는 길

👆 **회암사** : 웅장하고 아름답기로 동국제일의 절이었으나 1565년 화재로 전소하고 1821년 재건하였다. 지공 나옹 무학의 부도와 비가 있다.

👁 무학대사 부도

실록소설

무학대사

下

실록소설

무학대사

노경식 지음

下

문원북

무학대사 (下)

초판 1쇄 인쇄일 1998년 4월 13일
초판 1쇄 발행일 1998년 4월 17일
지은이 노경식
펴낸이 문관하
펴낸곳 도서출판 문원북

주소 서울시 수표동 56-17 의성빌딩 4층
전화 278-9860-1
팩시 274-3243

출판등록 1992년 12월 15일   제 4-197호
값 8,000원

잘못된 책은 바꾸어 드립니다.

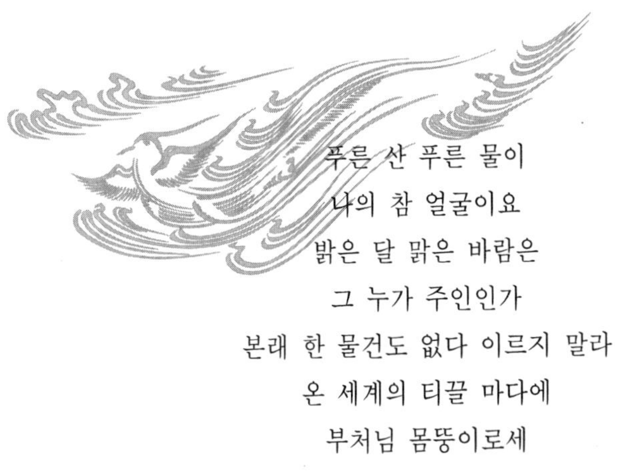

푸른 산 푸른 물이
나의 참 얼굴이요
밝은 달 맑은 바람은
그 누가 주인인가
본래 한 물건도 없다 이르지 말라
온 세계의 티끌 마다에
부처님 몸뚱이로세

차 례

제와 비참한 '민중적 현실'을 직시하고, 중생구제와 나라의 안녕을 위해 열심히 애쓰고 노력한다. 오로지 백성을 도탄에서 구하고 나라를 위기에서 구출하기 위하여, 낡은 헌집을 헐어내고 참신한 새집을 지어내고자 그는 온 힘을 쏟아부었던 것이다.

그러고나서 비로소 새나라가 건설되었을 때, 스님은 모든 명예와 공리를 떠나, 한 점 미련없이 다시금 산승생활(山僧生活)로 표연히 돌아간다. 무학스님은 당신이 원하고 바라던 부처님 제자로서의 구도자의 길을 초연하게 걸어가신 것이다. 여기서 우리는 현실정치의 세속에 살면서도 썩은 권세와 헛된 명예욕 같은 세사에 물들지 않는 한 신앙인의 참다운 삶과 인간적인 면모를 만나게 된다. 그러므로 우리는 무학스님의 수행자로서의 초월적 존재를 비로소 확연히 접하게 될 것이며, 아울러 스님의 그지없이 아름답고 순수하며, 뜨거운 인간애를 발견하지 않을 수 없으리라.

큰스님은 말씀하신다.

'팔만 가지 갖은 행실 중에서 영아행(젖먹이 마음)이 제일이니라……!'

끝으로 몇 마디를 덧붙이기로 한다. 이 작품과 저자와의 인연은 전적으로 BBS 라디오드라마 '고승열전'의 집필에서 비롯되었으며, 힘 입은 것이다. 부처님의 공덕과 가피력에 힘 입어 이러한 기회를 마련해 준 불교방송에 우선 감사드리며, 특히 연극연출가이자 '고승열전'의 기획 연출을 맡아 주신 朴龍基선생과 해설자 역의 具珉선생, 그리고 출연자 여러분 및 방송국의 제작진께 심심한 사의를 표한다. 그리고 또 어줍짢은 이 졸작의 출판을 쾌히 결정해 준 도서출판 문원북의 문관하 사장님과 극작가 金永茂님 이하 출판사 여러분께도 깊이 고마움을 전하는 바이다.

무인년 정월에
지은이 합장

1. 운수행각

　"대사어른, 시생 대사어른과 아버님의 포은 선생에 대한 뜻 또한
알고 있었사옵니다. 모든 과오, 모든 책임은 시생한테 있사옵니다.
하마터면 아버님께 목침으로 얻어맞을 뻔한 것도 사실입니다. 널리
용서하소서, 대사어른!"
　"관세음보살."
　무학스님은 하고 싶은 말이 없었다. 이왕 엎질러진 물 앞에서 무
슨 군소리를 나열한단 말인가? 무학스님이 용서한다 한들 누구의 죄
가 사해지고, 스님이 애통해 한다 한들 이 세상을 떠나 버린 누가
되살아난단 말인가?
　불현듯 무학스님의 가슴속에 슬프고 가련한 감정만이 밀려왔다.
떠나 버린 정몽주의 모습만 슬픈 얼굴로 비치는 게 아니라, 가해자

인 방원의 얼굴 또한 슬픈 모습으로 어른거렸다.

방원이 갑자기 품 안에서 화선지 한 폭을 끄집어내었다.

"어르신, 이 글을 보옵소서."

방원은 화선지를 펼쳐 보였다.

그 화선지 위에는 정몽주가 힘찬 필치로 휘갈겨 내려 쓴 '단심가'가 적혀 있었다.

'저 시 한 편 남기려고……'

무학스님은 필치로 보아 단박에 그 시가 정몽주의 것임을 감지하며 서러움에 잠겼다.

"보셔서 아시겠지만……, 포은선생께서 마지막으로 남기신 시조이옵니다."

스님은 소리없이 정몽주의 '단심가'를 읊조려 보았다.

이 몸이 죽고 죽어 일백 번 고쳐 죽어
백골이 진토되어 넋이라도 있고 없고
님 향한 일편단심이야 가실 줄이 있으랴.

그것은 숨김없는 정몽주의 마음이었고, 구구절절이 푸르른 절개였다.

무학스님이 서글픈 상념에 잠겨 있는데도 방원은 열심히 자기 뜻만 추구하고 있었다.

"아니할 말로 포은 선생은 아버님께서 기대할 인물이 못 되옵니다. 그 어른을 아무리 기다리고 설득한다 해도 백년하청이었습니다. 아버님 손을 들어 줄 어른이 절대 못 된다는 말씀이죠. '백골이 진토되어 넋이라도 있고 없고……', 이 구절이 그것을 말해주고 있잖습니까, 큰스님?"

좀전에 용서를 빌 때와는 달리 방원의 목소리에는 확신이 흘러넘쳤다.

스님으로서도 막상 정몽주의 '단심가'를 직접 대하고 보니 그의 훼절(?)을 기대한다는 것은 너무나 감상적이고 순진했던 발상이란 느낌이 들었다.

"그렇다면 차라리 멀리 귀양이라도 보내 드릴 일이지……."

이제 무학스님의 목소리가 오그라들고 있었다.

"물론 그런 생각 아니해 본 것도 아니옵니다. 하지만 그것은 화롯불 속에 불씨만 감춰 놓는 것일 뿐, 후환은 후환대로 남는 일입죠. 그렇다면 단칼에……, 일도양단(一刀兩斷)이 낫지 않았겠습니까?"

방원은 결의에 찬 어조로 씹어뱉듯 말했다.

'오……, 저렇듯 담대하고 저돌적인 젊은이라니……. 내 일찍이 방원이가 저렇듯 무서운 젊은이라곤 미처 상상 못했는데…….'

무학스님은 내심 혀를 내두르고 있었다. 나이 겨우 스물여섯인데 벌써 자기 아버지의 뜻과 반대되는 일을 서슴치 않다니…….

무학스님은 등골이 오싹함을 느꼈다. 직감적인 공포심이 일고, 방원이 장남이 아니라 다섯번째 아들이란 사실이 왠지 마음에 걸리기도 했다.

"대사어른, 앉아서 좀 쉬십시오."

방원은 편히 앉을만한 곳을 손으로 안내하며 무학스님을 이끌었다. 무학스님은 그래야겠다는 생각을 하고 방원이 안내하는 바위 위에 몸을 앉혔다. 방원도 무학스님 옆에 앉았다.

　모악산 기슭에서는 유유히 흘러가는 한강이 보였다. 호호탕탕 그야말로 넓고도 크나큰 강줄기가 석양 빛을 받으며 눈부시게 빛나고 있었다.

　'벌써 그때가 4년 전이었구나.'

　무학스님은 문득 임진강 나루터에서 젊은 방원과 함께 앉아 있던 때를 기억해냈다. 그때는 스님이 도성으로 가는 길이었고, 방원은 스님을 찾아서 회암사로 내려오다 우연히 강 나루터에서 두 사람이 마주쳤었다. 이성계의 '위화도 회군' 소식이 전해져 도성이 발칵 뒤집히고, 한치 앞도 내다볼 수 없을 만큼 온갖 정세가 불안하고 민심이 뒤숭숭했던 시절이었다.

　그로부터 4년이 흐른 지금은 어떠한가?

　'위화도 회군'은 일단 성공했고, 이성계가 실세로써 전면에 부각된 건 확실했으며, 이유야 어떻든 이른바 정적이랄 수 있는 최영 역시 몰락하였고, 그의 몰락과 아울러 고려 왕실은 빈 껍데기로 전락해 버린 상태였다.

　한마디로 헌 집이나 다를 바 없는 고려 왕실은 불타고 있는 중이었다.

　그리고 포은 정몽주의 죽음.

　무학스님이나 이성계는 적어도 정몽주만은 불타는 집 속에서 구출하려 들었다. 그런데 방원이가 무자비하게 버린 꼴.

　과연 그래야만 했을까? 방원은 그럴 수밖에 없었다는 당위성을 내세우고 있었다.

　역사적 격랑기에는 그럴 수밖에 없었다는 말이 설득력을 가질 수도 있는 일이지만 무학스님으로서는 정몽주의 죽음이 못내 아쉬웠다. 그로서는 승복을 벗어 던지고 엉엉 울고픈 심정이었다.

무학스님은 새삼스레 방원의 옆얼굴을 건너다보고 있었다.

'……이 젊은이가 범상한 인물은 아니라니……. 야망도 크고 영민하고 과단성도 있고……, 장차 무엇이 될꼬? 승천하여 용이 될 것인가, 아니면 웅덩이 속에 웅크리고 있는 이무기가 될 것인가?'

"……이렇게 한강을 대사어른과 함께 바라보고 있으려니, 4년 전 생각이 떠오르는군요. 그때가 임진강 나루터였습지요."

"늙은이도 그때를 회상하고 있었네. 그 당시 자네는 노모와 가족들을 급히 성 밖으로 피신시키고 날 찾아 회암사로 달려오던 길이었지."

"예, 그랬습지요. 큰스님께 다급한 소식을 우선 알려드리고, 어르신께서도 피접을 하시도록 권할까 해서……."

"……."

"그런데 한강에 견주어 보면 임진강은 너무 작다는 생각이 듭니다, 대사어른."

한강이 큰 강이라는 방원의 이 말이야말로 그의 야망이 한마디로 농축되어 터져 나온 말이었다.

못 알아들은 척하며 무학스님은 그 말에 무게를 실어주었다.

"……한강이야말로 장강대하 아닌가? 옛날 삼국시대에도 한강을 지배했던 나라가 그 중 강성했어요. 서로 뺏고 빼앗기고……. 저 중국을 봐도 그렇지. 황하를 지배하는 자가 결국은 천하를 얻게 되었지. 늙은이 생각은 이 한강이야말로 이 나라의 젖줄일세. 그렇게 보면 지금의 도성인 개경은 한쪽에 너무 치우쳐 있으며, 터도 또한 좁구나 하는 생각이 든단 말씀이야."

그러자 방원의 어법은 또 말타기를 했다. 그는 치밀하고 집요하게 자기가 하고싶은 말은 다 하고, 듣고싶은 말은 다 듣는 형이었다. 그러다 보니 그는 오랜 시간을 두고 차근차근 논리를 전개하지 못하고 때로는 뭉뚱거려서 거두절미하기도 하며, 때로는 감정적인 말을 하기도 하는가 하면 예기치 못한 방향으로 비약하기도 했다.

"대사 어르신 말씀 잘 새겨 모시겠습니다. 시생을 너무 허물하고 탓하지 마소서. 먼 훗날 때가 오면 시생이 반드시 포은 선생의 넋을 위로하겠습니다. 외람되고 송구스런 말씀이오나……, 기필코……."

가만히 보니 방원의 두 주먹은 꼬옥 쥐어져 있었고, 그의 입은 꽉 다물어져 있었다. 죽을 때 죽더라도 시시하게 죽진 않겠다는 표정이었다.

무학스님은 이제 툴툴 털고 일어나고 싶었다.

"대사 어르신!"

방원은 아직도 하고싶은 말이 남아 있었던 모양으로 스님을 붙잡았다.

"무슨 말이 남았는가?"

"시생의 짧은 생각을 한 말씀 더 올리겠습니다. 탓하지 마시고 들어주소서."

"……?"

"지금의 나라 형편과 조정의 판세를 가만히 살펴볼 때, 아버님으로서는 기호지세(騎虎之勢)가 아니겠습니까?"

"기호지세……."

스님은 그의 입에서 기호지세란 말이 나오자 깜짝 놀랐다.

"예, 대사어른. '호랑이 잔등에 올라타고 달려가는 형국'이란 말

아니겠습니까? 따라서 기왕 달리는 호랑이 잔등에 올라탔으니 중도에서 내릴 수는 없다는 말씀입니다. 중도에서 내려봐야 호랑이 밥이 되고 말테니까요."

물론 무학스님이 '기호지세'라는 중국 고사를 모르고 있을 리가 없었다. 하지만 중국의 그 고사를 지금 이방원이 인용하고 있음은 가히 가슴을 떨리게 하는 모양새가 아닐 수가 없었다.

……기호지세.

6세기경 중국의 남북조 시대 말엽이었고, '기호지세'란 수나라 문제 양견과 관련되는 일화에서 나온 말이었다.

재상 양견이 북주를 멸망시키고 수나라를 세울 때, 전세가 불리해서 양견이 축 쳐져 있었다. 그러자 그의 아내가 남편의 용기를 북돋아 주고자 편지를 보냈는 데, 그 편지 속의 내용에 이런 구절이 들어 있었다.

'……지금 당신은 호랑이 잔등을 올라타고 달리는 형국이니 불가불 도중에서 내릴 처지가 못 됩니다. 만약 도중에서 내리고 말면 당신은 호랑이 밥이 될 신세입니다. 그러니 호랑이와 더불어 끝까지 달려가지 않으면 아니 될 줄 압니다. 부디 목표를 달성하소서.'

이런 편지를 읽고 양견은 이판사판 식의 용기와 힘을 얻어 앞으로 돌진, 마침내 나이 어린 정제를 폐하고, 스스로 제위에 올라 수나라를 개국했던 것이다.

"……."

무학스님은 두 눈을 내려감았다. 방원이 '기호지세'라는 정세판단을 하고 있으니, 더 이상 왈가왈부하며 들려 줄 말도 없었다.

이미 달려가고 있는 말을 향해 무슨 말로 멈춰서게 할 수 있으랴!

방원이 재삼 그러한 사실을 단정 지워주듯 했다.

"어르신, 사세가 이런데 무엇을 더 두려워하고 무엇을 바라면서 주저해야 하겠습니까? 왕후장상의 씨가 따로 있는 것도 아니고……. 화가위국……, 사사로운 집이 변해서 나라가 되는 것 아니겠습니까? 도탄에 빠진 창생을 구하고 나라를 다시 세우는 일! 공경대부가 다 무엇입니까? 박힌 돌멩이는 뽑아내고, 썩은 이빨은 마땅히 빼내 버릴 수 밖에 없는 일 아니겠습니까?"

"나무석가모니불."

무학스님은 가장 큰 부처님인 석가모니불을 생각하고 있었다.

"……?"

방원은 스님의 얼굴을 건너다보며 무슨 말인가 한 마디쯤 기다리는 눈치를 내비쳤다.

그런데 스님은 말없이 부시시 일어나고만 있었다.

"대사어른!"

"이성계 장군님으로 말하면, 호랑이 등에서 떨어지지 않을 것이네. 이왕 올라탔다면……."

여전히 구슬픈 뻐꾸기의 울음소리가 들려오고 있었다.

바야흐로 그 뻐꾸기의 울음소리는 역사의 뒤안길로 멀어져가는 고려 왕조의 비운을 슬퍼하는 곡(哭)소리와도 같은 것이었다.

무학스님과 원융스님은 양화진에서 나룻배를 얻어 탔다.

방원이 다시 회암사로 돌아가 있기를 간청했으나, 그 손길을 뿌리치고 스님은 남산 기슭에 자리잡은 이름없는 어느 암자에 들려 하룻밤을 쉰 다음 서둘러 길을 나섰던 것이다.

언제 보아도 한강 물결은 짓푸르렀고 맑았다. 뿐만 아니라 한강

뱃길은 내륙지방 깊숙이까지 생필품 등을 배달할 수 있는 좋은 운송로이기도 했다. 따라서 한강 뱃길 위에는 늘 소금배가 떠다녔고, 새우젓배가 떠다니고 있었으며, 뗏목을 이용한 화목들도 운반되고 있었다.

눈부신 초여름 햇살을 만끽하면서 나룻배에 몸을 실은 무학스님은 한강이 그려내는 아름다운 풍광에 넋을 잃은 것이 아니라 한양이 도성이 되면 한강이란 뱃길로 모든 물자가 운송될 수 있으리란 실용적인 생각에 잠겨 있었다.

뚝섬을 지나 한강을 거슬러 올라가는 나룻배들은 양수리에서 북한강과 남한강으로 갈라지고 있었다.

무학스님과 원융스님은 남한강으로 거슬러 올라가는 나룻배를 타고 있었다. 강원도 남부 태백산 북쪽 대덕산에서 발원하여 송천, 평창강과 합류, 단양을 거쳐 충주에서 다시 달천과 합류되는 남한강은 나라 안에서는 유일하게 서북쪽 방향으로 흐르는 강으로써, 제천 단양 등의 내륙지방까지 소금이나 일용 잡화를 운반해 줄 수 있는 유일한 수로이기도 했다.

늙수그레한 뱃사공은 노 젓는 일이 천직이려니 여기는지 거의 무심의 경지에서 노를 저어가면서도 군데군데의 나루터를 빠뜨리지 않고 배를 몰아가고 있었다.

삼개나루를 출발한 나룻배가 충청도 내륙지방인 단양까지 가려면 통상 4,50여 일이 걸려야 했으니, 조급한 마음으로 노를 저을 까닭조차 없었다.

어느새 해는 뉘엿뉘엿 서산에 걸리고 땅거미 짙어가고 있었다. 강기슭에 자리잡은 초가지붕 위로는 파란 저녁 연기가 피어오르는 곳도 있었다. 물새떼들도 바쁘게 날아다니기 시작했다.

와자지껄 어느 나루터에서는 많은 촌부들이 타는가 하면, 또 어느 나루터에서는 한두 사람이 오르기도 하고, 또 어떤 나루터에서는 승선객이 우루루 내리기도 하더니, 이제 나룻배 위에는 동그랗게 무학스님과 원융스님만 남아 있었다.

"노스님께서는 어디까지 가십니까요? 날은 벌써 저물어 가는데……?"

"예, 저희들은 여주에 있는 신륵사까지 갑니다."

무학스님을 대신해서 뱃사공의 물음에 원융스님이 대꾸해 주었다.

"아이고, 그렇다면 오늘 밤은 저기 보이는 저 나루터 근방에서 주무셔야겠습니다. 나도 목이 컬컬해서 쉬고 싶구요."

뱃사공은 얼큰한 막걸리 한 잔이 간절한 모양이었다.

"그런데 여주까지 갈려면 며칠이나 더 가야 합니까?"

"한 사나흘은 더 가야 하겠지요."

"사나흘이나요?"

"히히히……, 이놈의 나룻배야 뱃사공 마음 먹기따라 가는 겁니다요. 철딱서니 없는 뱃사공이 젓는 배를 타고 보면 한 열흘이 더 걸리 수도 있으니깐요. 술 몇 사발 마시고 벌렁 나자빠져서 '세상 나 몰라라' 하고 코만 드르렁드르렁 골면 어떡하겠습니까요?"

"노 사공님은 그러실 분이 아닌 것 같아 다행이네요."

"히히히……, 이제는 나도 나이값 하느라 그렇지 옛날에는 나도 그랬는뎁쇼, 뭐. 스님네 앞에서 이런 말 하기가 뭣 하지만 이놈의 노만 잡았다 하면 그놈의 술맛이 꿀맛으로 변한단 말씀입니다."

"힘이 드니까 그렇겠지요."

무학스님은 깊은 잠에 빠진 듯 두 눈을 꼭 감고 돌부처처럼 앉아 있을 뿐이었다.

뱃사공이 힐끗 무학스님을 거들떠보더니 다시 입을 열었다.

"저 노스님을 뵈니 옛날 생각이 나는구먼요."

"옛날 생각이라니요?"

"옛날에 돌아가신 왕사 나옹선사님께서도 이 배를 타신 적이 있었는뎁쇼. 벌써 10년도 훨씬 전이지만요."

원융스님은 무학스님의 얼굴을 건너다보면서 놀라움을 표현했다.

"나옹선사님께서 이 배를 타셨다구요?"

"왜, 젊은 스님께서도 그 고승을 아시남요?"

원융스님은 무학스님을 끌어들이고자 했다.

"큰스님, 들으셨습니까? 나옹선사님께서도 이 배를 타신 적이 있답니다요."

"어허, 이놈, 시끄럽기는!"

빨간 석양빛을 받아서 무학스님의 얼굴이 안광을 발하듯 했다. 따라서 그는 황홀경을 헤매이는 자신을 방해하지 말라는 뜻을 내비치는 것 같았다.

뱃사공은 입심좋게 다시 떠벌리고자 했다.

"……그때 나옹선사님께서는 아픈 몸으로 이 배를 타고 가셨는데 나중에 들으니까 신륵사까지 겨우겨우 가셔서 열반에 드셨다더구먼요. 결국 목적지까지도 못 가시고 객사한 셈이지요. 왕사의 몸으로 애석하게도……."

무학스님은 입속으로 '나무관세음보살'을 외우며 나옹선사와의 인연은 참으로 끈질긴 것이란 생각에 잠겼다.

‘스승께서 타고 가신 배를 내가 또 얻어 타고 가다니…… 선사께서는 이 배를 타고 열반으로 드셨지만……, 이 몸은 차안(此岸)을 방황하면서 이 무슨 번뇌망상에 시달리는가? 참으로 어리석고 괴로운 길이로다.’

무학스님은 떨칠래야 떨칠 수 없는 이성계 부자와의 인연 때문에 머리가 무거웠다.

고려라는 헌 집이 완전히 불타 버리고 또 다른 새 집을 짓기까지 또 얼마나 많은 사람들이 피를 흘려야 할지 모를 일이란 생각을 차마 지울 수가 없었던 것이다.

오랜 중국의 역사를 뒤돌아보아도 그러하고, 백제·신라·고구려 역사를 보아도 그러하고, 왕건이 고려라는 왕조를 건설할 때를 뒤돌아보아도 그러했다.

“참, 젊은 스님께서는 들으셨는지 모르겠는데……, 앞으로는 이성계 장군님 세상이 될 거라면서요?”

“전……, 그런 소리 못 들었는뎁쇼?”

원융스님은 무학스님의 눈치를 보아가며 더듬더듬 시치미를 뗐다.

“히히히……, 이런 소리 함부로 못할 소리지만, 세상이 좀 바뀌긴 바뀌어야겠습죠. 이 나라 꼴이란 게 원……, 왕실은 왕실대로 중신들은 중신대로 자기네 밥그릇 챙기기만 바쁘니 원…….”

무학스님은 너무나 냉정하다는 인상을 풍길 만큼 도통 말이 없었다. 각 나루터 근처의 낯선 객주집 뒷방에서 잠을 청하면서도 말이 없었고, 다음 날 아침 나룻배에 몸을 실으며 뱃사공의 인사를 받으면서도 별 말을 건네 주지 않았다.

그의 모습은 흡사 묵언정진(默言精進)을 하고 있는 것 같았다.

무학스님이 그러하니 원융스님 또한 말을 아껴야 했다.

남한강을 거슬러 올라가는 나룻배 위에서 접해 본 세상 인심이란 역시 짐작했던 대로였다.

혹자는 포은 정몽주의 부음을 접하고 소복을 차려입으며 자신의 슬픔을 표현하기도 했고, 술에 취한 어느 승선객은 이성계 장군이 무인이라는 이유를 들어 의종 때에 무력을 동원, 권력을 잡고 이른바 무신정치를 강행한 정중부를 연상, 앞날을 두려워하기도 했으며, 정몽주를 격살한 인물이 이방원인데 그 이방원이 무슨 꿍꿍이속을 지녔는지 모를 일이라며 궁금해 하기도 했다.

이런 저런 사람들의 목소리에 귀를 기울이면서 무학스님은 이런 생각에 젖어들기도 했다.

자고로 태평성대란 임금이 누구인지도 모르는 시대라고 했는데 어쩌면 하찮기 짝이 없는 일반 백성들이 웬 정치에 저렇듯 많은 관심을 가져야 할까 하는……. 그러다가 무학스님은 스스로 이런 결론을 내려 보기도 했다.

이 나라는 땅 덩어리가 너무 좁고 중국과 왜국이란 나라와 인접해 있으므로 싫으나 좋으나 그들 나라와 관계를 맺지 않을 수가 없는데, 중국이란 나라는 워낙 큰 나라이고 보니 고려는 언제나 주눅이 들 수밖에 없었다. 게다가 조정 대신들은 자신의 보신책으로 대국의 비위를 맞추는 게 생리화되어 있고 난리라도 터지는 날이면 언제나 일반 백성들만 피를 흘리기 마련.

따라서 백성들은 조정의 꿍꿍이속에 자연 관심을 갖지 않을 수가 없는 일.

"큰스님. 여주 나루터에 닿았습니다."

무학스님은 배가 여주 나루터에 가 닿을 때까지도 눈과 입을 닫고 있었다.

"……."

무학스님은 원융스님이 내미는 손을 잡고, 나룻배에서 내린 다음 뱃사공을 향해 합장배례로 감사를 올렸다. 그러니까 무학스님은 석가모니 탄신일을 남한강 뱃길 위에서 보내 버린 셈이었다.

강변에 자라잡은 신륵사는 고즈넉한 모습으로 싱그러운 햇살 속에 잠겨 있었다.

원융스님으로부터 무학스님이 도착했다는 말을 듣고 원무스님이 반갑게 무학스님을 맞아 주었다.

먼 길을 오시느라 고생했다며 신륵사의 원무스님은 차를 준비합네, 다과를 마련합네, 부산을 떨었지만 무학스님은 먼저 나옹선사님의 정골 사리탑부터 찾았다. 그리고 무학스님은 머리 숙여 참배를 하는데 금새 당신의 눈시울에 눈물이 글썽거렸다.

'무학, 무학스님, 그대는 죽으셨는가?'

나옹화상의 다정한 목소리가 스님의 귓전을 때리고 있었다.

중국의 서산 영암사에서 무학스님이 선정에 들어 있을 때, 나옹선사께서 조용히 다가와 깨워 주던 목소리였다.

그런데 이상하게 신륵사에서 다시 되새김질해 보는 그 목소리에는 또 다른 의미가 풍겨 나오는 듯했다.

강바람에 실려 뻐꾸기 울음소리가 들려오고 있었다. 한양의 모악산에서 들었던 뻐꾸기 울음소리와 여주 뒷산에서 울어대는 뻐꾸기 울음소리가 별반 다를 바 없었겠지만, 여주에서 들려오는 뻐꾸기 울음소리는 더더욱 애절한 것만 같았다.

스승 나옹화상님을 그리는 무학스님의 심정이 너무나 간절한 탓이었으리라.

무학스님이 나옹선사님의 정골 사리탑에서 물러나자 원융스님이 불쑥 궁금해했다.

"큰스님."

"무엇이냐?"

"나옹화상님의 정골사리는 여기 신륵사에다 모시고 선사님의 비석과 부도탑은 천보산 회암사에 모셔놨으니 후세 사람들은 한참 헷갈리지 않겠습니까?"

"별 희한한 걱정 다 한다, 이놈아. 부처님의 진신사리는 온천지 곳곳에 흩어져 있다. 그래서 우리가 한참 헷갈리느냐?"

"헤헤헤……, 듣고 보니 그렇습니다."

원융스님으로서는 무슨 대단한 걸 발견했다는 듯이 나섰다가, 싱거운 사람 꼴만 되자 그의 뒤통수를 긁적거렸다.

"너도 알겠지만 나옹화상께서는 여기서 입적하신 것 아니냐? 그러니까 인연이 있었다는 증표이고말고……."

"나옹화상님께서 여기까지 끌려와 쓸쓸히 입적하셨다는 내력은 소승도 들어서 알고있습니다요. 저렇듯 장엄한 회암사 중창불사를 마치시고는 사실상 귀양이나 다름없는 행로로 저 아래 영원사로 향하시는 중에……, 더구나 병 들고 아프신 노구를 이끌고 무리하게 내려오시다가 그만……."

원융스님 또한 상상만으로도 목이 메었다.

"그래, 화상께서 열반하신 승방이 어디라더냐?"

"예, 저쪽에 주지스님이 기거하셨던 한 작은 방이라고 하더이다."

"그 곳으로 한번 가보자!"

"예, 큰스님!"

어쩌면 무학스님은 포은 정몽주의 아까운 죽음에서 비롯된 충격에서 아직은 벗어나질 못한데다가 새삼 물 밀듯 엄습하는 인생무상과 이성계 일파에 대한 여러가지 회의 등으로, 심연 깊숙이 침잠해 버린 당신의 마음을 달랠 수가 없었는지도 모를 일이었다.

게다가 헤어지기 전에 모악산 기슭에서 방원이가 단호한 어조로 내뱉았던 말들 또한 쉬 지울 수가 없었던 것이다. '왕후장상의 씨가 따로 있느냐, 화가위국 아니냐, 썩은 이빨은 뽑아내야 하지 않느냐'는 등등의 말 속에서는 비릿한 피냄새가 마구 풍겼던 것이다.

그런저런 일로 인해 무학스님의 심사는 아무리 애를 써도 온전치가 못했다.

'과연 이성계가 도탄에 빠진 중생을 구하고 나라를 다시 일으키기 위해 천하를 장악할 수 있는 그릇이 될까? 그런 그릇이 아니라면 나로서는 차라리 손을 떼는 일이 나을지도 모르는 일……. 산중 늙은이가 부처님이나 열심히 모실 일이지 세사에 깊이 끼어드는 꼴도 민망할 일이며 번거로운 짓이 아닐런지……. 나무관세음보살.'

"큰스님. 저쪽 저 방이 그때 나옹화상께서 열반하셨던 곳이라고 합니다요."

원융스님이 가리키는 곳을 보니 오두막집이나 다를 바 없는 별채 한 칸이 외따로 서 있었다.

두 사람은 그곳으로 향하다가 무학스님은 거리를 두고 발을 멈췄다.

원융스님이 방문 앞으로 다가가 인기척을 냈다

"어험, 방 안에 누구……, 스님이 계십니까?"

"아, 예에."

이윽고 방문이 열리고 원융스님 또래의 젊은 스님 하나가 엉거주춤 일어나서 마루로 걸어 나왔다.

"누구를 찾아오셨습니까? 소승도 설악산에서 내려 온 객승에 입니다만, 소승뿐이오니 괜찮으시다면 안으로 드시지요."

"아니, 잠깐만요."

하고 원융스님은 뒤를 돌아다보며 무학스님의 뜻을 눈빛으로 물어보았다.

스님은 말 없이 열린 문 사이로 초라한 방 안을 일별하고 있었다. 방 안 벽지는 누렇게 빛이 바래져 있었고, 군데군데 얼룩이 져 있을 뿐만 아니라 누더기 같은 장삼 하나만 횃대에 걸려 있어, 그야말로 망해 버린 집의 방 안같이 썰렁하기만 했다.

"……젊은 스님, 성불하시게!"

낯선 젊은 스님은 무학스님을 향해 공손히 합장배례를 다시 했다.

"그만 돌아가자꾸나, 원융아,"

"예, 큰스님."

별안간에 무학스님의 가슴 속으로 황막함만이 몰려들었다.

그 인자하고 위엄을 갖추신 용모와 사부대중의 심금을 울려주던 나옹화상의 사자후가 오간 데 없는 절간은 쓸쓸했고, 그 향화는 스산하기만 했기 때문이었다.

'무학스님, 그대의 도행을 내가 잘 압니다. 진작에 당신은 깨치셨어. 가만히 그대 심지를 꿰뚫어보니 그것으로 끝이 난 게 아니오. 장차 나라와 창생을 위해서 스님의 할 일이 더욱 많은 게야.'

이렇듯 어디선가 나옹선사의 목소리가 들려오고 있었다

신륵사의 원무스님으로부터 차 한 잔을 얻어 마신 후, 스님은 산문을 벗어나 남한강의 푸른 물줄기를 따라 걷기 시작했다.

강 이편 저편에서 뻐꾸기들이 울어쌌는데, 그들은 가는 세월이 아쉽다는 듯 서로가 화답하며 울고 있었다.

해맑은 봄볕은 마냥 따사로웠으며, 강물 따라 불어오는 봄바람 또한 장삼자락을 간지럽히며 희롱하려 들었다.

"큰스님, 이제는 고달원에 가시렵니까?"

"그러자꾸나. 고달원에 들렀다가 저 아래 남쪽으로 발길을 옮겨 보자."

"그 고달원에서는 또 얼마나 유하실 작정인데요?"

"허허, 그놈. 알고싶은 것도 많구나. 본래 머무름도 없고 가는 것도 아니거늘……"

2. 무애가

고달원사는 신륵사에서 멀지 않은 상교리에 있었다. 신라 경덕왕 23년에 창건된 그 절은, 고려 초기에 만들어진 '원종대사 혜진탑'이며, 거대한 8각원당형 부도하며, 화강석으로 만들어진 유명한 석불좌상 등이 안치되어 있는 곳이기도 했다.

무학스님과 원융스님이 그 고달원사에 찾아드니 이름만으로 무학스님을 알고 있던 많은 스님네들이 스님을 손수 친견하는 것만으로도 영광이란 듯 열렬히 환영해 주었다.

그러나 고달원사를 한바퀴 둘러보고 하룻밤 그곳에서 몸을 의탁한 뒤 무학스님은 다시 서둘러 남쪽으로 발길을 돌려 물과 바람을 벗하기로 했다.

스님은 금강을 가로질러 건넜고, 낙동강을 건너기도 했다.

"큰스님!"

"무엇이냐?"

"그저께 유숙했던 직지사 말씀인데요. 능여대사가 직접 손으로 측량하여 지었기 때문에 직지사란 이름이 붙었다는데……?"

"원융이는 그런 말을 믿기가 어렵다는 말이구나."

"아무려면 그렇게 웅장한 가람을 어떻게 손으로 측량하여 지을 수가 있단 말이에요?"

"그렇다면 네 놈은 무엇을 믿을 수가 있단 말이냐? 지금 니놈이 살아 있다는 것은 믿을 수가 있단 말이냐?"

"……?"

"아니지, 살아 있다는 말이 무슨 말이냐?"

"……."

"쥐뿔도 모르는 놈이……."

원융스님은 괜히 입을 놀렸다가 우라질놈의 타박만 얻었다.

"헤헤헤……."

원융스님이 천진스레 웃었다. 그는 속으로 무학스님을 골리고 있었던 것이다. 이를테면 자기가 어떤 질문을 어떻게 하면 무학스님이 어떤 식의 타박을 줄지 또는 어떤 어조로 면박을 주거나 꾸중을 할지 이미 알고 있었던 것이다. 좀전에도 그런 계산을 하고 실없는 물음을 던져 보았던 것이다.

"큰스님, 이왕 여기까지 내려왔는데, 신라 도성이었던 경주에 들렀다 가면 어떻겠습니까? 그곳엔 불국사도 있고 첨성대도 있다던데……."

"왜 불국사 첨성대뿐이겠느냐, 석굴암도 있고, 안압지도 있고, 봉

덕사 신종(神鍾)도 있지.”

“그럼 경주에 들리실 것입니까?”

“그런 게 궁금하거던 니놈이나 경주에 들렀다가 남쪽으로 내려오너라.”

“남쪽 어디루요?”

하면서, 원융스님은 무학스님이 분명 ‘나도 모른다’는 말을 할 것이란 기대를 했다.

“양산 땅에 있는 원효암으로 오너라. 오고싶으면…….”

“헤헤헤…….”

“왜 또 웃냐? 니놈이 바라던 대답이 아녔냐?”

“그게 아니구요. 큰스님 마음을 믿을 수가 있어야지요. 원효암으로 가신다고 말씀해 놓고 해인사로 가실 수도 있는 일 아녜요.”

“허허허……, 이제 보니 니놈이 내 마음을 나보다 더 잘 알고 있구나.”

“헤헤헤…….”

천성산에 있는 ‘원효암’은 그 옛날 통일 신라시대의 고승 원효대사께서 당나라의 스님 천여 명에게 ‘화엄경’을 설하여 그 대중들 모두를 성인이 되게 만들었다는 전설을 간직한 곳이었다.

그러나 무학스님은 원효대사의 숨결을 찾아보고자 그곳에 도착한 것이 아니었다.

그러니까 30여 년 전. 11년 만에 중국에서 귀국한 나옹선사가 그곳에 머물러 있었으며, 그 소식을 들은 무학스님이 그 원효암을 찾아가본 적이 있었던 곳이었다.

‘원효암’은 세월 바깥에 머물어 있었는 지, 30여 년 전의 모습 그대로 거기 앉아 있었다.

다만 나옹선사의 자취만은 흔적 하나 없이 지워진 뒤였다.

천성산 기슭 곳곳에는 노란 산수유가 피어 있었는데, 무심한 산새들은 저희끼리만 초여름의 신록을 노래하고 있었다.

"무학스님, 반갑구랴. 관세음보살. 우리가 중원에서 헤어진 지가 도데체 얼마만이오?"

원효암의 법당 안에서 예불을 올리고 있으니, 30년 전의 나옹선사 목소리가 들려오는 것만 같았다.

아니 무학스님이 두 눈을 조용히 감자 환한 미소를 지으며 나옹선사가 다가와 다정스레 스님의 두 손을 잡아 주었다.

"제작년 가을에 소승이 앞서 귀국했으니 겨우 2년 남짓 되었습니다, 큰스님."

"고작 2년이라고? 허허허……. 그런데 어째서 내 생각에는 10년쯤이나 오랜 세월이 격해 있었던 것 같을까? 아마 내가 스님을 무척 그리워하는 고(苦)를 치룬 모양이구만."

"과분하신 말씀입니다."

"그렇지가 않아요. 우리 두 사람의 인연은 예사롭지가 않다니까!"

"송구스럽습니다."

"허허허, 그래. 그동안 좋은 일 많이 하셨습니까? 상구보리 하화중생 말씀이오. 나라를 걱정하고 중생을 제도하고……."

"무슨 외람된 말씀을……. 상기도 그저 열심히 공부 중인가 합니다. 그래서 어느 산 속으로 들어가 토굴이나 파놓고 한 10년쯤 참선 정진할 생각이옵니다."

"그래요? 그 또한 훌륭하신 생각. 허허허……. 전에도 말씀드렸다시피 무학 그대와 나는 한 집안 식구요, 곧 일가입니다.”

“그때 그 말씀 잘 간직하고 있습니다. 다만 소승이 그 뜻에 미치지 못하는 것이 늘 부끄럽고 한스러울 뿐……”

그날 밤이었다. 나옹선사와 무학스님은 깊은 밤중에 어느 한 승방의 촛불 아래 마주앉아 있었다.

사위가 고요한데 천성산의 풀벌레들과 산짐승 울음 소리만이 간간히 들려올 뿐이었다.

무학스님을 자신의 불러 앉혀 놓고서 웬일인지 나옹선사는 몇 시각 동안이나 입을 열지 않았다.

무학스님으로서는 감히 무슨 일로 그러시고 있느냐고 물을 수도 없을 만큼 엄숙한 분위기였다.

찻물을 담았던 주전자가 싸늘하게 식었지만 나옹선사는 새로운 찻물을 준비할 생각도 하지 않았다.

어떻게 보면 나옹선사는 무학스님을 불러놓고 그 앞에서 그만 법열(法悅: 법을 깨우치거나 행하거나 함으로써 갖는 더 없는 기쁨)의 경지에 든 모양 같았다. 촛불이 타들어 가는 소리가 나도록 적요하기만 한 밤이었다.

“……스님!”

나옹선사의 입술은 열리지도 않은 채 목소리만 새어 나고 있었다.

“예, 말씀하소서.”

“자, 받아요.”

하며 나옹선사는 자신의 손에 쥐어져 있던 불자(拂子)를 천천히 내밀었다.

스님은 천만 뜻밖이라 깜짝 놀래지 않을 수가 없었다. 스승께서 제자에게 자신의 불자를 내려주는 것은 당신의 불법을 전하겠다는 깊은 뜻을 나타냄이 아니겠는가?

"……이건 스승님이 지니고 계시던 불자가 아니오이까?"

"그래요."

그 순간 무학스님의 전신에는 전율이 일고 있었다. 그의 목소리는 떨렸고…….

"아니옵니다, 큰스님. 불자를 거두어주십시오. 소승은 다만 수행승에 불과하옵니다. 소승이 어찌 스승님 뒤를 따르오리까? 소승은 그런 큰 그릇이 못 되옵니다."

그러자 나옹선사의 목소리는 나지막했지만 추상같은 단호함이 서려 있었다.

"무슨 말씀을……, 내가 잘 알고도 남습니다. 내 의발(衣鉢)까지 함께 드리는 것이 도리인 줄 알지만 아직은 세월이 많이 남아 있는지라 우선 나의 작은 뜻과 증표로 이것부터 드리는 것입니다. 부디 사양치 마시기 바래요. 나무아미타불."

무학스님은 엉겁결에 나옹선사의 불자를 받아들었다.

무학스님의 눈에 이슬이 맺혔다.

10여 년 전의 바로 그 방안에 지금은 원융스님과 함께 앉아 있었다.

부모와 스승은 자식들과 제자들에게 바람막이 역할을 해주는 언덕과도 같은 것.

따라서 부모와 스승이 살아계실 때는 자식들과 제자들이 의식할 수가 없는 법이었다. 부모와 스승이 얼마나 세찬 외풍을 막아주고 있는지를……. 그래서 자식들과 제자들은 이 세상은 거친 풍파가 없는 평화로운 곳이라고만 여기기 마련이었다.

그러나 부모나 스승이 막상 세상을 떠나고 보면……, 그리하여 자식들과 제자가 바람막이 없는 황야에 홀로 서서 세찬 외풍을 맞아보면 그제서야 부모와 스승이 못내 그리워지는 것이다. 아니 그 자식들과 제자가 또 외풍을 막으면서 또 다른 후대의 자식들과 제자들을 보호해야 할 언덕이 되고 보면은…….

'……바로 이곳. 내가 지금 앉아 있는 이 절방에서가 아니었던가? 그분께서는 아랫목에 나는 윗목에……. 그리고도 세월이 또 흘러서 선사께서 열반하신 지 어느새 16년. 그럭저럭 40여 년 성상이 바람 같이 흘러갔건만……, 그 사이에 불초 나 무학이가 발원했던 일은 무엇이었으며 또한 성취해 놓은 일은 무엇이란 말인가?'

이렇듯 무학스님이 회한에 잠겨 있는데, 또 나옹선사의 목소리가 귀에 쟁쟁 울려 퍼졌다.

그대 주머니 속에
또 하나 별천지 있음을
내가 믿는 바이니
동서간에 마음대로
삼현(三玄)의 법을 쓰시오.
어떤 이가 그대에게
참선하는 뜻 묻거던
그놈의 면상을 후려치고
다시는 말도 꺼내지 못하게 하오.

개경이 멀어서 그러했을까? 아니면 나옹선사의 그림자가 살아있어 그러했을까?

무학스님은 그곳 '원효암'에서만은 쉬 떠나려 들지 않았다. 그러고 그곳은 부산 앞바다가 가까운 곳으로 개경이란 도성에서 보면 까마득한 변경의 역이기도 했다. 따라서 '원효암'을 찾아오는 신도들도 조정의 권력 싸움 따위에는 별 관심이 없다는 표정들이었다. 혹은 조정에 대한 반감들이 체질화되어 있는 듯도 했다. 이따금 왜구들에게 시달리기도 힘이 벅찬데, 조정에서 내려보낸 수령들은 대부분 토색질만 일삼으려 들었으니 그럴만도 한 일이었다.

스님은 새벽 예불을 마친 다음에는 조용히 경내를 거닐거나 낯선 신도들과 이런저런 이야기를 주고 받으면서 하루 해를 보내곤 했다.

그런데 스님이 원효암에 와 있다는 소문이 나자 인근 사찰 스님네들이 찾아와 친견을 원할 조짐도 보이고, 스님으로부터 설법을 듣고 싶어 하는 신도들도 많아질 조짐이 보였다.

스님은 그러한 기미를 눈치채고서 미리 원무스님을 불러 선수쳤다. 당분간은 입을 열지 않을 것이라고.

"큰스님, 찻물 끓었사옵니다."

"그래, 갖고 들어오너라."

방문이 여닫히고 원융스님이 찻물 주전자를 들고 들어왔다.

"큰스님!"

원융스님은 차를 만들다 말고 무학스님을 불렀다.

"왜애?"

"이 방이 바로 나옹선사님께서 큰스님께 불자를 건네 주셨던 곳이란 말씀이시죠?"

"허허 이런 놈 봤나? 대체 그 소리를 무슨 연유로 묻고 또 묻는 게냐? 어제 아침에도 물어 놓구선……."

"큰스님, 제 기억에는 어제 아침에 그런 물음을 한 적이 없는뎁쇼?"

원융스님이 일삼아 딱 잡아 떼려 들었다.

"그러냐? 오호, 원융이 니놈이 모시는 늙은 중이 벌써 노망기가 생겼나 보다. 이 일을 어찌 할꼬?"

"헤헤헤……, 사실은요."

"그래, 사실은?"

"큰스님에게서 그런 말씀을 듣고 딴엔 나옹선사님의 흔적을 찾아 보았지만 아무 것도 눈에 띄질 않아서요."

"그래서 나를 노망 난 늙은이 취급할 심산이었더냐?"

"인생무상이 느껴져서요. 그래서 이젠 마음의 눈으로 보고 느껴 볼려구요, 헤헤헤."

"옳거니, 원융이 니놈한테도 날개가 달릴 모양이구나."

"그러니까 인걸은 간 데 없고 해타(咳唾: 어른의 말씀)만 남았느니……. 아니겠습니까, 큰스님?"

"허허허……, 또 한 수 배웠도다."

그들은 다정스레 마주앉아 차를 마시기 시작했다.

원융스님을 건너보면서 스님은 내심 대견하다는 생각을 다시 품었다. 비로소 원융이란 그릇이 윤곽을 잡혀가는 듯했기 때문이었다. 이미 그는 누구에게 무엇을 배워야 할 수준은 지났고, 앞으로는 혼자 수행해 가는 길밖에 없는 수준에 도달해 있었다.

"큰스님, 원효암 전설 말씀입니다."

“전설은 전설. 참일 수도 있고 거짓일 수도 있고……. 믿고 보면 참이요, 아니 믿으면 거짓말이지.”

“당나라 스님네가 천여 명이나 이곳에 몰려와서 원효대사님의 ‘화엄학’ 설법을 듣고 모두 깨우쳤다는 이야기 말씀예요.”

“글쎄, 니놈은 그걸 믿느냐고?”

“못 믿을 것도 없지 않겠습니까?”

“나도 그렇다.”

“그런데 막상 믿으려니까 의심이 난단 말씀예요. 과장이 너무 심한 거짓말 같기도하고.”

“나도 그렇다. 거짓말 같애!”

“아니, 큰스님께선 왜 제 말만 따라 하십니까요?”

“나도 니놈 생각과 똑같으니 믿을 수도 없고 아니 믿을 수도 없단 말이지.”

“에이, 무슨 말씀이 그러합니까요? 큰스님께선 이것도 아니고 저것도 아니고…….”

“이것도 아니고 저것도 아니고……, 나도 그런 걸. 믿으면 진실이요, 못 믿으면 거짓이고……, 허허허.”

“헤헤헤…….”

아직도 원융스님은 무학스님의 의중을 제대로 짚어내지 못해 장난기 어린 웃음만 흘렸다.

그러자 스님은 천연덕스런 어조로 말을 이어 나갔지만 원융스님은 끝내 귀를 쫑긋 세우지 않을 수가 없었다.

“……본래 원효대사의 중심사상은 화엄학에 있는 것이 아니겠느냐? 그 어른은 스스로 파계하여 요석공주와 관계를 맺어 설총이란 아들까지 보았지. 그러고 나서 당신께서는 거사라며 소성거사로 이름까지 바꾼 뒤에 흡사 미친 이처럼 노래하고 춤추며 전국 각지를 떠돌아다니면서 일반 대중들에게 부처님 말씀을 전하고 염불도 가르치셨지. 당신은 스스로 '무애가(無碍歌)'란 노래까지 지어 불렀고, 손에 들고 있던 표주박에도 화엄경 구절을 써 놓기까지 했고…… '일체무애인 일도출생사'라 '그 어느 것에도 걸림이 없는 사람은 단박에 죽고 사는 것을 벗어나느니라' 허허허. 그러니까 당신께서는 그 시절 왕실 중심의 귀족불교를 서민중심인 대중불교로 바꾸려 하신 거지. 원융아, 알아들었느냐?"

"예, 큰스님. 어렴풋이 짐작이 갑니다요. 그러니까 종교가 귀족화되면 타락하고 부패하기 마련이란 말씀이지요. 안 그렇습니까, 큰스님? 오늘날과 같은……."

원융스님은 비로소 무학스님의 사상적 근원이 결국 원효대사가 주창한 서민 대중불교론에 뿌리를 두고 있다는 사실을 어렴풋이 감지 했던 것이다.

사실 원융스님으로서도 그간 바로 그런 문제 때문에 많은 생각을 해 왔었던 게 숨길 수 없는 사실이었다. 뭇 중생을 불쌍히 여겨 자비를 베풀어야 하는 게 불교 교리일진대, 대가람을 만들고 큰 불사나 일으키다 보면 오히려 헐벗은 일반 대중들만이 강제동원되어 많은 노역을 감당해 왔질 않았던가? 그리고 호화찬란한 대가람이 건설되면 그곳에는 또 권문 세도가들이나 기도한답시고 드나들고 일반 서민대중들은 그 가람에서조차 외면당하고…….

"관세음보살. 우리 원융스님께서도 알기는 잘 아시는구먼, 엉?"

"송구스럽습니다요, 큰스님. 헤헤헤……."

"그렇고말고. 우리 원융스님이 천만 번 옳으신 말씀, 허허허."

스님과 시자승 원융은 모처럼 서로가 마음을 풀어놓고 아무 걸림없이 웃고 있었다.

방밖에서 우 — 하는 바람 소리가 들려왔다.

"허허……, 저놈의 바람이 또 우릴 데릴러 왔구먼."

"또 어디로 가시려구요, 큰스님?"

"이놈아, 늙은이의 엉덩이 밑을 봐라. 그 어디에 뿌리가 내렸단 말이냐?"

"인제는 어디로 가시려구요?"

"그래, 이젠 어디로 가 볼꺼나? 나옹선사님 자취도 두루 다 밟았으니……."

"그야 큰스님 뜻대로입죠. 소승이야 죽을등 살등 큰스님 뒤만 따를 뿐입니다요. 큰스님께서 소승을 내치지 않는다면요."

"이놈아, 입술에 침이나 바르거라. 니놈이 내가 내친다고 어디 도망이나 칠 놈이더냐?"

"헤헤헤……."

무학스님과 원융스님은 다시 바랑을 걸머쥐고 원효암을 뒤로 했다.

스님은 주장자를 지팡이삼아 천천히 걷고 있었으며, 원융스님은 그의 그림자마냥 뒤를 따르고 있었다.

"큰스님, 그쪽으로 향하시면 남행이 되옵는데……, 남해 바닷속 용왕님을 뵈올 셈인가요?"

그러자 무학스님은 걸음을 멈추어 섰다.

"왜, 싫으냐?"

"뭐, 큰스님 뒤가 되면 바닷속 아니라 하늘 끝까지라도 좋습니다, 소승은……."

"음."

그러고 보면 스님은 진정 행선지도 정하지 않은 채 천성산을 뒤로 했던 게 틀림없었다.

"용왕님은 차후에 만나보기로 하고……, 다시금 북상해 볼까?"

"어디로 향한 북상 말씀입니까?"

"금강산으로 들어가든지, 아니면 더 북쪽으로 안변 설봉산 토굴 속으로 다시 찾아가든지……."

"설봉산 토굴 말씀입니까? 그러고 보니까 토굴에서 내려온 지도 8년이 흘렀습니다요."

원융스님은 문득 세월이 유수 같다는 사실에 깜짝 놀라는 모양이었다.

"그래애. 벌써 그렇게까지 세월이 흘러갔구나. 허허허……."

이미 그들은 발길을 돌려 천천히 북쪽을 향해 걸어가고 있었다.

"……이성계 장군께서 설봉산 토굴에 찾아 오셨던 일이 지금도 눈에 선한데……, 영흥만에 출몰하는 왜구들을 잠 재우러 가시는 길이었다며……. 그때 큰스님께서도 처음 장군님을 만나시지 않으셨어요?"

"……관세음보살."

"……이성계 장군의 무슨 꿈 한 자락을 놓고 두 분께선 심각한 말씀을 나누시었고, 소승은 바위 굴에서 궁금증만 안고 있었고……. 장군님이 떠나신 후 소인이 그 꿈 얘기를 여쭤보았더니 큰스님께서는 무엇인가를 숨기는 듯하시면서 먼 훗날 알게 될 것이란 말씀만 하셨습지요.”

“그 때는 그랬었지.”

“큰스님, 기왕 말씀 난 김에 그 꿈 이야기를 한번쯤 들려주십시오. 이젠 세월도 많이 흘러갔으니…….”

그러자 무학스님은 한일 자로 입을 굳게 다문 채 묵묵히 걸어가기만 했다.

“…….”

스님의 그런 태도가 원융스님을 더욱 궁금하게 만들었다.

“큰스님!”

원융스님은 마치 어린아이가 할머니에게 ‘옛날 이야기 해 달라’며 보채는 듯이 떼를 썼다.

“상기도 그 꿈이 실현되지 않았느니라!”

“예? 무슨 말씀입니까요, 큰스님?”

원융스님은 스님의 눈에서 불꽃이 확 이는 것을 보며 저으기 당황했다.

“니놈한테는 상기도 말 할 처지가 못 돼요. 그 꿈 애기가 끝나지 않았니……. 알겠느냐, 이놈아?”

“……아, 알겠습니다. 그럼 십 년쯤 더 기다려 보겠습니다요.”

무학스님은 발길을 끊고 서서, 북녘 하늘을 올려다보았다. 북녘 하늘에선 먹구름이 피어 오르고 있었다.

원융스님은 스님의 얼굴 표정에 수심이 몰려 오는 것을 지켜 볼 수가 있었다.

“……큰스님, 도성을 떠난 지가 벌써 달포가 넘었습니다. 이렇게 멀리 떠나 있으니까 도성 일이 궁금하지 않습니까요?”

“…….”

“그새 이성계 장군님께서는 여러 차례 큰스님을 찾으셨을 것입니다요. 큰스님 어디 가서 무얼 하시는지 궁금해 하셨을 거구요.”

“니놈이 그따위 걸 어떻게 알아?”

“그렇지 않습니까? 괜히 그런 생각이 들었습니다요.”

“음…….”

3. 나의 참 얼굴

　예측했던 대로 정몽주가 세상을 떠나자 고려는 들 가운데 외따로 버려진 외딴집이요, 공양왕은 외딴집에 안치되어 있는 허수아비나 다를 바 없었다.

　남은 것은 오직 시간 문제였다.

　이미 대들보가 부러진 헌 집이 무슨 힘을 쓸 수 있으며, 사상누각처럼 어차피 무너지고 말 집에 누가 미련을 가질 수가 있었으랴?

　게다가 권력 지향적 인물이란 대개가 기회주의자들인지라 지고 있는 해를 향해 눈물 흘리기보다는, 떠오르고 있는 해를 향해 잽싸게 두 손을 모으기에 바빴다.

　한 마디로 고려는 늙은 병자가 마지막 숨을 할딱거리며 죽을 시각만 기다리는 형세였고, 흡사 바람 앞에 등불이 가물가물 안타까운 불꽃 춤을 추고 있는 형국이었다.

정몽주가 죽고나자 당장 삼봉 정도전과 송당 조준이 유배지에서 풀려나 도성에 돌아오면서 이성계의 양 날개가 되어 주었다. 특히 정도전은 지난 날 정몽주의 탄핵에 의해 삭탈관직되고 조정에서 쫓겨났었는데 다시 돌아와서는 '봉화현 충의군'으로 복작되었던 것이다.

이렇듯 이성계는 소위 권력 기반을 착실히 다져나가고 있었다. 그러나 젊은 그의 아들 방원은 마음만 급해서 안달을 내고 있었다.

이왕 죽어 버릴 말(馬)이라면 죽기를 기다릴 것이 아니라 당장 칼로 그 목을 베어 버리는 게 낫지 않느냐는 식이었다. 그리고 어차피 올라 앉을 자리라면 지체없이 올라 앉을 것이지 왜 미적거리기만 하느냐는 식이었다.

"아버님, 생각을 굳게 정하소서. 우시중 배극렴 이하 조준과 정도전, 하윤 그리고 소장파 윤소종과 권근, 남은 등이 모두 아버님의 결심을 목 마르게 기다리고 계시옵니다. 차일피일 미루고 계시는 까닭을 도대체 모르겠다는 말씀들이옵니다."

어느 날 밤에는 방원이 보다 못한 듯 이렇게 이성계에게 아예 노골적으로 대들었다.

"그래, 알았다. 나도 충분히 알고 있다니까."

"그렇다면 일을 지연시키고 계실 이유가 어디에 있습니까? 대사란 그 시기와 때가 있는 법이 아니겠습니까? 때를 놓치고 나면 일이 어렵고 힘들다는 것은 아버님도 잘 아시지 않습니까?"

옛날 같았으면 아들놈이 이렇게 애비를 닦달한다면 금방 버럭 화를 냈을 테지만, 이성계는 노기를 꾹꾹 억지로나마 자제해야만 했다.

아들이 도모하고 있는 일이 사사로운 것이 아닌 대사였기 때문이었
다.

뿐만 아니라 근래에 와서는 방원이 나서서 차마 애비가 처리하기
곤란하고 어렵거나 구차스런 일들을 척척 알아서 잘 해주고 있었기
에 그를 함부로 대할 수도 없는 입장이 되어 있었다.

"허허……, 젊은것들이 너무 서둘지 마라. 애비도 일의 전후좌우
앞뒤 순서뿐만 아니라 늦고 빠른 완급을 가릴 줄은 안다. 걱정 말라
니까."

"……."

이성계가 '걱정말라'고 했지만 불 같은 성격의 소유자인 방원은
영 마땅치가 않았다.

이들 부자의 경우를 이렇게 비유해 볼 수도 있었다.

늦가을 감나무에 잘 익은 홍시 하나가 매달려 있는데 아버지 이
성계는 그까짓 홍시는 눈만 흘겨도 떨어질 판이니 서둘 것 없다는
태도를 취하는 반면, 아들은 어차피 따 먹을 홍시를 두고 왜 미적거
리느냐는 식이었다.

그러고 이성계는 홍시를 따 먹기 전에 착실히 계산할 건 좀 하겠
다는 것이라면, 이방원은 우선 홍시부터 따 놓은 후에 계산하고 따
질 건 따지자는 격이었다.

"그럼 편히 쉬십시오, 아버님."

방원은 그날 밤에도 속 시원한 한 말씀을 얻어내지 못한 채 이성
계의 방에서 물러났다.

하긴 방원의 입장도 욱하는 사적감정 하나처럼 그렇게 단순 명료
한 것은 아니었다.

이성계를 추종하는 소장파 세력들이 하나같이 방원에게 압력을 가하고 있었던 것이다. 그들은 만에 하나 실기(失期)라도 하는 날엔 삼족이 멸하는 재앙을 당할처지이니 한시가 급하고 초조했던 것이다.

'……음, 새 하늘을 연다는 일이 너희들 생각처럼 그렇게 간단한 것인 줄 아느냐? 하늘이 일러주는 때를 택해야 하거늘…….'

방원이 물러간 다음, 혼자 남은 이성계는 두 눈을 감고 조용히 앉아 있었다.

문틈으로 새어든 바람이 촛불을 춤추게 했다.

'다른 사람은 몰라도 무학대사라면 때를 알고 있을 텐데…….'

그 당시의 다른 사람들 생각과는 달리 적어도 이성계만은 새로운 왕조를 연다는 일은 세력다툼에서 승리한 자가 저절로 얻을 수 있는 기회가 아니라, 하늘이 점지한 사람만이 할 수 있다는 일로 여기던 중이었다. 물론 그가 그런 생각에 빠져들게 된 원인은 무학스님을 만났던 탓이었다.

따라서 그는 새로운 왕조를 연다는 일이 두렵기까지 했던 것이다. 사람들이야 속일 수도 있고, 죽일 수도 있지만, 하늘을 어떻게 속이고 하늘을 어찌 무시할 수가 있다는 말인가?

'……과연 하늘이 나를 선택한 것일까?'

비로소 이성계는 자신이 오늘 그 자리에 앉아 있기까지의 과정을 회상해 보았다.

해석에 따라 가(可)도 되었다가 부(否)도 되었다.

그도 그럴 것이 이성계의 5대조가 되는 목조는 북쪽 변방 함경도에 뿌리 박고 살다가 당시 무슨 연유에서인지 원나라에 귀순하여 다루가치(達魯花赤)라는 벼슬을 제수받고, 여진족 일부를 다스리기 시작했었다. 고려인이 원나라로 귀순했다면 엄연히 조국을 배반한 행위가 되는 게 아니겠는가?

그랬는데 대대로 원나라의 벼슬살이를 하며 살아오다가 또 무슨 일로 이성계의 부친 때에 와서 다시 고려 왕실과 인연을 맺게 되었던 것이다. 그러니까 이성계의 아버지 자춘공이 공민왕 시절에 다시 고려인으로 귀화한 셈이었다.

따라서 이성계는 소부윤이란 무장이 된 아버지 자춘공을 따라 전쟁터와 인연을 맺은 이래, 남정북벌 수많은 전투에서 빛나는 무공을 세워 오늘의 그 자리에 이르게 되었던 것이다.

'……이제 이성계가 고려 왕실을 무너뜨리고 새 나라를 일으킨다?'

이성계의 마음은 필설로 형언키 어려울 만큼 착잡하고 미묘한 갈등의 소용돌이 속을 헤매이고 있었다.

그는 둘째부인 강씨 처소로 가지도 않은 채, 거의 뜬 눈으로 밤을 세우기가 일쑤였다.

등 따습고 배 부르게 살 수 있는 필부(匹夫)의 삶이 동경의 대상처럼 여겨지기도 했다.

다음 날에도 방원이 찾아와 표현은 다르지만 내용은 전날과 다를 바 없는 요구를 했다.

"……."

말이 '가자'고 울고 있는데, 아버지는 왜 올라타시지 않느냐는 식이었다.

"……그건 그렇고 무학대사님 소식은 어찌 되었느냐?"

그렇잖아도 방원은 무학스님의 행방을 몰라 애태우며 가슴 조이고 있던 참인데, 기어코 아버지로부터 먼저 문책을 당한 셈이었다.

"예, 아버님. 백방으로 수소문은 하고 있습니다만 아직은……."

"아직도 네가 한양성 모악산에서 만나본 뒤로는 오리무중이란 말이더냐?"

"……."

방원은 달리 여쭐 말을 찾을 수가 없었다.

이성계는 딱한 표정을 짓고 있는 아들의 얼굴 표정을 읽고 허공을 향해 화살을 쏘아 버리듯 했다.

"무학대사님도 무심하구먼. 누구보다 내 처지를 잘 아실 텐데도……."

이성계가 무학스님을 향해 원망어린 탄식을 토하자, 방원은 또 가만이 있을 수가 없었다. 무학스님를 무심한 사람으로 만든 장본인이 바로 자기가 아니었던가?

"……민망하고 송구스럽습니다, 아버님. 대사님께서는……, 포은 일로……."

정몽주란 말이 나오자 이성계는 금방 피가 거꾸로 치솟기라도 하는듯 버럭 역정을 냈다.

"그걸 누가 몰라? 그날 내가 받은 충격이 얼만데, 대사께서야 오죽했으랴? 암, 그 어른 심기가 불편하고말고……, 짐작하고도 남음이 있다. 나한테도 얼마나 당부 말씀을 했었는데……."

방원은 쥐구멍이라도 찾고싶은 심정에 사로잡혔다. 그로서는 아버지를 이해할 수가 없었던 것이다. 이유 여하간에 정몽주는 아버지의 최대 정적이자, 앓고 있는 이처럼 성가신 존재였는데, 그걸 제거해 주었음에도 불구하고 계속 길길이 뛰기만 하다니…….

그야 그럴 수밖에 없었다. 이성계는 때를 기다리는 사람이었고, 방원은 때를 만들겠다는 사람이었으니…….

"어서 가서, 대사님이나 찾아 봐!"

이성계는 또 아들 방원이를 쫓아내다시피 했다.

"예, 이미 전국 사찰에 영을 내려 두었습니다. 연락이 오는대로 아버님에게 알려드리도록 하겠습니다."

평안도 영변골에 있는 묘향산 뻐꾸기도 구슬픈 울음을 울고 있었다.

무학스님은 주장자로 숲을 헤치며 묘향산의 깊은 계곡을 오르고 있었고, 원융스님 또한 스님의 옷자락을 놓칠세라 뒤따르고 있었다.

원래 인적이 드문 그 숲속 길에는 풀 향기와 더불어 무어라 한 마디로 형언할 수가 없는 산속 정기가 가득 서려 있었다.

큰산이 대개 그러하지만 묘향산 역시 하찮은 인간의 자만심이나 오만함 따위를 수용할 수 없다는 듯, 이 세상의 그 어떤 이도 조금만 깊숙한 묘향산 계곡 속에 들어서고 보면, 자신의 왜소함을 스스로 깨우치면서 겸손한 존재로 자인해 버리게 하는 신비스러움을 간직하고 있었다.

무학스님은 말할 것도 없거니와 원융스님 또한 자신의 존재가 얼마나 미미한 것인가를 재삼 느꼈으며, 묘향산의 위용 앞에서 저절로 우러나오는 어떤 경건함에 흠뻑 젖어 있었다.

그러나 무학스님과 원융스님은 저 양산 고을에 있는 천성산의 원효암을 뒤로 하던 그날부터, 천 리가 넘는 먼 길을 구름 따라 걷고,

물따라 걸으며, 때로는 바람과 달빛을 벗 삼아 가며 마침내 북쪽 평안도에 있는 이 묘향산까지 찾아왔던 것이다.

더구나 이번의 북행 길에서는 사찰이나 암자 등에서 객승 노릇을 하지 않고, 대부분 민가에서 신세를 지며 공양을 받고 잠자리를 얻었다.

원융스님은 무학스님이 민심을 두루 헤아려보려는 뜻에서 그러려니 짐작했다.

물론 민가에서 들을 수가 있었던 소문들은 머잖아 이성계 장군이 큰 일을 할 것이란 내용들이었다. 개중에는 지는 해를 닮은 고려왕조의 운명을 슬퍼하는 자도 있었지만…….

이윽고 무학스님은 산 중턱에 있는 어느 토굴 앞에서 발길을 우뚝 멈춰섰다. 토굴 속은 가시덤불과 잡초만이 무성해서 스산하기가 이를 데 없었다.

무학스님은 감회 어린 시선으로 토굴 속을 들여다보고 있었다. 순간 인기척에 놀란 잿빛 산토끼 한 마리가 그 속에서 뛰쳐나와 화들짝 달아나고 있었다.

"허허허……."

스님이 까닭모를 웃음을 흘렸다.

원융스님은 빙그레 웃다말고 토굴 속으로 기어들어가 가부좌를 틀면서 풀숲 위에 앉았다.

스님은 원융스님의 행동거지를 그저 구경만 하고 있었다.

밝고 밝은 영물이
분명히 눈 앞에 있구나

고요한 밤
한 둥근 달 맑은 빛이
삼천대천 세계에
두루두루 비추는구나.

스님은 원융스님이 정좌한 모습에서 읊고 있는 노래를 듣다말고
두 눈이 휘둥그레지고 있었다.
'……아니, 저 저놈이?'
시침을 뚝 따고 원융스님이 계속 시를 읊었다.

푸른 산 푸른 물이
나의 참 얼굴이요
밝은 달 맑은 바람은
그 누가 주인인가
본래 한 물건도
없다 이르지 말라
온 세계의 티끌마다에
부처님 몸뚱이로세.

"아니, 이놈. 네놈이 언제부터 내 게송을 그리도 잘 외우고 있었
냐?"
"큰스님. 이 몸이 누구의 제자이옵니까? 제자가 스승의 오도송을
모른대서야 말이 되겠습니까요? 헤헤헤……, 그뿐만 아닙니다요."

모진 바람 천지를 휩쓸어가도
푸른 산은 더욱 고요하고
하얀 눈 하늘과 땅 사이에
가득 차 있으나
푸른 소나무는
오히려 더더욱 푸르구나.

"……."

"이 시는 큰스님께서 열 살 남짓 됐을 때 지으신 것이라 일러주셨습니다. 모진 비바람이 불어와도 청산은 끄떡 없고, 하얀 눈 속에서도 푸른 소나무가 꿋꿋하게 서 있으니, 대장부의 높은 기상과 꿋꿋한 절개를 노래하신 것이라며, 설봉산 토굴에서 가르쳐 주셨습니다요."

"허허허……. 고맙구나, 잊지 않아서!"

"큰스님!"

원융스님이 일갈하듯 큰 소리로 스님을 불렀다.

"뭣이냐?"

"지금 이 토굴이 바로 금강굴이옵니다. 큰스님께서 일찍이 스물여섯의 젊은 나이에 이 곳에서 용맹정진, 일 년 반 만에 도를 깨치신 인연 깊은 도량인가 합니다요."

"허허……, 이제 보니 이 무학이가 원융스님 손바닥 위에서 놀고 있는 셈이구나! 니놈은 진작부터 내가 금강굴을 찾아가고 있다는 걸 환히 알고 있었어요."

"뿐만 아니라 이번 북행 길에서는 민가를 찾아다니며 적선을 빌었던 까닭도 짐작하고 있사옵니다.”

“옳거니, 니놈 잘 가다가 그만 덫에 걸렸도다.”

“제 짐작이 틀렸단 말씀입니까요?”

“니놈은 내가 민심을 두루 살피느라고 민가에서 적선을 빌었다고 생각할 테지?”

“그럼 그렇지가 않사옵니까?”

“두고 보면 알지!”

“그건 두고 보기로 하죠.”

원융스님이 금강굴에서 기어나왔다. 그러고 그는 먼 하늘을 우러러보고 있었다.

남녘 하늘 위에 흰구름이 둥둥 떠다니고 있었다.

“큰스님.”

“뭣이냐?”

“금강굴이 임자를 못 찾아 쓸쓸하기 짝이 없어 보입니다요.”

“……그래서 니놈이라도 잠시 임자을 해주고픈 생각이냐?”

“……”

스님이 자신의 마음을 꿰뚫어보고 있자, 원융스님은 말문이 막힐 지경이었다.

폐허처럼 변해 버린 금강굴을 대하고서 스님의 마음이 울적할 것 같아 익살을 좀 부렸건만 스님은 그것까지 알고 있었다.

“큰스님께서 여기에 계실 적에, 그땐 수행승이 많이 있었습니까?”

“나 말고 대여섯 스님네가 더 있었느니라. 굴 안으로 들어가다 보면 모퉁이마다 한 사람씩 앉아 있었지. 그래서 때로는 수인사도 건네고 때로는 간단한 얘기도 서로 나누고……. 아마 그 스님네들 모두가 득도했을 게야."

"그랬던 금강굴인데……, 이렇게 쑥대밭이 돼 버렸으니……."

"모두가 제행무상(諸行無常)인 게야. 사람은 생노병사의 굴레 속에서 변해가는 법이고, 돌멩이 하나, 나무 하나, 풀 한 포기도 생명의 굴레 속에서 끝없이 모였다가 쓰러졌다가 서로 바뀌는 법……. 그렇지 않느냐, 원융아?"

"아직은 잘 모르겠습니다요."

"이놈이 또 거짓말 하고 있구나! 어여 가자, 허허허!"

그들의 발길은 묘향산에 자리 잡고 있으면서 북녘 땅에서는 가장 큰 가람으로 손 꼽히는 보현사로 향했다.

수려한 주위 경관과 그림처럼 조화를 이룬 보현사는 원래 고려 광종 8년에 탐밀·난야·광곽법사들이 건축하였으나 고종 3년 무자비한 몽고군의 내침으로 소실되었다.

그 후 여러 차례의 중창 보수로 인해 가까스로 옛 모습을 거의 찾아가는 중이었다.

무학스님과 원융스님은 대웅전에 들어가 예불을 드린 다음 법당 바깥으로 나왔다.

"큰스님, 모처럼 보현사에 왔으니 차 한 잔은 얻어 마셔야 하지 않겠습니까?"

"이놈아, 차는 무슨 차? 묘향산의 냇물이 모두 차맛이 아니더냐?"

"헤헤헤, 그렇기도 합니다만……."

그때였다.

낯선 스님 한 분이 종종걸음으로 다가와 무학스님을 향해 합장배례를 했다.

"여쭙기 황송하오나 무학대사님이 아니신지요?"

원융스님이 대답을 냉큼해 주었다.

"예. 그렇습니다만……."

그러자 그 낯선 스님은 무척이나 반가운 표정을 지으며 자신을 소개했다.

"……역시 옳았군요. 소승은 이 곳 주지이옵니다. 법명은 일우라고 하옵고……."

그리하여 무학스님은 그 일우스님과 맞대면하지 않을 수가 없었다.

"반갑소이다, 주지스님."

"오, 이렇게 광영일데가……."

"그런데 주지스님께서는 나를 알아보시는 것 같은데……?"

"물론입지요. 자자, 저쪽 승방으로 오르십시오. 소승이 모시겠사옵니다."

"감사합니다."

무학스님과 원융스님은 주지스님의 안내로 천천히 법당 뒤 언덕 위에 있는 승방으로 걸어가고 있었다.

보현사를 에워싼 묘향산 자락에는 철을 놓친 듯한 철쭉들이 아직도 듬성듬성 피어 있었다.

"자세한 말씀은 차차 올리기로 하겠습니다만……, 시방 어디서 오시는 길이옵니까?"

주지스님은 너무나 공손하고 친절하게 모든 예의를 갖추었다.

"운수행각이 별것 입니까. 여기저기 그저 발길 닿는 대로 흘러다녔습니다."

"아, 네에……, 역시 큰스님이시군요. 소승도 그렇게 좀 떠돌아다니고 싶었습니다만, 주지라는 올가미에 걸려서……."

"허허허……."

스님은 의미 모를 웃음을 흘리는 듯했다. 절간의 주지 자리가 결국은 밥그릇 싸움과도 같이 추잡한 암투 끝에 차지할 수 있는 자리라는 사실을 무학스님은 익히 알고 있었기 때문이었다. 그렇다고 일우라는 스님의 경우는 확실히 알 수 없으니 애매모호한 웃음을 날린 것.

"큰스님께선 저 머루골 너머에 있는 금강굴이라는 데를 다녀오시는 길입죠."

무학스님의 웃음소리가 어색한 여운을 남겨 민망한 생각이 들었던지 원융스님이 부연설명을 했다.

"아, 금강굴……, 지금은 수행승이 아무도 없어서……."

"아니오이다. 토끼 한 마리가 참선 정진 중이더이다. 허허허……."

"네에……."

마지못한 듯 일우스님도 무학스님을 따라 미소를 흘려 주었다

"주지스님은 우리 큰스님께서 옛날 소시적에 그곳에서 정진했던 일을 아마 모르고 계실 겝니다."

원융스님의 말이었다.

"……그렇사옵니까? 이거 아둔한 탓에 그만 전혀 모르고 지냈습니다요. 용서하소서. 진작 알았더라면 그 놈의 토끼를 몰아냈을 텐데……."

원융스님은 일우라는 스님이 무학스님을 대하는 모습에서 조금은 이상하다는 낌새를 눈치 챌 수가 있었다. 처음에는 무학스님이 워낙

큰스님으로 소문 나 있었기에 그야말로 친견하는 것만으로 반가워하나보다 했지만 태도가 점점 지나치고 있다는 걸 느낀 것이다.

이윽고 무학스님과 원융스님은 주지스님의 방에 들어가 자리를 잡고 앉았다. 원융스님은 스스로 시자승임을 밝혔고, 일우스님은 정성을 드려서 차를 만들어 대접하려 했다.

'보현사 주지스님이라면 대단한 자리인데……'

원융스님은 얼토당토 않는 생각에 빠져들어서 일우스님의 일거수일투족을 눈여겨보곤 했다. 아무리 뜯어보아도 일우스님은 보현사의 주지로서 재목감은 아닐 것 같다는 생각이 들기도 했다.

4. 숙세의 인연

"자, 차를 드소서."

일우스님이 두 손으로 찻잔을 들어 스님에게 바쳤다.

"고맙소."

무학스님은 덤덤한 표정으로 찻잔을 받아들었다.

"큰스님께선 기억 못 하시는 것 같은데……. 소승은 벌써 오랜 전에 큰스님을 뵈온 적이 있사옵니다."

"그래요? 알아보지 못해 죄송하외다."

차향을 즐기다가 스님이 미안해 했다.

"큰스님께서야 당연히 모르실 겝니다, 허허허……."

"이거 내가 몹시 궁금합니다. 허허허……. 주지스님 법명이 일우라고 하셨는데……, 일우라……, 일우라……."

무학스님은 기억의 실마리를 풀어보려 노력했다.

"큰스님께선 신광사를 기억하고 계시는지요? 그러니까 벌써 30년 전의 일이 됩니다만……."

"저 해주고을에 있는 신광사말씀입니까? 물론 알고말구요. 그래요. 한 30년쯤 전이지요. 그 무렵에는 스승 나옹화상께서 신광사 절의 주지로 계셨습니다. 선왕이신 공민왕의 어명에 따라……. 그래서 내가 서너 달 동안 그 절에 머무른 적이 있었습니다. 스승님을 뫼시고……."

"그렇습니다, 큰스님."

"거기서 날 만났단 말씀이오?"

"감히 만나뵙다니요? 허허허……, 먼 발치에서 뵈었을 뿐이지요. 그때 소승은 막 머리 깎고 사미승 노릇을 할 적이었습니다. 물이나 긷고 빨래하고, 땔나무나 장만하던……."

"옳거니, 관세음보살!"

"해서 그저 태산처럼 큰스님을 우러러뵈었드랬습니다. 당당하신 위의와 그 멋들어진 용자를……."

"그래요? 고마우신 말씀. 아무튼 인연이 반갑습니다. 하하하. 자, 우리 차 한 잔씩 더 마십시다."

"그러시지요."

어느덧 무학스님과 일우스님의 관계는 무척 부드러워져 갔다. 그런데도 원융스님의 입장에서 보기엔 뭔가 어색하고 알맹이가 빠진 것 같았다. 사미승 노릇을 할 때 큰스님을 우러러뵈었다는 일이 내세울 만한 인연 거리가 못 되지 않는가?

먼발치서 바라다본 것 정도로 어떻게 만나뵈었다고 할 수 있는 일인가? 게다가 무학스님에게 의식적으로 접근하는 태도가 원융스님의 눈에 드러나게 띄었다.

그런데 원융스님의 그런 의문들은 곧 풀렸다.

"한데 그 동안 큰스님께서는 어디에 가 계셨길래, 아예 종적이 묘연하시다는 풍문이 나돌았습니까?"

"종적을 감추다니요? 아까 말씀드리지 않습디까? 여기저기 물따라 구름따라 흘러다녔노라고……."

"시제 조정에서는 야단이랍니다."

일우스님의 입에서 조정이란 말이 떨어지는 순간, 원융스님은 금방 짙은 안개가 걷히는 듯했다.

아울러 이번 북행 길에서는 스님이 민가를 찾아 적선을 빌었던 까닭도 풀이할 수 있었다.

"조정에서 왜 나를?"

무학스님은 천연덕스러웠다.

"아니……, 조정이라면 어폐가 있을지 모르겠습니다만……, 이성계 장군님께서는 지금 큰스님을 찾고자 애를 쓰고 계신답니다요."

"나를……, 이성계 장군이?"

스님의 태도는 이성계 같은 사람은 모른다는 투였다.

"예. 큰스님을 찾고자 했으나 종적이 묘연한 터라, 전국 사찰에 영을 내렸습지요. 큰스님을 뵙기만 하면 무조건 모셔야 한다는 당부 말씀이 있었습니다. 다시 말씀드리자면 파발꾼을 놓아서 언제 어디서나 곧바로 이성계 장군님께 연락이 닿도록 모든 조치를 취해 두었더랬습니다요. 그러니까 지금 저희 보현사에도 파발꾼이 기다리고 있답니다."

"저런 번거로울 데가 있나?"

"그 일을 전혀 모르고 계셨습니까?"

"나는 아는 바 없소이다. 무슨 몹쓸 죄인이라도 된답디까? 사람을 수소문하고 야단법썩을 떨게……."

원융스님은 모른 척하고 있자니 스님의 능청이 너무 그럴 듯해서 웃음이 쏟아지려 했다.

일우스님은 비지땀을 흘리며 무학스님을 설득하려 들었다.

"그런 무슨 황공스런 말씀을 다……. 큰스님, 소승의 말 재주가 부족해서 탈입니다만……, 실인즉 그러한 뜻이 아닌가 하옵니다."

스님은 일우스님 몰래 원융스님에게 시선을 던지며 한쪽 눈을 찡끗해 보였다.

"그러한 뜻이 아니라면?"

"저……, 저……, 속사정은 모르오나, 이성계 장군께서는 아마도 대사님을 모시고 싶었던 것 같습니다요."

"하하하. 됐어요, 됐습니다, 스님."

무학스님은 더 이상 주지스님을 골리기가 미안했던지 그쯤해서 파안대소로 끝마치고자 들었다.

"아마 이성계 장군이 차 한 잔 나누자는 말씀일 겝니다!"

묘향산 보현사의 주지스님으로부터 무학스님의 소식을 접한 이성계.

"말을 대령시켜라!"

그는 지체없이 말을 타고 묘향산을 향해 달렸다. 가히 '질풍같이 말을 몰아 단숨에 도착'이란 표현에 걸맞게 그는 급히 달려왔다. 소위 '아버님의 신변 보호'를 위한답시고 방원이 서너 명의 기마병을 붙혀 주었지만 그들은 이성계의 뒤를 따르기도 힘에 겨워 헉헉거렸다.

깊은 밤이었다.

보현사 주지스님의 방에 무학스님과 이성계와 주지스님이 앉아있었다. 이성계가 도착함과 동시에 원융스님은 다른 승방으로 옮겨 앉았다.

일우스님이 차 시중을 들면서 귀 기울였으나 무학스님과 이성계는 뚱한 얼굴로 마주 대하고 있을 뿐, 제 아무리 신경을 곤두세우고 봐도 두 사람의 관계를 알 수 있는 단서를 포착할 수가 없었다.

그는 다시 한 번 두 사람의 눈치를 살피면서 조심스레 침묵을 깨뜨렸다.

"두 분 어르신, 차를 한 잔씩 더 따를까요?"

"그렇게 하십시다, 스님."

무학스님이 찻잔을 들며 말했다.

"다시 말씀드리지만 스님 고맙습니다. 이렇게 대사님을 뵈올 수 있도록 심려해 주셔서……."

이성계도 찻잔을 들며 치사를 거듭했다.

"원, 별 말씀을요. 허허허……, 소승이야 두 분 어르신을 이렇게 가까이서 모실 수 있게 된 것만 해도 무한한 광영일 따름입니다. 아마도 두고두고 잊지 못할 것입니다. 오늘의 이 기쁨을……."

"……."

"……."

주지스님이 이성계를 향해 말을 이었다.

"장군님, 사정이 허락하신다면 절에서 사나흘 동안이라도 유하고 가십시오. 소승이 지성껏 받들어 모실까 합니다."

"고마우신 말씀. 허나 도성에선 다른 할 일도 있고 해서 부득불 돌아가야 하겠습니다. 훗날을 기약토록 하지요. 허허허……."

"정히 그러시다면 좋으실대로 하십시오. 그럼 대사님께서는 어찌 하오실지?"

"……."

무학스님은 굳게 한일 자 입만 고수하고 있었다.

이성계가 일방적으로 대답했다.

"……대사 어르신께서도 나하고 동행 하시게 될 겝니다. 아무 염려 마시오, 스님."

그제서야 주지스님은 그 자리에선 자신이 빠져야 한다는 상황 판단을 한 모양이었다.

"잘 알겠습니다. 두 분 말씀 나누시지요. 그럼 소승은 그만 나가 보겠습니다."

일우스님이 물러났다. 방문이 여닫히는 동안 밤바람이 흘러 들어와서 한동안 촛불들을 춤추게 했다.

이름 모를 풀벌레 울음소리가 요란하게 들리기도 했다.

"대사님, 기쁘고 반갑습니다. 그 동안 어디에 계셨길래 궁금하기도 하고……, 몹시 뵙고 싶었습니다."

이성계는 말 한 마디 한 마디에 진심을 싣고 있었다.

"……그새 도성에서는 별 일 없었습니까?"

무학스님은 아무런 감정도 내비치지 않은 채 이렇게 묻고 있었다.

"예, 대사어른!"

"……."

"어르신을 못 뵈온 지가 벌써 여러 달째 됩니다그려! 허허 허……."

이성계는 어떻게 하든 스님의 말문을 열어보려 애쓰고 있었다. 스님의 말문이 무슨 까닭으로 닫혀 버렸는지 그는 알고 있었다.

"……해서 쓸모없는 늙은이를 찾느라고 이렇게 번거롭게 했습니까? 큰 절마다 연통(連通)을 놓고……, 늙은이가 무슨 죄 지은 일이라도 있었다는 말씀입니까?"

"원 황송하신 말씀을……, 허허허. 그런 일이 마음에 걸리셨다면 노여움을 푸십시오. 그래, 그간 어디에 계셨길래 소식 한번 없으셨습니까?"

"운수납자라, 남쪽으로 북쪽으로 발길 닿는 대로 흐러다녔지요, 머!"

마치 심통부리듯 한 어조로 차갑게 말하자, 문득 지난 석 달 동안의 일들이 무학스님의 뇌리 속에 되살아나고 있었다.

한강에서 나룻배를 타고 거슬러 올라가 여주 신륵사와 고달원을 거치고, 남쪽으로 천성산 원효암에 들렀던 일하며, 다시 북쪽으로 발길을 돌려 묘향산 금강굴을 살펴봤던 일에 이르기까지…….

어찌 보면 속세의 인연과 멀리 떨어지고 싶어서 그렇게 돌아다닌 셈인데도 무학스님의 가슴 한켠에는 아직도 사그라들지 않은 응어리가 남아 있었던 것이다

물론 이성계도 스님이 왜 길을 떠났는지 그 까닭을 짐작하고 있었다. 그래서 몸소 달려왔던 것이다.

"대사님께서 회암사를 홀연히 떠나신 후로……, 이 사람은 많은

생각을 하고 또 해보았습니다. 특히나 포은의 죽음과 대사님의 낙담해 하시는 속마음……, 그러고 나 이성계의 부덕의 소치와 불민함 등등……, 많은 일들을……."

"나무관세음보살!"

정몽주란 말이 흘러나오기 바쁘게 무학스님은 염불을 했다.

이윽고 이성계는 눈빛을 빛내며 단호한 어조로 말하려 들었다.

"큰스님?"

"……."

"포은의 죽음에 대해서는 그만 잊어주십시오. 저희들이 백 번 천 번 잘못했습니다. 아니할 말로 이미 깨진 그릇이요, 엎어진 물 아니겠습니까?"

"그만 잊어야지 한다고 해서 어디 잘 잊혀지는 일입니까? 그동안 나는, 포은의 넋을 위로하고 천도하고자 염불 많이 했습니다."

"예, 어련하시겠습니까? 큰스님께선 마땅히 그러하셨겠지요. 잘 알고도 남음이 있습니다, 어르신."

잠시 침묵이 가로놓였다.

이윽고 스님이 오만 가지 감정을 뭉뚱그려 말하듯 입을 열었다.

"쓸만한 재목들은 다 불태워 버리고, 장차 누구와 더불어서 나라를 걱정하고 백성과 중생을 위한다는 것입니까? 지난번 방원도령에게도 한 말입니다만……, 도대체가 답답하고 안타까워서……."

"예, 어르신 말씀을 알아 모시겠습니다."

"이 늙은이는 아직도 가슴속에 묻어두고 있습니다. 나와 이성계 장군의 인연이 숙세의 인연에 불과한지는 몰라도……, 지난 날 설봉산 토굴 속에서의 일 말입니다."

"본인 또한 그와 같사옵니다, 어르신. 그 날의 말씀을 어찌 한시인들 잊을 수 있사오리까? 때에 어르신께서는 '천기입니다' 하고 일깨워 주셨더랬습니다요!"

여기까지 말하다가 이성계는 그만 말이 막혀 버렸다. 너무나 복잡한 감정이 한꺼번에 치받쳐 올라왔기에 미처 정리를 못한 탓이었다.

아닌게 아니라 이성계는 하기 좋은 말로 할 수 있는 천기를 믿거나 빙자한 건 아니었다. 적어도 그는 사람의 능력이란 한계가 있는 것이고, 하늘이 할 수 있는 일은 따로 있을 것이라 믿어 온 사람이었다.

그러했다. 진정으로 백성을 위한 일을 할 수 있는 위인이라면 하늘이 점지한다는 확신을 갖고 있었다. 자신의 야망을 성취하기 위하여 백성을 팔아먹고 천기를 팔아먹을 만큼 오만하거나 얍삽한 인물은 아니었던 것이다.

그런데 이성계의 추종자들 대부분은 말로서만 천기 운운하고 백성 운운할 뿐, 실제로는 자신들이 소유하고 있는 힘과 세력만 믿고 있을 뿐이었다. 하나같이 약육강식이란 동물적 논리에 익숙해진 것 같았다.

지금 이성계의 갈등은 여기서 비롯된 것이었다.

"……어르신, 한 말씀 드리겠습니다. 지난 날 설봉산에서 일러주신 말씀이 나 이성계의 운명일진대, 상기도 그 일이 성사된 것은 아니지 않습니까? 그런데도 큰스님께서 이렇게 이성계를 떠나 계시면 어찌합니까? 캄캄한 밤길에 이 사람 하나만 버려 두시면……."

"나무관세음보살."

드디어 스님의 가슴속 응어리가 풀려가고 있었다. 스님이 볼 때 이성계는 무인이면서도 모든 힘이 칼 끝에서만 나오지 않는다는 사실을 숙지하고 있는 것 같았다. 모든 힘은 칼 끝에서 나올 뿐이라고 믿는 무인이나, 모든 권력은 글귀에서 나올 뿐이라고 믿는 문신들이야말로 위험천만한 인물이요, 절대 큰 일을 도모할 수 없는 인물인 것이다.

"……도성으로 돌아가시지오. 회암사로 말씀입니다, 큰스님. 해서 끝까지 이성계를 보살피고 도와주십시오. 무학대사님, 나 이성계가 큰스님께 이렇게 간청드리는 바입니다."

"으흠."

이성계의 진심이 스님을 움직이고 있었다. 아니 진심만이 스님을 움직일 수 있는 힘을 가진 것이었다. 재물을 탐하는 자에게는 재물을 갖다 바쳐야 움직이고, 색을 밝히는 자에게는 여자를 갖다 바쳐야 움직이고, 권력을 탐하는 자에게는 그럴듯한 한 자리를 내밀어야 움직이고, 명예를 탐하는 자에게는 무조건 떠받들어 주어야 움직이는 법인데, 스님을 움직이자면 오직 참된 마음 한 자락 그것만이 유일한 힘을 가진 것이었다.

"……불가불 가까운 장래에 나 이성계도 마음의 결심을 굳혀야 할 것 같습니다. 시제 조정에서는 우시중 배극렴 이하 정도전, 조준 등 여러 중신들이 강권하다시피 하고 있사옵니다. 이 사람으로 하여금 보위에 나아가야 한다고……."

"나무관세음보살"

원융스님과 함께 다시 회암사로 돌아온 무학스님은 그 날부터 일체 외출을 삼가하고 밤낮을 가리지 않고 부처님의 자비를 빌고 빌고 또 빌었다.

물론 여느 납자나 신도들은 무학스님의 그러한 기원을 예사롭게 보아 넘기거나 다소 별스럽게 보아 넘길 수도 있었다.

그러나 무학스님은 간절했고, 그의 마음은 아팠고 쓰라렸다.

그도 그럴 수밖에 없는 것이 스님이 어디 권세에 눈이 멀고, 승자 편에 빌붙어서 속세의 영화를 바라던 위인이었던가?

진실로 부처님의 자비가 아쉬운 곳은 패자들이었고, 물러가야 할 사람들이었으며, 소용돌이치는 혁명과 개혁의 역사 속에서 본의 아니게 희생당하거나 죽음을 각오해야 했던 사람들이었다.

그렇게 회암사에서 무학스님이 부처님의 자비를 빌고 있는 동안 도성인 개경에서는 곡(哭)소리가 끊어지지 않았다.

이른바 '천지개벽'이 일어나고 있었던 것이다. 아니 이성계가 이 나라 역사의 전면에 나서기 위한 절차가 진행되고 있었던 것이다.

배극렴과 남은 등이 앞장 서서 공민왕의 비였던 대왕대비 안씨에게 공양왕을 폐할 것을 주청, 기어이 그녀의 교서를 받아내는 데 성공했다.

물론 역사의 기록은 이렇게 간단하게 사실만을 서술했고, 대왕대비 안씨와 그녀를 모시던 주위 사람들이 그 얼마나 많은 피눈물을 흘리며 서러워했던가를 남기려 들지 않았다.

그리고 배극렴은 오직 한 사람 고려 임금만이 사용가능했던 국새(國璽)를 회수하고, 그것을 받들어 사저로 가져가 이성계에게 바쳤으니, 고려 천하가 이성계 앞에 머릴 숙인 꼴이었다.

그래도 절차는 끝나지 않았다.

고려조의 마지막 공양왕 '요'는 신종의 7대손으로서 잠시 왕위에 올려졌다가 덕이 없다는 이유로 폐위되고 만 것이며 (만약 '요'가 덕이 있고 현명했다면 잠시나마 왕위에 오르지도 못 했겠지만) 그는 비빈, 세자 등과 함께 원주 고을로 내쫓기어 공양군으로 강등되어 버렸다. 뿐만 아니라 다시 2년 뒤에는 강원도의 첩첩산중 삼척으로 옮겨져 끝내 죽임을 당하고 말았던 것이다.

삼복 더위 염천에 대지가 펄펄 끓고, 더운 바람이 기승을 부리던 때였다.

고려 왕실에서 장엄하게 음악이 흘러나왔다.

1392년 임신년 7월 열이렛 날이었다.

그 날은 마침내 이성계가 수창궁에 나아가 만조백관의 조하를 받으며 보위에 오르는 날이었다.

그때 이성계는 58세였으며, 태조 왕건이 세운 고려왕조는 34대 임금 475년 만에 그 종언을 고하고, 아득한 역사의 뒷장으로 사라져갔다.

이성계가 조선왕조의 문을 열었던 것이다.

"이성계 장군이 기어이 왕이 됐다는구먼, 새 나라 만만세!"

"왕씨 고려가 망하고 새 나라 이씨 왕조가 들어섰다는구먼!"

"태조대왕 만세, 이성계 장군 만세!"

심정적으로나마 이성계의 편에 서 있던 사람들은 이렇듯 환희를 감출 수가 없던 나날이었다.

이성계 앞에 나아가 조하를 바치던 만조백관의 심정이야 오죽했으랴.

"상감마마, 하례드리옵니다. 원하고 바라옵건대 만수무강하소서."

"전하, 엎드려 비옵나이다. 천 년 만 년 홍복을 누리소서."

"상감마마 하례드리옵니다. 백자천손이 성수를 누리시고 태평성대를 구가하옵소서!"

이성계의 눈 앞에는 밝고 환하고, 기쁘고 희망에 찬 물결만이 일렁거렸다. 이른바 승자의 진영에 무슨 비애나 어둠이 있을 것인가?

"대신들은 들으시오. 마음껏 마시고, 마음껏 떠들고, 마음껏 취해 보십시다. 하하하."

궁중에서 벌어진 축하잔치는 끝이 없었다.

삼봉 정도전은 스스로 지어 올린 '문덕곡'을 노래했고, 태조 이성계는 대신들에게 춤을 추게 하였을 뿐만 아니라 자신도 흥이 나서 웃옷을 벗고 덩실덩실 춤추며 밤새껏 즐겼다.

그러나 개성 밖에 있던 절, 연복사로 자리를 옮겨 앉은 무학스님의 마음이 새털처럼 가벼울 수는 없었다.

비(悲)가 없이는 희(喜)가 있을 수 없고, 희(喜)가 없이는 비(悲)가 있을 수 없다는 이치를 누구보다 잘 알고 있었기 때문이었다. 그것은 곧 죽음이 없이는 삶이 없고, 삶이 없다면 죽음 또한 없다는 말이 되는데, 자비로운 부처의 눈으로 보자면 비가 따로 없고 희가 따로 없으며 생이 따로 없고 사가 따로 없다는 결론이요, 어느 한편에 치우쳐 평상심을 잃을 까닭도 없다는 말이 되는 것.

바야흐로 고려인이라 자처했던 사람들은 스스로 물러가야 할 시점이었다.

고려 왕실에 충성을 맹세했던 사람들이나 고려조를 못내 아쉬워하는 사람들은 이삿짐을 꾸려서 꾸역꾸역 개성을 떠나가고 있었다.

비록 정몽주는 아니라 하더라도 가슴속에 고려조에 대한 한 조각 붉은 마음을 지녔던 선비들은 두 임금을 섬기느니, 이 목숨을 버리겠다는 각오로 도성을 뒤로 한 채, 눈물과 한숨을 뿌리며 뿔뿔이 흩어져갔고 초야로 몸을 숨겼다.

새 왕조 건설에는 유능한 일꾼들이 많이 필요하기 마련인데, 진실로 쓸만한 인물이라 여겨지면 하나같이 충절을 내세워 이성계 일파에게 등을 돌려 버렸다.

경기도 개풍군에 있던 두문동.

이성계가 조선왕조를 건국하자 새 왕조 섬기기를 부끄럽게 여긴 고려 충신 72명이 몸을 숨긴 곳으로 유명한 곳이었다.

신규·신훈·신우·신순·조의생·고천상·서중보 등의 쟁쟁한 선비들은 이성계의 간청이나 명을 끝내 거부하고, 그 두문동에서 농사를 짓다가 죽어가려 들었다.

경상도 선산에서 태어난 사람 길재.

그는 이방원과 함께 공부한 사람이었고, 정몽주의 직계 제자이었는데, 방원이 제 아무리 매달려도 벼슬길에 오르려 하지 않고, 선산 남부에 있는 금오산에서 산나물만 캐어 먹다 죽어가고 말았다.

오백 년 도읍지를 필마로 돌아드니
산천은 의구하되 인걸은 간 데 없다
어즈버 태평연월이 꿈이런가 하노라.

훗날 개성을 둘러보며 길재는 이런 시조 한 수를 남겼는데, 이성계, 이방원에 의해 새 왕조가 열리고, 새로운 조정 안에는 내노라하는 중신이나 선비들이 가득차 있었건만 그는 산하는 옛날과 다름없지만 (산천은 의구하되) 제대로 된 인물은 자취도 없이 사라졌다(인걸은 간 데 없다)는 식으로 조선왕조를 거부하려 들었다.

5. 석양에 홀로 서서

그 해 겨울이었다.

개성의 송악산 기슭에 있는 자하동 골짜기를 흰눈이 뒤덮고 있었다. 그 골짜기 상단에 있는 정자를 향해 두 사람의 늙은이가 천천히 걸어가고 있었으니 한 사람은 무학스님이었고, 또 한 사람은 목은 이색이었다.

이색이 간간이 기침을 토해서 스님을 걱정스럽게 만들었다.

이미 스님은 세수 66세였으며 이색은 65세였으니, 어쩌면 흰눈으로 뒤덮인 그 산야와 그들의 모습은 썩 잘 어울렸다.

드디어 그들 두 늙은이는 정자 위에 올라앉아 하얗게 눈 덮인 산야를 둘러보면서 한 동안 각자의 상념에 잠겨 있었다.

이색이 또 콜록콜록 기침을 해댔다.

“아우님 해소가 심하구먼, 그래? 탕약을 지어서 좀 달여먹지 않구…….”

“늙은이 해소 기침에 그까짓 탕약이 무슨 소용?”

“그래도 그렇지. 기침이라도 멎게 해야지 원……. 그러다가 아우님이 성님보다 앞서 가려구?”

“예키, 이 사람. 저승길에는 노소가 따로 없어요.”

“성님 앞에서 무엄한 소리…….”

다행히도 날씨는 포근하기 짝이 없었다. 그래도 무학스님은 ‘원융스님을 시켜서 따끈한 차 준비를 해서 나왔으면 좋았을 걸’ 하는 생각을 했다.

이색과 절방 안에 있을 때는 몰랐는데, 찬 바깥바람을 쏘이니 그만 기침이 도지는 것 같아서였다.

“온 산야가 하얀 눈으로 깨끗하게 덮였구만…….”

이색이 중얼거리듯 말했다.

“왜, 시라도 한 수 뽑아 볼 참인가?”

“그만둬요, 대사! 허허허……, 시는 무슨!”

“허긴 무슨 시상이 나올까?”

그러다가 두 사람은 다시 침묵 속에 잠겨들었다.

건너 숲 속을 바라보다 말고 두 늙은이는 동시에 노루 한 마리가 눈 구덩이 속을 헤매이는 모습을 목격했다.

“아니, 저기 노루 한 마리가…….”

하며 두 사람은 서로 얼굴을 마주 대했다. 두 늙은이가 동시에 같은 말을 하려 들었던 것이다.

“노루로 태어난 놈이 어째 이까짓 눈을 맞아 저렇듯 쩔쩔 매누!”

스님이 안타까운 마음에서 이런 말을 내뱉았다.

"노루가 돼보지 않고서야 노루 사정을 어떻게 알까?"

이색은 의미심장한 듯한 말을 했다.

스님은 괜히 무슨 상처를 건드린 것 같은 생각이 들어 이색의 말을 못 들은 척 해 버렸다.

"대사는 좋겠구만, 모든 일이 뜻대로 잘 돼서……."

이색이 밑도 끝도 없는 말을 불쑥 끄집어냈다.

"뭘 말씀인가?"

"언젠가 헌집 헐어내고 새집 다시 짓겠노라고 그래샀더니만 당신 생각대로 되지 않았어, 안 그래?"

그제서야 스님은 이색의 마음을 읽을 수가 있었다.

"관세음보살……. 나는 다만 도탄에 빠진 중생을 구하고 나라와 강토를 되살리고 싶었던 것 뿐일세. 어정쩡하고 낡은 왕실 중심이 아닌……."

"그래요. 그 말뜻 알아듣고 말고……, 그러고 보니까 무학 당신이 설봉산에서 9년 정진을 마치고 산에서 막 내려왔을 때가 생각나는구먼. 그날 밤 회암사 절방에서 밤을 새우며 애기를 나눈 적이 있었지. 그때 아마 무슨 헌집이 어떻고 새집이 어떻고 하는 말을 꺼냈을 게야. 불쑥 밑도 끝도 없이……."

"음……."

스님은 한숨을 토하듯 했다.

"그래서 내가 뚱딴지같이 무슨 헛소리냐고 일축해 버렸던 기억이 살아있어요. 안 그랬어?"

"늙은이 주제에 기억력 하나는 똘망똘망 하구먼……, 허허허."

스님의 웃음소리가 메아리쳐 들려오는데 묘한 느낌을 풍기는 듯
했다.

"싱겁게 웃기는……."

이색이 또 잔기침을 해댔다.

"우리 그만 들어 갈까?"

"싫어요."

뭔지는 몰라도 이색의 가슴속은 답답하고 가뿐 것만 같았다.

"내가 아우님에게 고백 한 가지 하랴?"

"고백이라니? 출가한 스님에다 늙은이 주제에 무슨 토설할 비밀
이라도 있다구. 꿈 길에 황진이라도 만나서 운우지정이라도 했다는
겐가?"

"에끼! 아우님이 노망 났나?"

"글쎄, 고백은 무슨 고백?"

"……그런 게 있지. 그때는 꾹 참고 말할 계제가 못 됐었지만…….
이젠 아우님 자네에게만은 털어 놓을 수가 있어요. 그때는 그것이
'천기'이었을 수도 있어서말야."

"흥, 무슨 놈의 사설이 그리 길어?"

"사실은……, 그 무렵에 난 이성계 장군을 만나고 있었던 게야."

스님이 그 말을 하자 이색이 펄쩍 뛰었다. 그로서는 스님이 이성
계와 내통(?)하고 있을 줄은 꿈에도 상상 못할 일이었다.

"뭐, 뭐야? 자네가 이성계 장군을 어쨌다고?"

"설봉산에서 하산할 적에, 그 토굴 속에서 이장군을 만나고 내려
왔었다니……."

"이런 도둑놈같이 음흉한 늙은이를 봤나, 그래서?"

이색의 어조는 체념에 의해서 마모는 되었을지언정 저항이란 의미를 가진 가시가 아직 없어진 건 아니었다.

스님은 한 점 보탬도 없고, 한 점 뺀 것도 없이 설봉산 토굴 속에서 이성계를 만난 일하며, 그의 꿈을 해몽해 준 일까지 그에게 낱낱이 토설해 주었다.

"……그런 엄청난 비밀과 천기란 것이 있긴 있었구만……."

이색은 가래가 끓어오르자 퉤하고 가래침을 정자 바깥으로 내뱉았다.

회오리바람이 일더니 건너편 산 중턱에다 눈바람 기둥을 만들어 보이며 사라져갔다.

어느새 노루도 위기에서 벗어나 사라지고 없었다.

이색의 얼굴 표정이 숙연해져 있었다.

"무슨 생각을 하는겐가?"

"포은을 생각하고 있었네."

"왜?"

"차라리 포은이가 한갓지게 죽었는지도 모른다는 생각이 들어서……, 한갓지게……."

"무슨 뜻인데?"

스님은 이색의 기분을 알고 있으면서도 모른 척했다.

"……이런 꼴 저런 꼴 아니보고 한갓지게 말야. 나 같은 늙은이 오래 살아남아 봐야 욕밖에 더 얻어먹겠어? 볼 것 못볼 것 구차스럽게 다 봐야 하고……. 수많은 사람들이 피 흘리는 꼴하며 왕실 망하는 꼴하며……."

"허튼소리! 포은 한 사람이면 족해요! 정몽주는 만고충신이 되었으니까."

뜻밖에도 스님의 어조는 단호하기 그지 없었다.

"무슨 말씀인데?"

"생각해 봐, 목은아. 4백 년 왕실이 꺼꾸러지는 마당에 절개를 지킨 의인 열사 한 사람쯤 없어서야 되겠어? 그렇다면 오히려 그놈의 왕조가 불쌍하고 외로운 거지. 저 은나라가 망할 때는 고사리 캐먹다가 굶어 죽은 백의숙제가 있었고……, 우리 백제가 망할 적에는 좌평 성충이 있었듯이, 고려가 망할 때는 포은이 있었단 말일세. 해서 하는 말씀이지만 목은이 자네까지 죽을 것은 없다구."

"이런 엉뚱한 늙은 중을 봤나? 시방 누구를 데리고 놀릴 셈인가? 대체 그런 놈의 말 솜씨가 어디 있어?"

"아니야, 농짓거리가 아니라……. 포은이가 한편으로는 의롭고 한편으로는 불쌍해서 그래. 왜 하필이면 포은이 그 자리를 차지해야 했던가? 아깝고 또 아까워서……, 나무관세음 보살."

두 사람은 다시 숙연한 침묵 속으로 빨려들어 갔다. 정몽주의 죽음 앞에서는 섣불리 무슨 말을 할 처지가 아니었다.

그들은 추위도 잊은 듯 하얀 눈에 뒤덮인 산야를 한동안 물끄러미 바라보고 있을 뿐이었다.

어느새 잿빛 하늘가에 저녁노을이 붉게 물들어가고 있었다.

이색은 4백 년 고려 왕실이 저 흰눈 속에 파묻혀서 그 옛날의 영화와 번영이 어떠했는지를 가늠할 수도 없다는 서글픈 생각에 사로잡혔다.

"……콜록, 콜록……."

이색이 심한 기침을 해댔다.

"그만 돌아가야겠네. 날이 저물어가니 추워지는구만 그래!"

"어디로?"

"어디는 어디야. 우리 함께 연복사로 내려가든지……, 아니면 아우님 혼자서 자네 집으로 돌아가든지 해야지."

그러나 이색은 꼼작할 엄두도 내지 않은 채 기침만 계속했다.

"왜?"

"갈 곳이 없어요."

이색의 목소리는 눈물에 젖어 있었다.

"이런 망녕 난 늙은이 봤나?"

"……갈 곳이 마땅치 않다니까!"

"……?"

이윽고 이색의 눈시울에 이슬이 맺히더니 그의 입으로는 슬픈 가락의 시조 한 수가 새나오고 있었다.

백설이 자자진 골에 구름이 머흘레라
반가운 매화는 어느 곳에 피었는고?
석양에 홀로 서서 갈 곳 몰라 하노라

스님은 묵묵히 이색이 읊조리는 시조를 처음부터 끝까지 다 들어주었다.

사라져간 고려 왕조를 그리워하는 '회고가' 였다. 스님은 화답하듯 입을 열었다.

흥망이 유수하니 만월대도 추초로다

5백 년 왕업이 목적에 부쳤으니
석양에 지나는 객이 눈물겨워 하더라.

　무학대사가 읊조리는 시조를 듣다말고, 이색은 두 눈을 껌벅거리며 놀라워했다. 스님 또한 사라져간 고려 왕조를 그리워하는 회고가를 읊조리고 있지 않았겠는가?
　"아니, 대사. 당신이 그런 시조를 지은 게야?"
　"왜 놀래나? 나는 누구처럼 '회고가'를 지을 수가 없는 늙은이인가?"
　"고려 왕조를 때려 잡은 일등 개국공신이, 감히 '석양에 지나는 객이 눈물' 흘리고 한숨을 지었다고?"
　"허허허……."
　"네 이놈, 무학. 바른대로 이실직고 하렸다. 필시 누군가의 글을 도적질한 것이 분명할지니 바른대로 대지 못할까?"
　"……."
　"어느 누가 지은 노래를 훔친 게야?"
　"……운곡 원천석이라네."
　"원천석?"
　"그래애. 지난 어느 가을 날이었네. 원천석이가 회암사로 날 보러 왔다가 이 시조를 슬그머니 강월헌 윗목에다 놓고 떠난 게야. 해서 내가 읽어 보았지. 운곡은 잠시 도성에 들렀다가 치악산으로 가겠다 더구만."
　"음……."
　이색은 익히 알고 있었다. 운곡 원천석 또한 고려 왕실에 대한 의리와 절개를 지키느라 초야로 사라진 선비라는 사실을……. 한때는 방원이가 그에게 글을 배울 만큼 대유학자였는데 고려가 망해 버리자 원주 치악산 밑으로 가 흙집을 짓고, 몸소 밭을 갈아 늙은 부모를 봉양하며 살기로 했던 것이다.

무학과 이색 두 늙은이는 또 오랫동안 아무 말 없이 앉아 있었다. 이윽고 사위에 어둠살이 내려앉기 시작하자, 스님이 손을 내밀어 이색의 손을 잡고 일어나 함께 하산을 서둘렀다.

이색이 생각하는 것처럼 스님의 마음은 편하지가 않았다. 어쩌면 훌훌 털고 초야로 묻힌 원천석이나 두문동 선비들이나 금오산의 길재보다 스님의 고뇌가 더 큰 것이었는지도 모를 일이었다.

실인즉 이성계가 보위에 오르자 스님은 회암사를 떠나 어느 산 속으로 몸을 감출 결심까지 굳혔다. 출가 정신을 망각한 스님은 이미 스님이 아닌 법이니…….

그러나 미리 알고 이성계가 어명을 내렸던 것이다.

'무학스님은 회암사에 주석해야 하오' 하는.

차마 그 어명을 뿌리치지 못해 회암사에 머물러 있는데, 그 해 따라 한여름의 불볕더위는 더더욱 기승을 부렸다.

스님은 무더위도 잊을 겸 선정삼매경에 곧잘 빠져들곤 했다.

"……큰스님. 선정에 드셨습니까?"

매미 소리 또한 요란한 여름 한낮이었다.

"큰스님."

"듣고 있느니라."

스님이 원융스님에게 시선을 던져 주었다.

"큰스님. 새 임금님이 되신 이성계 장군에 대하여 말이 많사옵니다. 사람들 입에 오르내리는 소문이 영 좋지 않사옵니다."

"왜, 또?"

"큰스님께선 아마 모르고 계실 것이옵니다."

"무슨 일인데?"

"……놀라지 마십시오, 큰스님. 헤헤헤."

"이놈아, 말 하려다 말고 웃는 버릇은 어디서 얻었느냐?"

옴니감니 따질 필요도 없이 이성계와 관련된 일이라면 스님의 신경은 자연 곤두서게 되어 있었다.

"새 임금님의 왕세자가 결정되었다고 하옵니다."

"왕세자가 결정되었다면 경하할 일이로다."

"큰스님, 문제가 있다는 말씀들예요, 문제가……."

"무슨 문제가?"

"왕세자는 마땅히 큰아들이 돼야 하는데……."

"부득이한 사유가 있다면……."

"그런데 그렇게 되지 않았다니까요. 거꾸로 맨 끝에서 세자가 됐다는 것입니다요."

"뭐야, 여덟째 아드님이 왕세자가 됐다고?"

"헤헤헤……, 큰스님께서도 놀라셨죠? 이제 겨우 열한 살 먹은 어린 아들이 글쎄 왕세자가 되었답니다요. 그러니 말이 많을 수밖에요."

"……관세음보살."

"그러니까 세상 사람들 하는 말이 새 임금님도 별 수 없고 앞으로 바라볼 것도 없다는 말들을 합니다요. 새 임금님도 둘째부인한테 빠져서……."

무학스님도 아찔한 현기증을 느꼈다. 이성계의 여덟째 아들이라면 의안대군 방석을 가리키는 말인데, 겨우 열한 살짜리 막내동이를 왕세자로 삼은 까닭을 도저히 헤아릴 수가 없었던 것이다.

스님은 바로 작년 사월 초파일 무렵에 이성계의 둘째부인 강씨를 따라 회암사에 내려왔던 방석을 본 적이 있었지만 특별한 인상을 받은 기억도 남아있지 않았다.

'위험 천만한 일!'

방석이를 세자로 책봉했다는 소식을 들은 스님의 머리 속에 가장 먼저 떠오른 말이 바로 이 말이었다. 동시에 방원의 무서운 핏발선 시선이 떠오르고 있었다.

'고려왕조가 무너지고 새 왕조가 건설되는 마당인데, 세자 나이 겨우 열한 살이라니……. 도대체 새 왕조의 막중한 국사를 그가 어찌 요리할 수 있을 것인가? 사사로운 사가에서도 함부로 장유유서라는 위계질서를 깨뜨리기 곤란한 법이거늘…….'

그때 산문 밖 멀리서 화가 난 듯한 말 울음소리가 크게 들려왔다

'둘째부인 강씨라…….'

스님은 이성계의 둘째부인 강씨가 사람의 마음을 매료시키는 몸가짐과 말 솜씨를 가졌다는 사실을 직접 확인하고서 저만하면 이성계 장군을 놓치지는 않겠구나 하는 느낌을 받았을 뿐이었다.

"큰스님. 대사어르신 계시오니까?"

강월헌 문 밖에서 방원의 목소리가 들려왔다.

"누구십니까? 아이고, 대군나으리. 어서오십시오."

시자승 원융스님이 벌떡 일어나 방원을 강월헌으로 맞아들였다.

이성계가 왕이 되면서 그의 여덟 명 아들들과 세 딸들은 모두 대군과 공주의 칭호를 부여받았는데 방원의 군호는 정안군이었다.

정안군은 우선 스님에게 큰 절을 세 번 올려 예를 갖추었다. 푹푹 찌는 삼복 더위에 그의 온몸이 땀에 젖어 있었지만 그는 더위 따위는 아랑곳하려 들지도 않았다.

"……나무관세음보살."

"어르신, 그 동안 강녕하셨는지요?"

말과 행동으로서는 갖출 예의를 제대로 행하고 있었지만 정안군의 손발은 계속 가늘게 떨리고 있음을 스님은 감지하고 있었다.

"정안군나리, 어인 일이시오, 이렇게 급히 말을 몰아……?"

"큰스님께 몇 말씀 여쭙고자 찾아뵈었습니다."

스님은 손수 면수건을 내밀며 말했다.

"……정안군나리 신색이 좋지 않아 보이십니다."

방원은 면수건으로 얼굴의 땀을 대충 훔친 다음 입을 열었다.

"지금 대궐에서는 깜짝 놀라고 기절초풍할 일이 벌어졌습니다, 어르신. 사리로 봐서도 부당한 일이며 종사의 백년대계를 위해서도 더더구나 있을 수 없는 일이 발생한 것입니다."

"우선 차나 한 잔 드시고 말씀일랑 천천히 하시지요."

원융스님이 서둘러 차를 준비했다. 방원도 자신의 흥분이 지나쳤음을 깨달았는지 잠시 동안 가쁜 숨을 몰아쉬었다.

때를 찾아 스님이 운을 뗐다.

"장안군나리, 대궐에서 세자 저하를 책봉하신 일을 두고 하시는 말씀 아닙니까?"

"아니, 어떻게?"

방원은 스님이 벌써 그 소식을 알고 있냐는 식으로 놀랬다. 동시에 방원은 무학스님과 이성계가 의논해서 결정된 일이 아닌가 하는 의심도 갖는 것 같았다.

"발 없는 말이 천리를 가고 담벼락에도 귀가 있는 법. 늙은이도 풍문에 들었습니다."

"……참으로 억장이 무너지고 귀신이 곡을 할 노릇입니다. 아버님께서 어찌하여 그런 결심을 가볍게 하셨는지 도대체 알 수가 없습니다, 대사어른."

"해서 저자거리에서도 말들이 많다는 이야기 듣고 있어요. 이 늙은이 또한 상감마마의 흉중을 알 수가 없음입니다."

물론 스님은 방원의 야망을 누구보다 잘 알고 있었다. 그러나 이성계가 보위에 오르기까지 그 어느 왕자보다 노심초사하고 때로는 결정적인 역할까지 수행한 일등 개국공신이란 사실을 들어 그의 기(氣)를 높혀 줄 수는 없는 일이었다.

현비로 책봉된 이성계의 둘째부인 신덕왕후가 낳은 경순공주와 방번, 방석 등의 두 아들은 차치하고서라도 방원의 위로는 자그마치 네 명의 형님들이 있었으니 말이다.

따라서 이런 사정들을 감안하면 할수록 방원의 심기는 뒤틀릴 수밖에 없었다.

"……물론 종사의 앞날을 위해 세자를 미리 책봉하고 그 법통을 정함에 있어 국사의 막중함을 시생도 모르는 바는 아닙니다. 시생 또한 누구보다 잘 알고도 남음이 있습니다. 허나 이번 일은 너무 빠르고 너무 뜻밖이옵니다. 아버님께서 등극하신 게 지난 7월 열이렛날이고, 지금은 8월달입니다. 겨우 한 달 만에 세자책봉을 해야 할 만큼 화급한 상황이 뭐겠습니까? 지금이야말로 그런 일 말고도 하실 일이 태산 같은데……. 우선 흔들리는 민심부터 수습해서 바로잡아야 하지 않겠습니까? 그러고 나라를 개혁하고자 하면 법과 제도를 새로 고치며 정비도 해야 하고……, 제반 문물을 다시 손을 보아 뜯어고칠 건 뜯어고치고요. 새 왕실의 백년대계를 위해서 국기를 튼튼히 하고 다질 일이 얼마나 많습니까? 어르신, 생각해 보십시오. 아직 왕조 이름도 정하지 못한 상태 아니옵니까? 국호도 없단 말씀입니다. 저간의 사정이 이러한데도 아바마마께서는 세자책봉을 그리 서둘러야 했단 말씀입니까?”

들으면 들을수록 스님으로서는 난감하기만 했다.

그리고 스님은 방원이가 무슨 까닭으로 자기를 직접 찾아와서 아버지에 대한 불만을 토로하는 건지 그 심정 또한 이해할 수 있었다.

그로서는 적어도 이성계의 마음을 움직일 수 있는 분은 스님뿐이라고 판단했기 때문이었다.

그렇다 해도 스님은 가벼이 움직일 수가 없는 입장이었다. ‘종묘사직을 위해서 세자책봉’은 하고, 말이야 할 수 있는 일이지만 사사로이 보자면 이성계의 집안 일이 아니던가? 세자책봉 문제에 대해 측근들이 자문이야 할 수 있겠지만 결국 그 결정이란 왕의 고유 권한일 수밖에 없는 것.

어쨌거나 태조 이성계가 고려를 대신하는 나라 이름으로 ‘조선’을 정한 것이 이듬해 봄이 되는 태조 2년 3월 15일이었으니 방원의 말마따나 이성계는 국호도 정하기 전부터 세자책봉을 서두른 것만은 사실이었다.

“……”

　스님은 한일 자로 입을 굳게 다물고 앉아 있었다. 그로서는 도저
히 방원의 입맛에 맞는 달콤한 말을 쏟아낼 수가 없었던 것이다.
　'쯧쯧……, 예삿일이 아니로다. 예삿일이 아니야.'
　스님은 장차 이성계 왕실에 불어닥칠 피 비린내 나는 골육상쟁의
불씨가 눈앞에 보이는 듯 감지할 수가 있었다.

6. 왕사 무학

무학스님이 끝내 입을 열지 않자, 방원의 매몰찬 감정이 다시 터져 나왔다.

"대사 어르신. 지금은 국초입니다. 새롭게 기둥을 세워 새 집과 새 터전을 마련하고 국기를 튼튼하게 다져야 할 때입니다. 그런데, 그런데…… 아니할 말로 코흘리개 어린것이 종사의 만년대계를 위해 무엇을 할 수 있단 말씀입니까! 아닙니다, 큰스님. 지금이야말로 나라가 백척간두에 서 있는 국초입니다. 시생 생각이 틀렸습니까?"

젊은 방원의 온몸은 형언키 어려운 증오와 분노로 이글이글 불타고 있는 듯했으며 불끈 움켜쥔 두 주먹이 파르르 떨리고 있었다.

"……"

결과적으로 방원은 스님에게 달려와서도 속 시원한 말 한 마디

들어보지 못한 채 되돌아가야만 했다.

'모든 열쇠는 아바마마가 가졌을 뿐인데……'

방원은 며칠 전 밤의 일만 떠올리면 부들부들 속이 떨려 왔다.

"아바마마, 부르셨사옵니까. 소자 방원이옵니다."

태조 이성계는 왕세자 책봉문제를 공식적으로 공포하기 전에 방원을 은밀히 내전으로 불러들였다.

그때까지만 해도 방원은 왕세자 책봉 문제가 거론되리라곤 꿈에서 조차 상상 못 했던 처지였다.

"오냐, 게 앉거라!"

그 날 밤 따라 이성계의 어조가 한결 부드러웠다.

"과인이 정안군을 이렇게 부른 것은 특별히 일러둘 말이 있음이야."

"어인 분부십니까, 아바마마?"

이성계는 미리 한쪽에다 준비해 두었던 책봉교서를 내밀며 말했다.

"자, 이것을 읽어 보거라. 왕세자를 봉하는 교서니라."

순간, 방원은 온몸의 피가 멎어 버리는 긴장감에 휩싸여 갔다.

"세자 책봉이라니요?"

"늙은 애비가 몇 날 며칠을 생각해서 정한 것이야. 장차 종사의 앞날을 튼튼히 하고자함이니라. 해서 의안대군 방석으로 하여금 과인의 대통을 잇도록 교서를 닦았느니라."

방원은 눈앞이 캄캄해짐을 느꼈다. 기가 막혀 말이 제대로 나오지도 않았다.

"의안군으로……?"

"왜 놀래?"

"······의안군 방석은 막내동이입니다. 아바마마, 성려를 거두시고 조금 더 기다리소서. 아직은 왕세자를 논의할 때가 아닌 줄 아옵니다."

"무슨 소리? 왕세자 책봉이란 자고로 이르면 이를수록 좋은 게야. 그래야만 분분한 의견들도 가라앉게 되고······. 물론 큰아들 방우를 생각안해 본 것은 아니다. 허나 방우는 애비 뜻에 미치질 못해. 해서 고심고심하다 방석이를 정한 것이다. 의안군 방석이가 어리고 유약하다고는 하나 그 놈이 영특한 점이 많아. 좋은 재목감이 될 게야. 일곱 형들이 잘 보살피고 북돋아 주면······, 특히나 방원이 네가 말이다."

"아바마마, 막중한 국사를 너무 손쉽게 정하신 듯하옵니다."

"손 쉽다니? 왕세자 책봉이란 국사 중의 국사인 게야."

방원은 억지로 한 발짝 물러서며 말을 이었다.

"다른 중신들께는 하문해 보셨는지요?"

"물론 물어보고 말고······. 찬성사 정도전과 남은 등은 과인의 뜻을 쫓아 찬성하는 편이었고 좌시중 조준은 반대라고 하더구나. 조준은 큰아들로써 법통을 잇게하는 '장자승계' 원칙이 아니라면 차라리 방원이 너를 추대하자더구나. 정안군 너야 말로 개국공신이니까!"

"황공하여이다, 아바마마!"

"하하하······, 과인이 방원이 너를 제하는 까닭은 훗날 알게 될 것이다. 모쪼록 거듭 당부하는 말이다만······, 너희 형제가 합심해서 방석이를 좋은 재목감으로 만들도록 해다오. 명심하겠느냐?"

벙어리 냉가슴 앓는다고 하던가?

방원의 가슴에 주먹보다 더 큰 울분 뭉치가 치받쳐 있다해도 그로서는 할 말이 너무 궁했다.

이성계의 장자라면 또 모르되 위로 형이 넷이나 더 있질 않는가? 게다가 부자지간일지언정 보위를 탐낸다는 마음만은 감히 내비칠 수가 없는 법.

물론 방원도 이성계의 뜻을 모르는 바는 아니었다. 당시 방원은 정몽주를 격살한 주범으로서 인심이 그를 떠나 있었다. 게다가 이성계는 무인으로 알려진 인물이니 다음 왕은 문치를 베풀 수 있는 인물이 좋겠다는 생각 등이었다.

그해 8월, 의안대군 방석을 왕세자에 책봉함으로 야기되었던 조정 중신들의 분분했던 의견들이 어느 정도 수습되고, 소슬한 가을 바람과 오곡백과 무르익어 가는 가을철도 지나서 시월 상달이 되어 있었다.

방원이 울분을 안으로 삭이려 들자 궁중은 표면상 조용했다.

이성계가 어명으로 무학스님을 대궐로 불러들였다.

그러고 그는 시월 11일에 가사와 바리때를 손수 내리며 무학스님에게 왕사라는 존호를 하사함과 아울러 그 간의 공로를 공식적으로 치하해 마지 않았다.

숭유억불책을 국가통치의 기본이념으로 삼으며 출발한 조선왕조가 스님을 왕사로 책봉한다는 것은 그야말로 예외적인 배려였다. 이리하여 무학스님은 조선왕조 최초의 첫 왕사이면서 최후의 마지막 왕사가 된 것이다.

"무학대사 자초에게 교지하노라. 왕사 대조계종사 선교도총섭 전불심인 변지무애 부종수교 홍리보제 도대선사 묘엄존자."

그러자 무학스님은 법상에 올라가 불자를 높이 세워 보이면서 대중을 향해 입을 열었다.

"대중들은 들으시오. 이것은 삼세 부처님들이 설명으로 이르지 못하는 경지이며 역대 조사들이 전하지 못하는 기쁜 소식이외다. 대중은 아시겠는가? 만일 마음이나 생각이나 입이나 혀로 계교하고 생각하고 말 할 수 있다면 어찌 이 같은 중풍이 있을 수 있으리오!"

공식적인 의전 절차를 끝낸 뒤에, 이성계는 무학스님을 내전으로 불러 실로 모처럼 오붓한 두 사람만의 시간을 즐기고자 했다.

"성은이 망극하여이다, 전하!"

무학스님으로서는 이성계를 향해 '전하!' 하고 부르고 보니 눈물이 핑 돌 지경이었다.

"하하하……, 무학대사. 그동안 대사께서 과인을 아끼고 보살펴 주신 여러가지 은혜와 공적에 비할진대, 과인의 이 작은 뜻이 그 크나큰 공덕의 만분의 일이라도 갚아질 수 있을지 심히 두렵고 걱정만 앞서는구료. 행여 서운하게 생각지 말고 모든 것을 받아 주시기 바랍니다."

"오……, 어리석은 빈도 몸 둘 바를 모르겠나이다, 마마!"

"가만히 돌이켜보건대 우리 두 사람이 설봉산 토굴에서 상면한 지도 어언 8년 세월이 흘러갔구료. 참으로 감개무량합니다."

"허허허, 빈도 생각 또한 엊그제 같사옵니다. 세월이 유수 같다더니 빈 말이 아닌 것 같사옵니다. 관세음보살!"

"거듭 대사께 당부드립니다. 부디 우리 사이의 도타운 정 잊지 마시고, 언제나 과인 곁에서 잘 인도해 주시기 바랍니다."

그때 목은 이색이 그 내전으로 불려왔다.

"두 분 역시 허물없는 사이라서 이렇게 모셨습니다."

하고 이성계는 반갑게 이색의 손목을 잡아 자리에 앉힌 다음 손수 차를 따라 권했다.

그러나 이색은 시종일관 초연한 몸가짐을 견지하려 애쓰는 것 같았다.

"전하, 한말씀 여쭐까합니다."

무학스님이 벼르고 있었다는 듯이 입을 열었다.

"말씀하시오, 대사어른!"

"대개 공자, 맹자님의 유학에서는 어질 인(仁)자 인을 숭상하고, 우리 부처님께서는 자비(慈悲)를 으뜸으로 삼거니와 그 가는 길은 서로 같은 궤도인가 합니다. 주상께서는 백성 돌보기를 내 자식같이 하셔야만 백성들 또한 나랏님을 어버이같이 받들어 모실 것입니다. 그러므로 공맹의 지인(至仁)과 부처님의 대자(大慈)로써 나라와 백성에게 부디 임하소서. 하나에서 열까지 변함없이 그렇게 하시면 전하께옵서 만수무강하시고 백자 천손이 번성할 것이며 종묘사직 또한 영원히 강녕하실 것이옵니다."

"고맙습니다, 대사어른. 과인이 결코 잊지 않으리다."

태조 이성계는 마음을 활짝 열고 무학스님의 진언(進言)을 받아들였다.

"그러고 또 한 가지. 지금은 새 나라를 세우고, 새 왕실을 열어가는 때입니다. 부디 바라옵건대 전하의 홍덕과 불보살의 자비를 베풀어 주소서. 시제 억울하고 잘못된 형률에 걸려서 옥중에 갇혀 고생하는 생민이 곳곳에 무수하다고 듣고 있습니다. 전하, 저들 불쌍하고 가련한 죄수들을 용서하고 풀어서 새 임금의 덕화를 보이심은 물론 장차 새 나라의 한량없는 복밭(福田)이 되게 하소서."

"이를 말씀입니까? 대사어른. 과인 생각도 그와 꼭 같습니다. 열백 번 지당하신 말씀, 허허허."

여전히 이색은 조용히 앉아 스님과 태조 이성계의 대화를 듣고만 있었다.

이성계가 이색에게 말했다.

"목은공도 한말씀 들려주시기 바라오."

그러자 이색이 엷은 미소를 띄우며 입을 열었다.

"……성주께서 용이 되어 하늘에 날아오르시니, 왕사께서는 부처님되어 이 세상에 나투셨구나!"

"하하하……."

"허허허……."

이색이 찬한 그 말 한 마디가 그 자리를 더 없는 기쁨의 절정으로 몰아부쳤다.

그때 무학스님의 세수는 예순여섯이었으며, 태조 이성계의 보령은 그보다 8년 아래인 쉰 여덟이었다.

이성계는 그 자리를 파하면서 스님으로 하여금 회암사에 주석할 것을 거듭 당부했다. 그는 무학스님과 나옹선사와의 인연을 알고 있었고, 회암사라면 나옹선사가 중창을 했던 도량임을 익히 알고 있던 것이다.

이윽고 천보산 회암사에서는 스님의 왕사책봉을 기리는 봉축법회를 크게 준비하고 있었다.

스님은 봉축법회가 열리자 보광전 대법당 뒤에 있는 설법전에서 위의를 갖추고 대중들에게 설법을 행하였다.

"……사부대중은 들으시오. 옛날 문수보살께서는 석가세존의 청을 받들고 유마힐거사에게 병 문안을 갔더랬습니다. 여러분도 잘 아시다시피 이것은 '유마경'의 '문무사리문질품'에 나오는 유명한 이야기 옳습니다. 문수보살께서 그에게 묻기를 '환후는 좀 어떻습니까? 세존께서도 안부를 전하셨습니다만……, 병은 어찌하여 생겼으며 어떻게 하면 나을 수 있을까요?' 그러자 유마거사께서 대답하셨습니다. '보살님, 중생이 앓기 때문에 나도 병을 앓고 있습니다. 만약 중생의 병이 나으면 내 병 또한 나을 것입니다. 대개 보살의 병이란 대비심에서 일어나는 것입니다.' 불자 여러분, 가난하고 불쌍하며 어렵고 고통받는 이웃사람들을 생각하고 위하십시오. 내 이웃이 바로 나의 복밭입니다. 내 이웃과 모든 중생들을 사랑하지 않고 우리가 누구를 사랑할 수 있겠습니까? 보살의 마음은 자(慈)·비(悲)·희(喜)·사(捨)의 네 가지 한량없는 마음입니다. 첫째로 사랑하는 마음은 모든 탐욕을 끊게 하고, 둘째 이웃을 가엾이 여기는 마음은 성내는 일을 끊어버리게 하며, 셋째로 기뻐하는 마음은 괴로움을 끊게 하고, 넷째로 버리는 마음은 온갖 탐욕과 성냄과 차별짓는 마음을 끊어버리게 합니다. 이렇게 네 가지 한량없는 마음이야말로 곧바로 사람이 착하고 아름다운 복덕을 쌓아가는 뿌리가 되는 것입니다. 여러분, 우리가 내 이웃을 사랑하고자 하면 무엇보다 차별을 두지 말고 분별하지 않는 사랑이어야만 합니다. 그리하여 한량없는 자비의 물로써 가난하고 고통받는 중생을 씻어주고 부디 이롭게 하도록 노력하십시오. 여러분과 내가 자비의 물로써 모든 중생을 씻어주고 이롭게 하는 날이 오면 아름다운 지혜의 꽃이 만발하고 알차고 풍성한 열매가 온누리에 주렁주렁 매달릴 것입니다. 빈도 무학은 말합니다.

경전 '숫타니파타'의 한 구절을 인용하여 노래하고자 합니다.

살아있는 모든 것은 행복하라
태평하라
안락하라

어떠한 생물일지라도
겁에 떨거나 강하고 굳세거나
그리고 긴 것이건 큰 것이건
중간치 건 짧고 가는 것이건
또는 조잡하고 거대한 것이건
눈에 보이는 것이나 보이지 않는 것이나
멀리 또는 가까이 살고 있는 것이나
이미 태어난 것이나 앞으로 태어날 것이거나
모든 살아있는 것은 다 행복하라

마치 어머니가
목숨을 걸고 외아들을 아끼듯이
모든 살아있는 것에 대해서
한량없는 자비심을 내라
또한 온세계에 대해서
한량없는 자비를 행하라
위 아래로 또 앞으로
장애와 원한과 적의가 없는

자비를 행하라.

그 날 이후 무학스님은 회암사에 머물되 강월헌이 아닌 다른 방을 하나 얻어 사용하게 되었다.

회암사의 종무스님이 기어코 왕사에 걸맞는 거처를 따로 마련해 주었던 것이다. 그도 그럴 것이 왕사의 거처에는 임금도 수시로 드나들 수 있어야 할 곳인데, 언제까지나 나옹선사가 거처했던 강월헌을 차지할 수 만도 없는 일 아니겠는가?

그런데 회암사의 스님 방으로 무시로 드나드는 사람 중에는 이색도 빠뜨릴 수 없었다.

"목은이 한번 읽어봐, 글구가 되는건가?"

그 날도 이색이 무학스님 방에 있었는데, 스님은 화선지 한 장을 펼치며 이렇게 말했다.

이색은 스님이 내민 화선지 위의 글을 소리내어 읽어 보았다.

지공의 천검은
평산에서 할 하시고
공부를 선택하는 일은
어전을 대하여 이루셨다.
최후의 광채로
사리를 남기시니
삼한의 조사로서
만년에 전하리.

"어떤가?"

"음, 됐어요. 왕사가 되더니만 글 솜씨가 좋아진 모양이지?"

이색이 빈정거리는 투로 농을 걸었다.

"이런 무례한 임자! 천하에 문장가가 목은 너 하나뿐인 줄 알아? 어르신 앞에서 아우님이 버르장머리없이!"

스님도 악의 없는 농으로 호통을 쳐 보였다.

"허허허……, 역시 나랏님의 왕사 자리란 좋은 모양이구먼. 이렇게 넓직한 방도 차지하고……. 과연 왕사께서 주석하시는 방답구나……."

"또 헛소리! 거, 말 끝마다 왕사, 왕사 하고 꼬리 붙이지 말라니까. 아, 산사의 늙은 중이면 그만이지 왕사가 무슨 벼슬이라고……. 번거롭고 헛것일 뿐이야. 한산 세모시가 어떻고 하면서, 무슨 한산 부원군 아무개 입네 하고 거드름피워야 제격이지. 한산 부원군같은 속물하고 산중 늙은이를 비교하다니……."

"에끼, 불제자인 주제에 선비를 놀리다니……."

"에키, 별것 아닌 선비 주제에 왕사님을 놀리다니……."

심심파적으로 주고받는 두 사람의 말장난이 끝이 났다.

"그래, 이번 지공화상의 초상화는 어느 절에다가 모실려구?"

이색이 웃음기를 거두고 진지한 어조로 물었다.

"으음, 지난번 나옹선사님의 진영불사(眞影佛事)는 여기 회암사에 모셨으니까, 지공화상님은 광명사가 어떨까 하는데……, 다른 스님네들도 그 일이 좋겠다고 말하는 게야."

근자에 스님은 서천의 108대 조사 지공화상의 진영을 찬하는 글귀를 짓고 있던 중이었다.

"큰스님, 찻물 끓었사옵니다."

문 밖에 원융스님이 다가왔다.

"들어오시오, 스님."

언제 어디서나 스님의 시봉만은 원융스님이 손수 하려 들었다.

"스님, 고맙소이다."

이색이 몇 가지의 뜻을 담아 고마움을 나타냈다.

"아니옵니다, 어르신. 두 분 어른께서 하시는 말씀을 밖에서 듣고 있자니까, 소승도 저절로 웃음을 참을 길이 없사옵니다. 너무나 격의 없으시고 재미있어 하시니……."

"저 늙은 선비님이 주책이 없어서 그렇다니……."

"무슨 소리, 철이 덜든 왕사님이래서 그렇지……. 허허허."

원융스님은 정성을 다해서 차를 만들어 올리며 흐뭇한 미소를 잃지 않았다.

"차 드십시오, 어르신."

"그럽시다. 실인즉슨 나는 원융스님이 만들어 주는 찻맛에 반해서 회암사엘 자꾸 온다구, 여기 대사님을 보러 오는 게 아니구……."

이색은 간접화법으로 원융스님의 차맛을 칭찬했다.

"그렇다면 차만 한 잔 마시고 어서 일어나든……, 하하하."

스님과 이색은 마치 어린아이들처럼 토닥거렸다.

그러면서도 할말은 다했다.

"우리 왕사께서 할일은 제대로 하시고 있음이야. 두 분 화상어른들의 진영불사를 이렇게까지 잘 하고 있으니……."

"그동안 큰스님께서는 참으로 노고가 많으셨답니다, 어르신!"

"그래요. 알만 해요. 먼 훗날을 위해서도 그 중 가치있는 일이고말고……. 후세 사람들이 옛사람의 진영을 생시인 듯이 우러러 볼 수 있음이야."

"허허……, 또 나뭇가지 위에 떼밀어올린다!"

스님이 자세를 낮추려 들자, 이색이 냉큼 말을 받았다.

"참 그렇구나. 기왕지사 왕사 당신의 초상화도 한 점 그려 놓지 그래? 나중에 당신님 죽은 뒤에 쓸 수 있도록말야!"

"그렇다면, 아니 후세 사람들에게 이 무학이가 손가락질이나 당하고 욕 먹는 꼴 보고 싶다, 그런 뜻인가?"

"아니야. 내가 지금 농짓거리 하는 게 아니라니까. 진심으로 하는 말씀이예요."

원융스님이 알아들었다는 듯이 나섰다.

"옳으신 말씀입니다. 큰스님 진영도 마땅히 준비해야지요."

"시덥잖은 소리들……, 나 같은 주제에 무슨 진영을……."

오늘날까지 남아 전해지는 지공화상과 나옹선사 혜근, 그리고 무학대사 자초스님 등 세 조사의 진영은 바로 이때에 마련된 것이었다.

"으음……."

별안간 스님의 얼굴이 굳어졌다.

"왜 또?"

"두 분 화상의 진영불사는 어지간히 끝이 났으니까……."

"끝이 났으니까?"

"또 한 가지 할일은……?"

"……?"

이색은 짐짓 긴장한 채, 스님의 얼굴만 응시했다.

"……수륙재를 모시는 일이야."

"수륙재라니?"

"그래요, 수륙재. 불쌍하고 외롭게 죽어간 원혼들을 위해서…….
뭍에서도 죽고, 물에서도 죽어간 혼령들 말씀이야. 고려 왕실이 끝이
나고 새 왕조가 들어서는 갈림길에서 알게 모르게 죽어갔거나, 해서
구천을 떠도는 가련한 영혼들이 너무나 많아요. 저들 한스럽고 가련
한 영가들의 극락왕생을 위해서 수륙재를 받드는 게야. 이 늙은이
손으로 삼천대천세계 불보살님께 지성껏……."

스님의 얼굴 표정에는 야릇한 신비감이 깃들기까지 했다. 그의 눈
에는 구천을 헤매이고 있는 원혼들의 실상이 보이는 듯했다.

"……그럼 대사님다우신 말씀."

이색도 전적인 동감을 표시했다. 정몽주를 위시하여 억울하게 희
생된 고려말 선비충신들과 백성의 원혼 앞에 한 번쯤 명복을 빌어주
고픈 마음이 왜 없었겠는가?

무학스님은 그 해 시월 상달이 기울기 전에, 길일을 잡아 크게 수
륙재를 올리기로 작정하고 준비를 서둘렀다.

그 소식은 태조 이성계에게도 전해졌으며, 수륙재가 시작되는 날
엔 이성계도 회암사까지 친히 거둥하여 부처님 앞에 꿇어 엎드려서
외로운 넋들의 극락왕생을 빌고 또 빌었다.

다음, 이성계와 스님은 보광전 대법당의 앞마당을 천천히 거닐고
있었다.

"……왕사께서 수륙재를 생각하신 것은 가상하고 대단한 일이었
소. 과인은 미처 거기까진 생각이 미치질 못 했었소."

"막중한 국사를 뒤로 하시고, 참으로 광영이옵니다, 전하."

"불과 1년 전 일이구료. 저기 명부전 마룻바닥에서 그 사람이 쓰러졌던 일……. 과인이 복이 없고 부덕한 탓이었지만……."

"해서, 오늘 이렇게 수륙재를 모시게 된 것도 사실은 먼저 가신 대부인 마마의 뜻을 기억하고 있었기 때문이었습니다."

"고맙고 고맙소이다. 암, 그 사람도 인제는 홀가분한 마음을 가지게 되었을 게요. 허허허……."

7. 천도설

회암사의 대법당 '보광전'에서는 장엄한 수륙재가 긴 시간 동안 진행되고 있었다.

"전하, 안으로 오르소서!"

스님은 이성계를 모시고 절방으로 가려했다.

"그럽시다. 목 안이 깔깔하니 차나 한 잔 마십시다."

두 사람은 보광전 앞마당을 벗어나 스님이 기거하는 내실로 갔다.

"아니, 왕사어른! 이 승방이 아니질 않소? 전에는 강월헌이었는데……?"

"예, 마마. 절방이 바뀌었습니다. 종무스님이 부득불 빈도의 방을 따로 하나 마련해 주겠다길래……."

이성계는 승방 앞에서 처마 밑에 새로 걸린 현판과 해서체로 쓴

웅건한 필치의 세 글자를 눈여겨보고 서 있었다.

계월헌(溪月軒).

"허허허. 당호가 계월헌이라. 그것 재미있구료. 스승 나옹은 큰 강이고, 무학왕사는 쫄쫄쫄 흘러가는 개울물이라. 허허허……."

"예. 절방 이름은 빈도가 지은 것이며, 글씨는 한산군이 써 준 것이옵니다."

"어쩐지 글씨가 눈에 익었다 했습니다, 허허허……."

"자, 방으로 오르소서."

이윽고 이성계와 스님은 좌우를 물리치고 계월헌 방 안으로 들어가 오붓하게 마주앉았다.

그간 원융스님은 차를 준비하고 있다가, 두 사람이 자리를 정해 앉자 그 방에서 물러났다.

이성계가 차로 목을 축인 후에, 곧바로 본론부터 끄집어 냈다. 그는 단순히 수륙재 때문에 회암사에 온 것만은 아니었던 것이다.

"……시제 조정에서는 새로 도읍지를 정하는 일 때문에 중신들 사이에 의론이 분분합니다. 개경은 벌써 그 기운이 쇠했다고들 하니까 대궐을 옮겨가는 천도 문제가 자연 생겨난 것이지요. 허나 과인은 근본적으로 생각을 달리합니다. 새 나라 도읍지를 정한다는 일은 막중한 국가 대사입니다. 안 그렇습니까, 왕사어른? 새 왕실은 마땅히 새 서울을 가져야지요. 그리하여 역사를 새로 시작하자는 것입니다. 새 역사가 무엇입니까? 옛것을 털어내고 새것을 만들자는 것입니다. 그것은 개혁이요, 변화이며, 창조입니다. 그러니까 지금의 개경에서는 아니됩니다. 단순하게 개경에서 어느 딴 곳으로 대궐을 옮겨간다는 천도의 문제는 말이 아닙니다. 가령 지난 공민왕 시절에 태

고 보우화상이라든지 사부 변조스님이 대궐을 한양부로 옮기자느니,
그보다 훨씬 앞서 승묘청이란 자가 평양성을 주창했던 일 등은 모두
가 도성을 한번 옮겨보자는 단순한 문제엿습니다. 하나 과인은 그렇
지가 않아요. 과인은 생각과 발상을 달리합니다. 만년대계를 위해서
새 나라가 새 도읍지를 확정하는 '전도(奠都)'입니다. 단순한 '천도
(遷都)'가 아닌 '전도'란 말씀입니다. 새 나라는 새 서울을……."

 "만번 지당하신 말씀입니다. 확실하게 '정할전(奠)자' 전도이지요.
'변기물이전기록(주례)'에 나와있는 말씀입니다, 전하."

 "하하하……, 왕사어른이 제대로 과인의 흉중을 알아주시는구료.
그렇다면 새 도읍지를 어디로 정할 것인가? 이게 손바닥 뒤집듯이
가볍고 손 쉬운 일은 아니질 않겠습니까? 널리 중의를 모으고 대신
들이 숙고에 숙고를 거듭해야겠지요."

 "지당하신 말씀. 중의를 좇아 결정하소서."

 그러고 보면 이성계는 사려깊은 결단을 하려는 사람이었다. 지난
8월에 서둘러 정했듯이 왕세자 책봉문제도 결코 즉흥적인 발상에서
이끌어낸 결론이 아닌 성 싶었다. 새 도읍지를 정하는 전도문제에
있어서 그는 한 나라의 통치자로서 지녀야 할 확고한 신념과 의지,
그리고 야망까지를 엿보이게 하지 않았는가?

 "……그러니까 어떤 이는 새 도읍지로 한양부를 주창하기도 하고,
또 어떤 사람은 저 임진강변의 어디가 좋다느니 하고, 혹은 훨씬 더
남쪽으로 내려가서 충청도 땅의 계룡산을 지목하기도 하고……."

 "충청도 계룡산이라면 공주 계룡산 말씀입니까?"

 "아직 공론화된 것은 아닙니다만, 판문하부사 권중화 대신이 그럽
디다. 은밀히 과인을 독대하여 이르는 말이 계룡산 쪽이 어떻겠느냐

고……."

"동고 권중화로 말씀하자면 천문지리에 밝고 복서에도 달통한 어른이라 알고 있습니다만……."

"세수 칠순을 넘긴 노대신이지요. 그의 전서체 글씨 또한 이 시대의 명필이고……."

"익히 압니다, 전하. 저쪽 뒷산 언덕배기에 있는 나옹선사님의 비석 역시 글은 목은 이색이가 짓고, 글씨는 동고 그 어른의 솜씨가 아니겠습니까?"

"오, 참. 그렇구먼. 그래애. 허허허. 해서 과인이 그 어른한테 그랬습니다. 조정에서 공론에 붙일 수 있도록 상서를 올려줍시사 하고……."

'계룡산이라……, 계룡산…….'

스님은 언젠가 계룡산에서 느껴 본 적이 있는 산의 정기를 다시 회상해 보고 있었다.

"왕사어른, 과인이 단도직입적으로 묻겠습니다. 왕사님이 의중에 두신 곳이 어디입니까? 새 나라의 새 서울로는 여기다 하는 곳이……."

"……전하의 성려는 어떠신지요?"

"하하하, 과인의 생각이 궁금하시다구요?"

"그렇사옵니다."

"그야 뭐……, 풍수설로도 그렇게 길지라니까 귀가 솔깃합니다. 그리고 또한 입지적 조건이 남쪽으로 쭈욱 내려가 있으니……, 가령 계룡산도 무난하다는 생각이 들었읍니다. 지나온 과거사를 돌아다볼 적에 저 대국 명나라와 멀리 떨어져 있다는 것이 현실 지형의 입지적 조건으로 봐서 좋을 수도 있는 일이고…….”

“전하, 새 나라의 도읍지를 택하는 일은 생각에 생각을 거듭하고 또 한번 다시 생각하소서.”

“그래서 이렇게 대사어른의 고견을 듣자는 것 아니겠소? 그렇지 않아도 왕사어른 생각을 물어보고자 했어요. 수륙재를 모시는 일 말고도…….”

“무릇 땅에는 그 ‘자상(自相)’이 반드시 있는 법. 전하, 땅의 높고 낮음과 그 깊고 얕음으로 지형지세를 살펴봐야 할 줄 압니다. 부디 가볍게 정하지 마옵소서.”

“이를 말씀입니까? 허허허……. 산수비기(山水祕記)라든가 풍수지리상(風水地理相)으로도 말씀이야., 거듭 말씀입니다만 새 도읍을 정하는 일은 종사의 만년대계입니다.”

스님은 문득 지난 4월에 포은 정몽주의 죽음을 알고 크게 충격을 받아서 한양부로 내려와 모악산에 올랐을 때 유유히 흘러가는 한강 물줄기를 바라보던 때를 떠올렸다.

한강이란 장강대하를 끼고 있어 도읍지로서는 한양부가 좋을 것 같다는 생각을 해보았던 기억이 되살아났다.

그러나 막연한 느낌이었을 뿐. 새로운 도읍지를 물색해야 한다는 문제가 현실로 대두된 이상 그로서도 말 한 마디 한 마디에 신중을 기하지 않을 수가 없는 일이었다.

그때 계월헌 밖에서 아뢰는 목소리가 들렸다.

“상감마마, 환궁하실 시각인가 하옵니다.”

“오냐, 알겠느니라.”

이성계는 바깥을 향해 이렇게 대꾸한 다음 대사에게 다시 얼굴을 돌렸다.

"어쨌거나 올겨울을 지나서 내년 봄부터는 일을 시작할 작정입니다. 왕사께서도 사양마시고 또 한 번 과인을 도와주시기 바랍니다. 노구가 염려되긴 합니다만……."

"여부가 있겠습니까, 전하?"

왕궁을 옮긴다는 것.

스님은 이성계가 회암사를 떠난 뒤에도 새로운 도읍지 선정이란 실로 거대한 사안임을 재인식하지 않을 수 없었다.

그리고 스님은 이른바 왕과 왕사간의 관계에 대해서도 곰곰히 많은 생각을 해보았다.

'나는 내 자리를 지키리라.'

스님은 스스로 이런 결론에 도달했다. 한 사람의 중으로서 내 분수만 지켜 나간다면 이성계와 무난한 관계를 이어갈 수 있으리란 생각이 들었다. 왕사가 되었다고 임금과 가까운 거리를 유지한다고 해서 스님이란 분수 바깥의 주장을 한다거나 대의명분이 그럴 듯 하다고 해서 지나친 주장을 하다보면 무리가 생기고 만다는 사실을 그는 역대 고려 왕사들에게서 많이 발견했던 것이다.

한편 이성계는 산적해 있는 많은 일들을 제치고, 최우선적으로 도읍지를 옮기는 일에 골몰하기 시작했다.

고려 왕조 4백 년 도읍지에 앉아 있고 보니, 흡사 남의 집에 임시로 들어앉은 것처럼 마음이 편하지가 않았다.

심지어 정몽주가 격살된 선죽교 위에는 영원히 지워지지 않을 정몽주의 핏자국까지 선명하게 남아 있다고들 하질 않는가?

해가 바뀌어 태조 2년으로 접어들었다.

1393년 계유년이었다.

온 나라가 흰눈으로 뒤덮여 있는 정월 어느날 회암사로 향한 파발마가 흰눈을 휘날리며 달려가고 있었다.

그는 스님에게 어명을 전달하러 가는 길이었다.

어명은 상감께서 새 도읍지를 찾기 위해 충청도 계룡산으로 순행 길에 오르는데, 스님도 함께 호종할 준비를 해두라는 분부이었다.

"으음……."

스님은 무심의 경지에서 어명을 접수했다. 곁에서 지켜본 원융스님이 오히려 이상할 지경으로 스님은 담담했던 것이다.

"찻물 끓었거든 차나 한 잔 만들어라."

스님은 여느 때와 다름없이 차를 마시려 들었다.

"예, 큰스님. 헤헤헤……, 그러니까 새 도읍지를 계룡산 밑에다 만든다는 말씀입니까?"

원융스님은 일삼아 실없는 웃음을 흘리며 스님을 집적거렸다.

"난들 알아? 우선 땅을 둘러보는 게지. 그곳의 지형지세가 풍수지리에 맞는지 알아보고 또 다른 여러가지 입지 조건도 살펴보고……."

하다가 스님은 깜짝 놀라 소스라쳤다.

"아니, 이놈 , 네놈이 어떻게 알았고? 어명이 무엇이란 것을……?"

"헤헤헤…… 큰스님. 눈치란 게 있잖습니까요, 눈치. 새 서울은 계룡산 밑이 될 것이란 소문이 쫙 깔렸는데 파발꾼이 당도했고……, 그 파발꾼이 돌아서기 바쁘게 큰스님께서 바랑을 챙기라고 하셨으니……."

"허허……, 도는 못 깨친 주제에 눈치만 깨어서 어디에 써먹을
꼬?"

"헤헤헤……, 어쨌거나 신나는 일인데요, 뭐. 헤헤……, 이곳 저곳
산수 풍물도 두루 구경하고……. 더구나 큰스님과 이성계 장군님을
모시고 나서는 길이니 세상 부러울 것 없을 테구요."

"또 그 놈의 말 버릇!"

스님이 눈을 부라렸다.

"아앗, 큰스님, 잘못했습니다. 아이고 아이고……, 다시 말씀드리겠
습니다요. 그러니까 상감마마님과 왕사어르신을 모시고……."

"……왕사어른 말은 빼도 된다니……, 나는 그냥 옛날같이 큰스님
으로 부르도록 해. 하지만 이놈아, 무엄하게도 나랏님 함자를 입에
올리다니……, 어디 곤장이라도 맞고 싶으냐?"

"헤헤……, 자꾸만 옛날 생각이 나서 말씀입니다. 조심하겠습니다,
큰스님."

"차나 따뤄, 사설 그만 늘어놓고……."

"예, 큰스님."

스님은 원융스님이 정성껏 따라주는 차로 목을 축인 다음 조용히
물었다.

"그래. 바랑은 챙겼느냐?"

"그러믄입쇼. 뭐 따로 챙길 것이 있습니까요?"

"얼른 차 한 잔 마시고 산문 밖으로 나가 보도록 하자. 나랏님 행
차를 맞이해야지!"

"상감마마가 언제 오신다는 것입니까요?"

"이놈아, 내일 떠날 사람이 바랑은 왜 오늘 챙긴다더냐?"

"알겠습니다요."

사실 스님이 왕사가 되고나자 가장 기뻐했던 사람은 원융스님이 었다. 그는 고생이라면 고생이고, 고행이라면 고행이었던 설봉산 토 굴생활 9년이나, 그리고 스님의 잦은 운수행각을 수행하면서 겪었던 가지가지 고초와 어려움을 한순간에 보상받은 듯 기뻐했던 것이다. 그러나 신통하게도 원융스님은 이전과 변함없이 참선수행하고 정진 하려 들었다.

"상감마마 행차요, 상감마마 행차요."

스님과 원융스님이 미처 산문을 벗어나기도 전에, 이성계의 행렬 이 시야에 나타났다.

스님의 생각에는 이성계가 지체없이 회암사를 거쳐가고 스님과 원융스님이 그 대열에 합류할 줄 알았는데, 그렇게 되질 않았다. 이 성계가 '차 한 잔 아니 주시겠소?' 하는 바람에 회암사는 때 아닌 손님을 맞이해야 했던 것이다.

스님은 이성계를 정중히 맞이하여 계월헌으로 안내했다.

"이장군도 들어갑시다."

이성계는 퉁두란과 군신 몇 사람만 대동하고 간소하게 거둥 행차 를 마련했지만 계월헌 안으로는 퉁두란만 들어가자고 했다.

그렇다면 이성계는 무슨 까닭으로 퉁두란을 향해 이장군으로 불 렀을까?

원래가 여진족이었던 퉁두란은 금패천호(金牌千戶)의 벼슬살이를 했는데, 공민왕 시절 고려에 귀화, 이성계 밑에서 많은 무공을 세웠 다. 그러다가 호형호제 하는 사이였던 이성계가 새 왕조를 세우자 퉁두란은 조정으로부터 이씨 성을 하사받고 이름은 지란으로 명했으며, 본관은 함경도 북청고을의 옛 이름인 '청해'로 정하고 개국공신 1등에 책록되는 등 여전히 이성계의 최측근으로 살아가게 되어 있었던 것이다.

이지란을 제외한 군신들은 또 다른 승방에 초치(招致)되어 다과 대접을 받고 있었으며 가마꾼과 기수 등은 넓은 설법전으로 안내되어 추위도 녹이고 다과도 즐기게 되었다.

이성계와 이지란과 무학스님이 자리를 정해 앉자, 원융스님이 온갖 정성을 다해 차를 만들어 떨리는 손으로 공손히 차를 올렸다.

원융스님이 차를 내는 동안 이성계는 무학스님에게 이지란을 간단히 소개했다.

하기야 이성계의 소개가 있으나 없으나 무학스님은 이지란을 잘 알고 있었고, 이지란 또한 무학스님을 잘 알고 있었다.

"허허허……, 고맙소, 젊은 스님."

이지란은 찻잔을 집어들며 원융스님에게 고마워했다.

"황공하옵니다, 어르신!"

원융스님으로서는 임금에게 차 대접을 할 수 있다는 그 사실 하나만으로도 몸둘 바를 모를 만큼 황송한 일이었다.

"자, 드십시다. 하하하……, 아직은 정월달이어서 그런지 바람끝이 몹시 쌀쌀합니다."

이성계가 찻잔을 들자, 스님도 두 손으로 찻잔을 집어들며 나지막하게 물었다.

"전하, 겨울 날씨 풀리고 따뜻한 새봄을 기다려서 거둥하심도 좋으셨을 텐데……?"

스님은 이성계의 심정을 십분 이해하면서도 한말씀 올렸다.

아니나 다를까? 이지란이 잽싸게 답변해 주었다.

"말씀마십시오. 상감마마께서는 시방 일각이 여삼추랍니다. 개경에는 도무지 정이 붙질 않는다구요."

"하하하……, 그래요. 과인의 마음이 바쁩니다. 판문하부사 권중화 대감이 충청도의 지형지세와 '계룡산 도읍도'를 헌상해 올렸습니다. 공주의 계룡산 일대야말로 새 나라 왕실의 천년만년 길지라는……, 해서 과인이 내 눈으로 친히 산세를 살펴볼 작정입니다. 그러다 생각하니까 아무래도 왕사어른을 모시고 가는 것이 좋을 것 같아 파발마를 띄웠습니다. 남쪽으로 먼길에 수고롭겠지만, 함께 가서 고견을 좀 들려주시구료."

"……늙은이가 무슨 도움이 될 수 있을지 걱정이 앞섭니다, 전하!"

그러자 툭 불거지듯 이지란이 끼어들었다.

"무슨 말씀을 하십니까, 왕사어른? 왕사어른께서 풍수지리와 도참비기를 모르신다면 과연 누가 그걸 안다고 말씀할 수 있겠습니까?"

이성계도 이지란의 말에 편승했다.

"그래요, 이장군 말이 맞았습니다. 왕사어른과 과인은 이미 숙세의 인연이 많으니 다른 세상 사람들이 보는 것과 다를 겝니다. 어찌 도승의 눈에 미치겠습니까? 과인은 왕사님 말씀에 쫓을 작정입니다."

"황공하신 말씀. 빈도 몸 둘 바를 모르겠습니다, 전하."

"……지난 번 수륙재 때에도 잠시 말씀드린 바 있습니다만 새 도읍을 정하는 전도문제란 새 왕실의 만년대계입니다. 가볍고 쉽게 볼 일이 절대 아닙니다."

"나무관세음보살. 전하, 빈도가 얼핏 알기로 풍수지리설로 봐서는 개경이나 계룡산쪽이 엇비슷한 형국인가 합니다.”

스님의 그 말에 태조 이성계는 신경을 바싹 곤추세웠다.

“무슨 말씀입니까, 왕사어른?”

“……장풍득수의 풍수설에서 보자면, 개경과 계룡산은 장풍형국으로 해석될 수가 있으며 한양부와는 많이 다른 줄 압니다. 한양은 지형지세로서 봤을 때, 그 두 곳과는 달리 특수한 형국에 가까운 것입니다. 그러니 풍수지리란 그 일장 일단을 반드시 서로 안고 있는 법인가 합니다. 뿐만 아니라 그 터를 잡고 앉을 사람과의 여러가지 기세도 맞춰 봐야 합니다.”

“왕사께서는 혹 계룡산을 가 보신 적이 있었습니까?”

“예, 옛날 젊은 시절에는 그곳에 있는 계룡산 갑사에서 겨울안거(冬安居)를 지낸 적이 있었습니다요.”

“오, 그래요? 허허허…….”

“그렇다면 왕사어른께서는 계룡산을 손금 들여다보듯이 잘 아시겠구만요?”

이지란이 마침 잘됐다는 식으로 말했다.

“무슨 그런 과람한 말씀을……. 허허허. 산의 뾰쭉뾰쭉한 능선들이 마치 닭벼슬 모양으로 용처럼 생겼다고 해서 ‘계룡산’이란 이름이 붙었다는 속설이 있으며 또한 계룡산 산자락에는 절들도 많습니다. 갑사를 비롯해서 신원사, 동학사 등……, 절도 많고 암자들도 수 없이 많은데, 갑사같은 고찰은 그 옛날 백제시대 아도화상께서 창건하시고 그 뒤로 신라 진흥황 때의 혜명대사를 거쳐서 의상대사께서 크게 중창하신 큰 절이기도 하옵니다. 산세도 수려하고 웅장하기는 합니다만, 다 해석하고 보기 나름이지요. 그 가까이 있는 마곡사는 봄

경치가 아름답고, 갑사는 온 골짝이 붉게 물드는 가을 단풍이 절경을 이룬답니다. 그래서 '춘 마곡 추 갑사'라는 호사가들의 말도 생겨났던 것입니다. 허허허…….”

무학스님은 가능한 한 단정적인 말은 피하려 노력했다. 무슨 선입견을 가지고 계룡산을 답사하고 싶지 않아서였다. 사람들이 선입견을 가지고 사물을 대하다 보면 그로 인하여 그 사물의 진면목을 놓치기가 일쑤이기 때문이었다.

“상감마마, 백문이 불여일견 아니겠습니까? 자, 남쪽으로 어서 거둥하소서.”

이지란이 서둘렀다.

“그래요. 그만 발행토록 하시지요.”

이성계도 자리에서 일어났다.

“아, 상감마마. 모처럼 활이나 칼을 휘두르지 않아도 좋은 길을 상감마마 모시고 동행하나 봅니다.”

이지란은 이성게와 함께라면 늘 전장을 누볐다는 과거가 문득 떠오른 모양이었다.

“사노라면 이런 날도 돌아오기 마련인가 보오, 이장군! 하하하.”

'태조실록 2년 춘정월조'를 참조해 보면 이러했다.

상감은 정월 대보름을 지내고 열아흐렛날 군신을 거느리고 개경을 떠나 회암사에 들려 무학왕사를 대동하고 거둥길에 나서서 이월 초 여드렛날에 계룡산에 당도했다.

그리하여 닷새 동안을 그곳에 머물러 계시면서 산수의 지형지세와 교통의 편리여부 및 도로의 난이도와 성곽의 형세 등을 꼼꼼하게 둘러보았다.

그러고 나서 태조는 계룡산 남쪽에다가 새 도읍지를 정할 것이라는 뜻을 밝히고, 신하 몇 사람을 남겨둔 채 새터를 잡도록 어명을 내린 것이었다.

그곳이 바로 현재의 충남 논산군 두마면 부남리와 그 일대의 분지로써 속칭 '신도안 대궐터'인 것이다

그 해 2월 초순께의 날씨는 매서운 겨울 추위의 끝자락이 남아서인지 쌀쌀하고 냉랭하기만 했다.

비록 남쪽지방이라고는 하나 따뜻한 봄날을 맞아 진달래와 버들강아지, 개나리 같은 봄꽃들이 꽃망울을 터뜨리기에는 아직 이른 계절이었다.

무학스님은 싸늘한 새벽 바람을 맞으며 계룡산 남쪽의 '신도안' 터를 여기저기 둘러보고 있었다.

태조 이성계도 아직은 장막 속의 잠자리에 머물러 있었고, 이지란도 드렁드렁 코를 골고 있었다.

초병들은 장막 주위 두서너 군데에 장작불을 피워 놓고, 자신들의 추위를 쫓고 있었으며, 일부 병사들은 이성계와 이지란의 장막 바닥을 데우는 군불을 지피기에 여념이 없었다.

과연 이성계는 무인 출신답게 관아나 민가 혹은 절간에 투숙하기를 거부한 채 야외에 나와서는 장막생활을 고집하곤 했다.

가만히 보면 신통한 게 또 화목이었다. 겨울철의 생소나무는 불만 붙었다 하면 화목으로서 그저 그만이었다.

무학스님은 원융스님이 뒤를 따르고 있다는 사실을 알지 못했다.

8. 계룡산

　　원융스님은 무학스님이 깜짝 놀래지나 않을까 하는 걱정에서 잔
기침을 한 다음에 다가섰다.
　　"큰스님!"
　　스님은 원융스님의 얼굴을 돌아다본 다음, 말 없이 눈 아래 펼쳐
진 넓은 들녘을 다시 둘러보고 있었다.
　　먼동이 트려는 지 동녘 하늘이 희끄무레 밝아오고 있었다.
　　"……그러니까 이 넓은 들녘이 새 왕실의 도읍지가 된단 말씀입
니까요?"
　　"……."
　　스님은 여전히 입을 굳게 닫고 있었다.
　　"……여기쯤 어디에 큰 대궐이 들어서고……. 그렇게 되면 시중

여염집들도 많이많이 생겨 날 것이고⋯⋯, 절도 어디에 들어설 것이고 넓은 길도 새로 닦아야 할 것이고⋯⋯."

원융스님은 마구 상상력을 발휘해서 말했다.

스님이 꾸짖듯 한 마디 했다.

"이놈아, 한 나라의 도성을 정하는 일이란 온 나라 국력을 쏟아부어야 하는 대역사야, 니놈 말같이 그렇게 식은죽 먹듯이 손 쉬운 일이겠느냐?"

원융스님은 스님의 입을 열게 만들었으니 이젠 됐다는 식으로 또 다른 물음을 던졌다.

"큰스님께서 보시기에는 이 신도안 터가 어떻습니까요? 풍수지리설로 봤을 때⋯⋯."

뭐니뭐니 해도 원융스님이 가장 궁금했던 일은 바로 그것이었다. 과연 스님이 이곳을 어떻게 판단하고 있느냐 하는 것.

"⋯⋯잘은 모르는 일이지."

"예? 큰스님께서 모르시다니요?"

"풍수란 건 보는 이에 따라서 서로 달리 말할 수가 있느니."

"⋯⋯그러니까 큰스님의 높으신 눈으로 보실 때 어떠냐는 말씀입니다요."

"두고두고 연구해 볼 일이야. 내가 보기에는 그렇게 뛰어날 것도 없어. 그리고 입지면에 있어서도 너무 남쪽으로 내려와 있어 한쪽으로 치우쳐져 있고⋯⋯, 계룡산이 웅장하기는 하나 개경의 송악산 뒤에 있는 오관산에 비하면 미치지 못하고, 또한 그 아름답고 수려함에 있어서도 한양부의 삼각산만 같지 못해요. 그리고 저 앞쪽으로는 물이 워낙 적고 부족하여 문제라면 문제라구. 금강 큰 물줄기가 멀리서 산을 돌아가고 있을 뿐이니⋯⋯."

그즈음 희뿌연 아침 안개가 마구 피어올라 두 사람의 시야를 가로 막고 있었다.

"큰스님. 그렇다면 상감마마께 곧이곧대로 말씀을 올리셔야죠. 다른 곳에 비해 별로 나을 것이 없다고⋯⋯."

"풍수쟁이들 말로는 이곳 계룡산과 그 주위의 산천 형세가 '산태극 수태극(山太極 水太極)'에 '회룡고조(回龍高調)' 형국이라는 게야. 크나큰 용이 몸뚱이를 되돌려서 조산을 바라보는 형국이란 말이지."

하면서 스님은 고개를 천천히 가로저었다.

"⋯⋯회룡고조의 만년길지란 것이 그렇게 쉬이 찾아질 일인가? 허허허⋯⋯."

아무래도 신 도읍지로서의 계룡산은 스님의 마음을 잡아끌지 못하는 모양 같았다.

적어도 이성계가 신 도읍지를 정하던 그 당시만 해도 임금으로부터 온 백성에 이르기까지 하나의 절대적인 가치로 '풍수도참설(風水圖讖說)'을 믿고 있었다.

이를테면 사찰을 건립할 때도 풍수도참설을 절대시해야 했고, 살림집을 만들거나 마을을 형성할 때도 풍수도참설에 따라야만 했고, 선조의 유택(幽宅)을 정할 때도 그러했다.

따라서 집안이 망하거나 흥하거나 그 원인은 전부 '터'를 제대로 잡았느냐 못 잡았느냐에 따른다는 식으로 해석하던 때였다.

그런데 풍수이론이란 것은 또 너무나 혼잡하고 복잡하며 제설이 분분해서 실제로 땅을 보는 상지(相地)에 있어서는 이현령비현령의 소지가 너무나 많았던 것도 사실이었다. 그도 그럴 것이 지형이나

산세를 보는 기본문법은 간단한데 문제는 지관(地官)의 뛰어난 직관
에 의존하는 경향이 많기 때문이었다.

그때 희뿌연 새벽 안개를 뚫고, 저쪽에서 이성계와 이지란이 무학
스님 쪽으로 걸어오고 있었다.

무학스님과 원융스님은 그들을 향해 아침인사를 겸한 합장배례를
올렸다.

"전하, 어서 오소서, 이른 새벽입니다요."

스님은 이성계가 감기라도 들면 어떡하냐는 식의 걱정을 했다. 원
융스님은 두어 발자국 물러나면서 예를 올렸다.

"상감마마, 밤새 강녕하셨사옵니까?"

"허허허……, 오늘 따라 아침 안개가 너무 짙습니다. 한치 앞을 내
다보기가 어렵다니. 그런데 왕사어른께서는 이른 새벽부터 지형지세
를 살펴보고 계셨구만. 고맙습니다, 어르신."

"조금 전까지만 해도 안개가 없었사옵니다."

"과인도 알고 있음입니다."

멀리서 새벽 닭 울음소리가 들려왔다.

지금까지 잠자코 있던 이지란이 또 툭 불거지듯 말했다.

"어떻습니까, 왕사어른? 대사님 눈에는 여기가 가히 천년 도읍지
로 보이십니까?"

"……."

스님이 머뭇거리자 이성계가 채근했다.

"말씀해 보시오, 왕사어른!"

"마마, 전하께서 환궁하신 뒤에 조정 대신들의 중의를 쫓아서 정
하심이 가할 줄 아옵니다."

이렇게 스님이 조심스레 대답하자, 이지란이 불퉁거리듯 말했다.

"보십시오, 마마. 왕사께서도 아직은 확실하게 소견을 말씀올린 것은 아니잖습니까? 그런데도 계룡산 남쪽을 새 도읍지로 정하시겠다는 전하의 어명은 확실히 너무 빠릅니다요. 너무 손쉬운 결정이고요."

"하하하. 과인이 새 도읍지를 어디로 정한다는 무슨 교서라도 내렸습니까? 다만 몇 사람을 이곳에 남겨두고 좀더 관찰하면서 터를 닦아 보랬지."

"결국 그 말씀이 그 말씀 아니오니까. 상감마마께서 그 깊으신 성려가 이곳을 점치고 게신다는……."

"알아요, 알아. 우리 이장군이 흥분하시는 뜻을……, 허허허. 왕사 어른! 오늘은 그만 환궁길에 오르도록 하십시다. 산바람에 몸을 맡긴 지가 오래되었으니……."

스님은 허리를 굽혀 이성계의 뜻을 받아들였다.

"우리가 도성을 떠난 지도 한 달 가까이 되었으니……, 대궐 소식도 궁금하고……."

먼동이 터오고부터 아침 해가 솟을 때까지 하늘과 땅의 조화는 그야말로 신비로운 것이었다.

좀전에 그토록 짙은 안개가 몰려오더니 어느새 안개는 사라져 버리고 동녘 하늘로 치솟은 아침 햇살이 온 산과 들을 환하게 비추었다.

지금 막 동녘 하늘로 치솟는 해를 바로 보노라면 어떤 이나 잠시 동안 황홀경에 빠지기 마련이었다

붉고 아름다운 햇덩이는 오직 희망과 기쁨만을 노래하듯 했다.

태조 이성계 이하 모든 사람들이 저마다 경건한 마음으로 아침 햇덩이를 바라보고 있으니, 그들의 모든 얼굴이 일시에 붉게 물들어가고 입는 옷들도 활활 불타는 것만 같았다.

시원하고 상큼한 아침 공기가 가슴 깊숙이 침투했다.

잠시 후 이성계는 아직도 아침 해만 바라보고 서있는 무학스님의 얼굴을 묵묵히 지켜보고 있었다.

그러자 스님은 그를 마주 대하고 선 채 눈길을 공손히 옆으로 비꼈다.

불현듯 이성계는 스님을 한번쯤 곯려주고픈 마음에 사로잡혔다.

"왕사어르신!"

"예, 전하!"

스님의 표정은 아직도 진지했다.

"과인이 가만히 살펴보건대 대사어른의 얼굴 생김새가 꼭 멧돼지 같구료."

"그렇사옵니까, 전하?"

스님의 얼굴 표정에는 별스런 감정이 나타나지를 않았다.

"그래요, 저 풀숲에 살고 있는 멧돼지 얼굴과 흡사하다니!"

"전하, 빈도가 보기에는, 마마의 용안 생김새는 꼭 부처님을 닮았사옵니다."

"부처님이라니? 과인의 얼굴 모양새가 부처님을 닮았단말이요?"

"예, 영락없는 부처님의 얼굴인가 합니다."

스님은 눈썹 하나 까딱하지 않으면서 말했다.

"허허허……, 고약하도다. 과인은 대사를 못생긴 멧돼지에 비유를 했더니만, 오히려 대사는 과인을 칭찬하여 부처님과 같다니……. 너무 심하잖소, 대사? 이건 아첨도 아닐진대……. 왕사어른께서 턱없이 아첨할 뜻도 없으실 테니말이요."

"전하, 빈도의 말씀을 더 들어보소서."

"그래 말씀해 보구료."

이지란과 원융스님은 마른 침을 삼키며 스님의 얼굴을 응시하고 있었다.

스님의 표정은 여전히 근엄하기만 했다.

"본래 멧돼지 눈으에는 멧돼지만 보이는 법이고, 부처님의 눈으로 보면 세상 만사가 부처님의 몸뚱이 아닌 것이 없다고 했습니다."

이성계는 잠시 스님의 말을 재음미해 보았다.

"뭣이라고? 아니 그렇다면 과인은 멧돼지가 되고, 대사께서는 부처님이 된단 말씀이요?"

"나무관세음보살."

스님은 시침 뚝 따고 염불을 했다.

"하하하……."

이지란의 파안대소가 쩌렁쩌렁 계룡산 산자락을 울릴 정도였다.

"상감마마께서 깨끗이 지셨습니다요, 깨끗하게!"

"상감마마, 황공하옵니다. 헤헤헤……."

원융스님도 이지란의 웃음소리를 이어 받았다.

"이런 무엄한 것! 원융이 니가 어느 존전이라고, 함부로 헛웃음을 흘리는고?"

스님은 한번 더 시침을 뚝 따고, 애꿎은 원융스님만 나무랬다.

"아이쿠, 죽을 죄를 지었습니다요, 상감마마."

"하하하……, 해서 말씀인데, 과인이야말로 왕사어른 하나는 잘 두었소이다그려."

이성계도 끝내는 웃음을 터뜨렸다. 그날 아침 계룡산 계곡에는 그들 네 사람의 웃음소리가 한동안 메아리쳤다.

그리하여 그 메아리는 '돼지 눈에는 돼지, 부처 눈에는 부처'라는 일화를 낳았던 것이다.

태조 이성계 일행은 다시 북쪽으로 환궁에 올랐다. 환궁 길에 그들은 속리산 법주사에도 들렀다.

법주사는 신라 24대 진흥왕 14년에 의신조사가 인도에서 돌아와 불법 도량으로 개창한 이래, 진표율사가 중창했다는 설을 간직하고 있었다. 혹은 증통국사가 고려 초에 크게 지었다고도 했다.

태조 이성계 일행은 법주사의 팔상전 큰법당에 나아가 예불을 올렸다. 팔상전이란 석가모니 부처님의 여덟 가지 변상(變相)을 봉안하고 있는 법당이었다.

"왕사어른!"

"말씀하소서, 전하."

"이 법주사 하나를 두고 어째서 이 절을 창건했다는 사람들 이야기가 그리도 분분하오?"

법주사의 앞마당으로 내려서면서 이성계가 스님에게 물었다. 비단 법주사뿐만 아니라 웬만한 고찰 등은 대개가 두서너 사람의 창건 설화를 보유하고 있어서 평소에 의문이 많이 갔던 일이었다.

"말씀드리겠습니다, 전하. 중이 되어 이 세상에 남길 건 아무것도 없기 때문이옵니다. 굳이 남길 게 있다면 사리정도인데 그까짓 사리도 남으면 남고 남지 않으면 그뿐이지요."

"그 말씀은……, 나 누구누구가 이 법주사를 지었노라 하는 이름을 남기고 싶어 하지를 않는단 말씀입니까?"

"어디 이름뿐이겠습니까, 전하? 스님네는 자식도 남기지 않으려 하잖습니까?"

"음……."

"스님이란 오직 중생에게 부처님의 대자대비를 전하다 가면 그뿐이옵니다. 부처님의 말씀과 그 자비심을 전하기 위한 방편으로써 이 같은 도량이 필요할 뿐인가 합니다."

"무슨 말씀인지 알아들었소."

한편 이성계가 충청도의 공주 계룡산 기슭에 새로운 도읍지를 정하고, 그곳에 대궐터를 닦기로 했다는 소식이 전해지면서 개경의 조정은 발칵 뒤집어졌다.

흡사 솥단지 속에서 뜨거운 물이 펄펄 끓듯이 조정 대신들 사이에는 천차만별의 의론이 분분해지기 시작했던 것이다.

정도전과 조준. 성석린, 남은, 정총, 권중화, 하윤 등등 내노라 하는 제제다사(濟濟多士)의 중신들이 저마다 한 마디씩 거들고 나섰던 것이다.

"불가합니다. 계룡산이 웬 말씀입니까?"

"계룡산은 무조건 반대고말고……, 계룡산을 새 도읍지로 정하다니 천만부당한 일. 있을 수가 없는 일이예요."

"소신도 같은 의견입니다. 도대체 계룡산이 어디에 붙어 있는 산입니까? 결단코 반대예요. 우린 한사코 반대하는 것입니다."

이성계가 개경으로 돌아오자 말자, 당장 이런 여론의 벽에 부닥쳤던 것이다

특히 경기도 관찰사로 있던 호정 하윤의 반대는 너무나 강력해 만만치가 않았다. 호정 하윤이라면 평소 믿을 만한 신하라 여겼던 사람이었음에도 불구하고 그의 주장은 정면 돌파식이었다.

"상감마마, 신 경기도 관찰사 하윤이 아룁니다. 새 나라의 도읍을 정하는 일은 결코 가볍게 볼 수 없음이요, 종사의 만년대계를 위해 막중지사이옵니다. 그러므로 전도 문제에 있어서는 어느 한 사람의 소견이 아닌 만조백관들의 한결같은 중의로써 정하심이 가할 줄로 아옵니다."

이성계는 침착한 태도로 하윤의 의견을 받아들였다.

"그 말씀에는 과인 또한 동감입니다. 그렇다면 관찰사의 기탄없는 생각을 말씀해 보오. 과인이 경청하리다"

"전하, 모름지기 한 나라의 서울이란 그 나라의 가운데 곧 중앙에 자리잡고 있어야 하옵니다. 그런데 지금 계룡산은 땅이 너무 남쪽으로 치우쳐 있어서 동쪽과 서쪽 북쪽의 3면과 너무 멀리 떨어져 있습니다. 그러므로 동서북쪽 3면이 서로간에 도로와 마을간의 균형을 잃고, 한쪽 구석에 편재되어 있음입니다. 그뿐만 아니라 풍수지리상으로 보더라도 심히 불가한 줄 아옵니다."

풍수라는 말이 나오자 이성계가 두 눈을 치떴다.

"경이 풍수를 압니까?"

"전하, 황공하옵게도 말씀 올리지 않을 수 없음입니다. 신은 일찍이 아비의 장사를 모신 적이 있사옵니다. 때에 신은 여러가지 풍수의 서책들을 잠시 읽어보아서 외람스럽게도 까막눈은 아닌가 합니다. 지금 소신이 알기로 계룡산은 풍수상으로 봐도 '수파장생 쇠패입지(水破長生 衰敗立至)'의 땅인가 합니다."

"'수파장생 쇠패입지'?"

"그렇사옵니다, 전하. 대개 계룡산의 위치란 것이 산은 서북쪽 건방으로부터 오고 물은 동남쪽 손방으로 흘러가는 형국입니다. 이것은 송나라의 풍수장이 호순신이 말하는 이른바 물의 장생을 부수고 쇠퇴하는 땅에 해당되므로 '수파장생 쇠패입지'의 풍수라고 보겠습니다. 전하, 소신 하윤 거듭 아뢰옵니다. 엎드려 바라옵건대 부디 충청도 계룡산 땅은 모름지기 새 왕실의 도읍지로 불가한 줄 아옵니다. 깊히 통촉하소서, 상감마마!"

사실 하윤의 주장은 허황되거나 현학적인 논리를 바탕으로 한 것이 아니고 무척 합리적인 주장이었다. 지정학적(地政學的) 측면으로 봐서도 틀림없는 논리였다.

한나라의 수도가 국토의 변방에 편재되어 있으면 지역간의 여러 가지 불균형과 차별을 초래하게 되고, 그것은 수도의 중앙적 위치에 비교해 볼 때, 국가 경제의 발전과 통치상에 있어서도 매우 불편하고 불리할 것은 자명한 이치였다.

그렇게 볼 때 계룡산은 남쪽지방에 너무 치우쳐 있을 뿐만 아니라 그곳의 가까운 곳에 큰 강도 없어서 용수와 조운(漕運)이 불편하고 바닷가에서 먼 거리에 떨어져 있어 해상무역에 따르는 이점도 가질 수가 없는 것이었다. 게다가 계룡산은 연맥에 파묻히다시피 깊게 둘러 싸여 있는 산 골짜기의 분지형 상태이므로 개경이나 한양성에는 비할 바도 못 되는 열악한 장소였던 것이다.

그리하여 그해 섣달, 계룡산의 새 도읍지 건설 계획은 자연히 중단되고 이성계는 아예 호정 하윤에게 새로운 후보지를 물색하라는 영을 내리는 한편, '음양산정도감'이라는 임시관청을 두어 여러 가지 풍수지리와 도참사상을 연구하도록 했다.

물론 '음양산정도감'이란 임시 관청에는 정도전, 조준, 권중화, 성석린, 남은, 정총, 하윤 등등 당대의 명신 석학들이 총동원되어 소속되었다.

이윽고 호정 하윤은 한강에 가까운 모악산 남쪽을 새로운 도읍지로 점 찍고 나섰다.

모악산 남쪽이라면 현재의 서대문구 신촌과 연희동 일대를 가리킨다. 일찍이 무학스님도 와본 적이 있는 그곳에서는 크고 넓은 한강을 한눈에 굽어볼 수 있는 한양의 서쪽 일대였다.

그러나 조정 대신들은 또 와자지껄 '모악산 남쪽 불가론'을 들고나왔다.

당장 삼봉 정도전이 이성계 앞에 끓어엎드렸다.

"전하, 신 정도전 아뢰옵니다. 소신이 가만히 살피건대 모악산 일대로 말하면 그 이로운 점보다는 불리하고 불편한 점이 더욱 많은지라 새로운 도읍지로서는 불가한 줄 아옵니다. 비록 모악산 일대가 나라의 중앙에 있어 교통과 조운이 편하다는 잇점은 있사오나 그 땅이 협소하고 작은 마을 안에 위치하고 있으므로 나라 궁궐과 사직 및 저자거리들을 넓게 잡을 수가 없을 것입니다. 그러므로 나랏님과 왕자들이 머무르고 다니기에는 적합치 못할 것입니다. 마마, 통촉하소서!"

성석린도 풍수지리상의 이유로 '모악산 불가론'을 전개했다.

"신 성석린 아룁니다. 모악산 남쪽의 땅은 산수의 만남과 조운의 편리함이 있어서 도읍지로서 어느 정도는 가한 줄 아옵니다. 하오나 대궐이 자리잡을 명당이 협착하고 풍수상의 주산이 되는 뒷산이 낮

고 보잘 것이 없으므로 장차 새 나라의 도읍지로서는 걸맞지 않는다
고 사료되옵니다.”

이성계는 마치 태산처럼 버티고 앉아 있었다. 대신들 옆에는 무학
스님도 돌부처처럼 앉아 있었다.

“정총 대감도 한말씀 해보시지요.”

이성계는 시선을 정총에게 던지며 부드럽게 말했다.

“신 정총 아뢰옵니다. 모악산 남쪽으로 말하자면 몇 가지 잇점을
인정치 않을 수는 없습니다. 하오나 잘못되고 어려운 점이 더욱 많
은 줄 아옵니다. 명당 자리가 심히 협소하고 주산이 낮고 빠져 있으
며 한강의 물줄기를 휘어잡기가 어려울 것입니다. 전하, 가만히 살피
건대 모악산 남쪽땅이 그렇게 길지였다면 어찌하여 선인들이 지금
껏 버려 두고 몰랐겠습니까? 황공하옵게도 정총이 엎드려 아뢰옵니
다. 대개 지금의 도성으로 말하면 구왕조 고려가 이곳에 도읍을 정
하여 삼국을 통일한 이래 500년 가까이나 됩니다. 고려 왕실이 망한
것은 왕조의 운세가 다하고 천기가 그를 떠났기 때문이라 사료되옵
니다. 다만 도참에서 이야기하는 개경의 지덕이 쇠망한 때문은 아닌
줄로 아옵니다. 상감마마, 통촉하소서.”

정총은 은근히 왕실의 천도를 반대했다.

하윤이 다시 나섰다.

“전하, 신 하윤 다시 아뢰옵니다. 지금 여러 대신들 말씀이 모악산
명당이 대개 좁아 보이는 것 같단 말씀들이온데 소신 또한 익히 아
는 바입니다. 마마, 가만히 살피건대 지금 개경의 ‘강안전’이나 평양
의 ‘장락궁’에 비하면 그곳이 오히려 넓다고 하겠습니다. 또한 이곳
은 풍수상의 여러 조건이 지난 날 고려 왕조의 ‘비록(祕錄)’이나 중

국의 여러가지 풍수지리법을 상고해 보건대 새 나라의 도읍지로서 결코 부족하거나 부적당함이 없다고 하겠습니다. 깊이 통촉하소서, 상감마마."

바야흐로 이성계의 결단이 필요한 싯점이었다.

어차피 조선의 새 도읍지로 계룡산 일대는 불가라는 판정이 내려졌고, 지금은 한양부의 모악산 부근으로 천도를 결행하느냐 아니면 그대로 개경에 주저앉고 마느냐는 양자택일만이 남아 있었다.

그런데 새로운 터전 위에 새로운 왕조의 주춧돌을 놓겠다는 이성계의 굳은 결의는 십분 그럴 듯하다 해도 웬만하면 개경에 그대로 주저앉아 버리자는 주장 역시 설득력이 전혀 없는 소리는 아니었다.

왜냐하면 새로운 도읍지로 옮겨간다는 말 속에는 어마어마한 재정상의 문제도 감안해야 할 뿐만 아니라, 피눈물 나는 백성들의 부역 또한 수반하지 않을 수가 없기 때문이었다.

적어도 한 나라의 도읍지를 옮긴다는 일은 그야말로 국가적 대역사가 아닐 수 없는데, 헐벗고 굶주린 그 당시의 백성들에게 또다시 희생을 강요하기란 실로 눈물겨운 일이 아닐 수가 없었다.

이성계나 무학스님의 고뇌는 바로 거기에 있었다.

"잘 알겠습니다. 여러 대신들……. 지난 번에 좌시중 조준 어른과 권중화 대감이 그곳에 다녀와서도 명당이 비좁다는 말을 했습니다만 대개 제신들의 간곡한 뜻을 알고도 남음이 있습니다. 그렇다면 왕사어른께서는 어찌 생각하십니까?"

스님은 처음부터 끝까지 여러 대신들의 시시비비 논쟁 속에 휘말려 들고 싶지가 않았다.

이미 그 어떤 세상사나 보는 사람의 눈에 따라 달리 비친다는 이치를 환히 터득한 스님이 아니었던가?

그러나 이성계의 하문에 묵묵부답으로만 대신할 수 없는 일.

"……전하, 이렇듯이 대신들의 엇갈린 의견이 분분하니 상감께서 친히 한번 거둥하소서. 그래서 모악산 일대를 둘러보심이 가할 듯싶사옵니다. 원래 풍수지리설을 어렵게 풀이하려면 한없이 어렵고 복잡하오나, 쉽게 풀이하려 들면 또 쉬울 수도 있는 법이옵니다. 이를테면 산을 오르다가 잠시 쉬고 싶은 생각이 들어도 적당한 쉼터를 발견하기가 어려운 법이 아니옵니까? 그런데 어줍짢은 어느 곳에 자리를 잡고 보면 아늑하고 편안함이 느껴지기도 하옵니다. 명당자리란 바로 그런 곳이라 사료되옵니다."

"오, 과인의 생각 또한 그러합니다. 날짜를 잡아 왕사어른 모시고 과인도 한번 모악산으로 나아가겠습니다."

결국 무학스님과 이성계의 말 한 마디는 여러 대신들의 말문을 막아 버린 꼴이 되었다.

9. 모악산

새로운 도읍지로 대궐을 옮기겠다는 태조 이성계의 결의는 집요한 것이었다. 속된 말로 하자면 그는 고려의 도읍지에서는 일할 기분이 들지 않았고, 새로운 웅지를 펼치고 싶은 의욕도 생겨나지 않는 모양이었다.

여하간에 이성계에게는 개경이 싫었고, 이미 정나미가 떨어져 있었다.

매미들이 삼복 더위가 짜증스럽다는 듯 귀청 따갑게 울고 있었고, 하동들은 하루 온종일 개천에 나아가 벌거숭이로 물장난을 치는 때였다.

1394년 태조 3년 갑술 8월.

웬만한 사람들이라면 하던 일도 멈추고 나무 그늘을 찾기 바쁠 그런 때인데 이성계는 그 불볕 더위를 무릅쓰고 남행길에 올랐다.

그의 신변을 호위하는 군졸 몇 명과 가마꾼들 이외에는 이지란 장군만 대동했고, 동행자로서는 무학스님뿐이었다.

물론 스님에겐 원융스님이 딸려 있었다.

그런데 이성계는 말을 타고 다니기를 좋아했으므로 가마꾼들은 늘 빈 가마만 들고 따라다니기 일쑤였다.

"하하하······."

임진강을 지나 오자 이성계는 까닭모를 웃음을 흩날렸다.

"무슨 일로 웃으십니까, 전하?"

이지란이 영문을 몰라 했다.

"왕사어른만 곁에 없다면······."

"왕사어른만 곁에 없다면 무얼 하신단 말씀이옵니까, 전하?"

"저 임진강에서 잡은 물고기로 얼큰한 매운탕에 술 한 잔 하고픈 마음이 간절하지만······."

"하하하······, 듣고 보니 정말 그렇사옵니다. 저 맑은 임진강 물 속에는 싱싱한 붕어에, 황복에, 쏘가리에, 그야말로 안주감으로 천하일품인 물고기들이 무궁무진장이니······."

이지란도 입맛이 동하는지 입맛까지 쩍쩍 다셨다.

스님은 분명 이성계와 이지란의 대화를 들었음직한데도 묵묵히 걸어가는 말 위에 몸을 내맡기고만 있을 뿐이었다.

"왕사어른은 잠이 드셨소?"

이성계가 무학스님을 집쩍거리듯 말을 걸었다.

"아니옵니다, 전하. 물고기 비린내가 싫어서 외면하고 있을 뿐이옵니다."

"물고기 비린내가 싫다니? 아니 어디에 물고기가 있단 말씀이오?"

"좀전에 전하와 이지란 장군님께서는 물고기 매운탕을 안주로 술 한 잔 씩을 드시지 않았사옵니까?"

"하하하……, 그럴 마음을 먹었으니 실제로 그렇게 행했던 것과 진배가 없다 뭐 그런 말씀이옵니까?"

"그렇사옵니다. 아름다운 여인을 보고 음욕을 품었으면 이미 간음을 한 것이나 다를 바 없사옵니다."

"오호호호……, 그러고 보니 이 마음 둘 데 없어 큰일났소이다 그려."

"하오나 염려마옵소서, 전하. 사람의 마음은 누구나 그렇게 간사하기 마련이옵니다. 그런 중생의 마음이 생길 때마다 부처님의 마음을 찾으시면 되는 것이옵니다."

"부처님의 마음이라……, 부처님의 마음이라……?"

이성계는 몇번이나 반복해서 '부처님의 마음'이란 말을 반복, 중얼거렸다.

그로서는 수많은 전투에서 적들의 목을 베었을 뿐만 아니라 고려 왕조를 허물고, 조선을 개국하는 과정 속에서도 수많은 피를 흘려야만 했었다. 바로 그러한 까닭으로 그는 마음 저 깊숙한 곳에서부터 부처님의 자비를 빌고 싶은 갈망이 움텄던 것이다. 아울러 새 도읍지에 터를 잡아 새로운 나라를 열면서는 성왕으로 추앙받을 선정을 베풀어 보겠다는 야심 또한 갖고 있었다.

한강은 언제나 비단폭이 펼쳐진 것처럼 파랗게 흘러가고 있었다.

한양부 서쪽에 있는 모악산 정상에는 이성계와 무학스님과 이지란이 서 있었고, 그들과 조금 떨어진 곳에는 원융스님과 호위병들이 머물러 있었다.

그들은 일의대수 한 줄기 띠처럼 푸르고 넓은 강물이 서해쪽으로 흐르고 있는 한강을 굽어보고 있었다.

개경을 떠난 지 사흘만인 8월 초여드렛날 오후였다.

이지란은 비대한 몸집에서 쏟아내리는 땀을 훔치기 바빴으나, 이성계는 감개무량한 시선으로 한강을 내려다보고 서 있었다.

푸르른 들판도 삼복 더위에 지쳐서 축 늘어져 버린 듯했다. 활엽수 나뭇잎들은 아예 파김치꼴로 숨이 죽어 있었다.

"삼복염천이라더니……, 산 위에 올라와도 바람 한점 없고, 나뭇잎 하나 흔들거리지 않는구료."

이성계도 손바닥으로 목덜미의 땀을 훔치며 말했다.

"……."

무학스님은 말 없이 우뚝 서 있을 뿐이었다. 그의 그런 자세가 답답하게 느껴졌는지 이성계가 단도직입적으로 물었다.

"……어떻습니까, 왕사어른께서 둘러보시기에는?"

"지형이나 지세로 봐서는 아무래도 협소하다는 생각이 들기도 합니다, 전하."

무학스님은 솔직한 자기 느낌을 표현했다. 이젠 더 이상 얼버무릴 계제가 못 되었다.

"그래요. 과인도 같은 생각입니다. 가만히 살펴보자니까 대궐이 들어설 명당이 비좁고, 지금 여기 주산이 되는 모악산도 너무 낮으며 깊이 빠졌다는 생각입니다. 하윤대감 혼자서는 이것저것 이유를 들어 설명하고 있지만 대체로 정도전과 다른 대신들 의견이 옳다는 느낌이 들어요."

이성계의 얼굴에 낭패라는 빛이 역력하게 피어올랐다. 대신들의 의견이 어떻든 간에 친히 모악산에 올라와 보았을 때, '바로 여기로구나' 하는 느낌을 받을 수가 있었으면 좋으련만, 왠지 자꾸만 구차하다는 느낌이 뒤를 따랐기 때문이었다.

무학스님의 입장에서도 그러했다. 이전에 그곳에 올라왔을 때는 느낌이 무척 좋았는데, 막상 이성계와 동행하고, 다시 둘러보니 도대체가 마뜩찮다는 느낌만 들었다.

"대개 나랏님이 계시는 왕도란 그 땅이 비좁으면 대궐의 조영은 물론이고 백성들 살아가기에 불편하며, 저자거리를 만들고 마을 길을 닦는 데도 어려움이 많지 않겠습니까?"

스님은 여기가 아니라는 식의 결론을 내렸다.

이지란은 입도 벙긋하려 들지 않았다.

지형지세를 바라보면서 뭐라고 한 마디쯤 하려면 풍수지리설에 관한 서책들도 더러 섭렵하고, 그 방면에 관심도 기울여 이런저런 귀동냥을 해두었어야 하는데, 이지란으로서는 그럴 기회를 거의 가져보지 못한 탓이었다.

"이지란 장군 생각은 어떻소?"

이성계는 '여기까지 따라왔으면 자네도 한 마디쯤 해야지' 하는 뜻으로 이지란에게 시선을 던졌다.

"소신이야……, 상감마마님의 뒤만 따라 가면 되잖겠습니까, 하하하……."

이지란은 쑥스러움을 큰 웃음소리로 대신했다.

"……아무래도 모악산 남쪽은 마뜩치가 않아요. 우리 좀더 생각해 봅시다."

이성계도 이런 결론에 도달해 있었다.

따라서 계룡산에 이어 모악산의 남쪽 역시 새 왕실의 도읍지로서
는 부적합하다는 판정이 내려진 셈이었다.

숲 속에서 뻐꾸기 울음 소리가 새어나왔다.

잠시 독자들의 이해를 돕기 위해 모악이란 지명에 대한 저간의
유래를 소개하겠다.

현재의 서대문구에 있는 무악재나 무악터널이 있는 산이 곧 모악
산인데 사람에 따라서는 무학재란 표기를 하기도 했다.

원래 모악은 어미 모(母)자 모악이고 무악은 없을 무(無)자 무악
이었다. '한국의 풍수사상'을 저술한 바 있는 최창조 교수는 7,80년
대에 발간된 '한국지명요람'이나 '서울 6백년사'에서는 모악과 무악
을 두루 혼용하여 사용했다고 밝힌 바 있다.

그런데 조선조의 실학자 지봉 이수광은 그의 '택리지'에서 '부아
암이 집을 떠나가는 형상이기 때문에 이 산을 모악이라 이름 붙였
다'는 설명을 인용하면서 이로 미루어 보면 '모악'이 맞는 것 같고
'무악'은 무학대사에 비유하여 소리를 바꿔놓은 음전이 아니겠느냐
는 말도 덧붙여 두었다.

실제로 '한국지명요람'에서도 무악재의 한자 표기가 무학스님 이
름자로 적고 있음이 이를 증명한다고 할 수 있겠다.

어쨌거나 모악산은 무학스님과 태조 이성계가 적어도 한때는 신
도읍지로서 눈독을 들였다는 사실만은 분명한 것이었다.

이제 이성계와 무학스님은 이지란의 곁에 가 앉아 있었다. 다행히

도 두어 그루 노송이 짙은 그늘을 만들어 주었다.

"……생각해 보니까 빈도는 이 모악산을 한번 올라와 본 적이 있 었습니다."

무학스님은 회상조의 어조로 말문을 열었다.

"언제 말씀입니까?"

이성계가 놀라움을 나타냈다. 개경에서 대신들이 모악산을 두고 왈가왈부 말들이 많았음에도 아무 소리 하지 않던 스님이, 비로소 모악산에 전에 벌써 와 본 적이 있었다고 하니 과묵한 그 입이 야속 하기까지 했던것이다.

"바로 재작년 봄, 4월이었습지오. 포은공이 죽고나서 소승이 회암 사를 떠나 운수행각에 나섰을 때 일입니다. 그때 젊은 방원 도련님 이 뒤쫓아 왔고……, 우리는 저기 저 큰바위 옆에 앉아서 이런저런 많은 이야기를 나눴습지요."

"그래요? 허허허……, 과인도 기억하고 있습니다. 그때 다섯째가 대사어른을 뒤쫓아가서 용서를 빌었다더니……, 바로 이 모악산 기 슭에서였구만……."

별안간에 분위기가 숙연해졌다

두 사람은 함께 정몽주를 생각했고, 방원을 생각했던 것이다. 정몽 주를 생각하면 가슴에 사모치는 애틋한 안타까움이 치솟아오르고, 방원을 생각하면 무언가 불안한 느낌이 안개처럼 피어오르기 때문 이었다.

물론 이성계는 무학스님이 알 수 없는 몇가지 안타까움을 다섯째 아들 방원에게서 발견하고 있었다.

방원은 자신의 새 어머니인 강씨부인을 미워하는 것만 같았다. 아니 강씨부인이 먼저 방원을 두려워하고 멀리하려 들었다. 그러나 이성계로서는 그들 사이에 뛰어들어 뭣이라고 해야 할 말을 찾을 수가 없는 형편이었다. 다만 이성계는 방원이가 아들이므로 설마 어찌하랴 하는 믿음을 가지고 있을 따름이었다.

그렇긴 하지만 이성계는 가장 나이 어린 왕자 방석을 왕세자로 책봉하려던 날 방원의 핏발 선 눈길을 발견, 가슴 섬뜩함을 느낀 바가 있었다.

무학스님은 이성계의 난감한 표정을 읽고, 한시 바삐 그 모악산을 떠나고자 했다.

만약에 모악산이 이성계의 마음에 쏙 들었다면 서둘러 떠날 일도 없었지만, 어차피 모악산은 아니라는 결론에 도달했으므로 그곳에 미련을 두고 더이상 미적거릴 까닭이 없어진 셈이었다.

"전하, 저쪽 옆에 바로 보이는 산이 인왕산인가 합니다."

"인왕산? 그래요. 인왕산 맞습니다. 과인도 그 정도는 알지요."

"우리 그쪽으로 나아가보심이 어떠하실지요, 전하?"

"이 땡볕에 또 산을 오른단 말씀이오? 그 산에 올라서 무슨 할 일이 있답디까?"

이성계는 탈기해 버린 듯했다.

명나라와 가까운 탓에 북쪽 땅을 피하려고 임진강 남쪽에 새 도읍지를 구하고자 계룡산과 모악산을 발견했지만, 결과적으로는 두 곳 모두가 도읍지로서 불가하다는 결론을 얻고 말았으니 그저 걱정스러울 뿐이었다.

"빈도 생각은 인왕산에 오르셔서 동남쪽 한양부를 한번 살펴보심이 어떨까 해서이옵니다."

"그렇다면 한양성인 남경을 생각해 보자는 말씀입니까?"

이성계는 별로 마음이 동하지 않는다는 표정으로 말했다. 여기저기 말들이야 있었지만 그래도 모악산 기슭은 가장 많은 주목을 받았던 곳인데도 불구하고 그 모양이 되고 말았으니, 하릴없이 이 골짝 저 골짝을 기웃거리고 싶은 마음이 일어날 리 만무했다.

"정히 그렇다고는 말씀올릴 수 없습니다만……, 삼봉 정도전대감의 생각도 그런 것 같고 서운관 지사 윤신달의 주청도 있었고 해서……."

윤신달이란 말에 이성계는 아예 눈쌀을 찌푸리기까지 했다.

"윤대감 그 위인은 송악이 제일이므로 도읍을 옮길 것까지 없다는 주장을 하지 않았소? 정당문학 정총이도 그러했고……."

남들이 제 아무리 좋은 집이라 하더라도 집 주인인 내 마음에 들지 않았으면 그 집에서는 살기가 어려운 것처럼 이성계는 개경이 무조건 싫었다.

모처럼 무학스님이 곧이곧대로 대들었다.

"전하, 윤신달은 누가 뭐래도 이 나라에서는 최고 가는 명풍수장이옵니다. 그가 주창하는 말은 풍수지리상의 소신임이 확실하옵니다. 그렇다면 일단은 귀담아들어 볼 일이옵니다."

"……."

이성계가 고개를 끄득이고 있었다.

"윤신달이 말하기를 풍수상에서 보면 이 나라 안에서는 개경 송악이 제일 으뜸이며, 그 다음 가는 길지가 한양성인 남경이라 하더이다. 허나 여기 이 한양성이 가진 한 가지 유감스러운 점은 지금 서북쪽 근방이 낮고 수천이 말라서 성내의 물이 약한 것이 흠이라고 하였습니다."

스님의 설명은 이성계에게 일말의 희망의 불씨로 작용된 모양 같았다.

"그야 개경 송악이라고 해서 사사건건 다 좋을 수야 있겠소? 그곳 송악산도 부족한 게 있고 약한 것이 있을진대……. 좋습니다. 그럼 인왕산에 올라가서 한양성을 한번 살펴보기로 하십시다."

"전하, 성은이 망극하여이다."

이성계는 미소를 지으며 이지란을 향해 한 마디 했다.

"이지란 장군. 날씨 더웁고 땀은 줄줄 흐르지만 어쩔 수 있겠소? 하하하……."

"전하, 제 생전에 도읍지를 다시 찾아다닐 일은 없도록 하소서."

이지란은 더위에 지쳐 맥을 추지 못하는 상태였다.

인왕산 계곡 여기저기에는 맑은 냇물이 흐르고 있었다.

이성계와 무학스님은 인왕산에 올라가 다시 남쪽을 향하여 한강을 굽어보았다. 모악산에서 바라보는 느낌과는 또 다른 맛이 났다. 시야를 가로막는 남산이 있었지만 동쪽으로는 훨씬 넓은 들판이 펼쳐져 있었다.

"음……."

이성계는 가타부타 무슨 말을 하려 들지 않았다.

그의 눈빛을 보고 스님은 당장 이성계의 심산을 알아차렸다. 한마디로 긴가민가인 상태였다.

다시 말해 '바로 여기야' 할 만큼 마음을 끌어당기는 무엇도 없었고, 그렇다고 '여기는 아니야' 할 만큼 눈에 거슬리는 무엇도 없었다.

"전하, 그만 내려가시지요."

무학스님도 섣불리 입을 놀리고 싶지가 않았다.

"그렇게 하십시다."

더운 날씨 때문이기도 하지만 그들은 냇물 줄기를 따라 하산을 하고 있었다.

어느덧 뜨겁게 불타던 여름 해도 뉘엿뉘엿 서산 마루에 걸리고 민가의 초가지붕 위로는 저녁밥 짓는 연기들이 모락모락 피어오르고 있었다.

이성계 일행은 중량천으로 흘러드는 냇물을 따라 성동구 왕십리 근방까지 내려와 있었다.

이성계가 아무 말 없이 냇물을 따라 걸었기에 다른 사람들도 그를 따라 묵묵히 걸었을 뿐이었다.

새로운 도읍지를 찾지 못해 근심에 휩싸여 걷고 있는 이성계의 심정을 누구보다 잘 알고 있는 사람들이라 섣불리 무슨 말을 걸기도 두려운 참이었다.

그러나 말은 못했지만 그들은 하나같이 지치고 피로했으며 목도 말랐다.

이윽고 이지란이 무거운 침묵을 깨뜨렸다.

"전하, 여기 냇가에서 잠시 동안 쉬었다 가시죠? 날씨는 덥고 목도 마른데……."

그러자 이성계는 소스라치게 놀라며 걸음을 멎었다. 그는 무슨 깊은 생각에 잠겨 있었던 모양이었다

"그럽시다. 맑고 깨끗한 개울물이 여기 있구먼!"

때마침 그들이 멎은 곳은 쉬어 가기가 안성마춤인 개울가였다. 개울 밑바닥에 넓은 반석이 깔린 탓인지, 그 개울 근방에는 갈대밭도

없었다.

"어디, 시원한 냇물에 손발이라도 좀 씻어 볼꺼나?"

이성계는 서둘러 개울가로 다가가 손발을 씻으며 세수까지 하려 들었다.

일정한 거리를 두고 뒤를 따르던 원융스님이 쫓아왔다.

"큰스님께서도 소세를 좀 하소서. 너무 피로해 보입니다요."

원융스님은 무학스님이 땡볕 속에서 헤매이는 꼴을 보며 무척 마음을 졸였던 모양이었다.

"오냐."

"자, 왕사어른, 이리 와서 시원한 냇물에 손을 담궈보시지요."

이지란도 스님의 모습이 안스러웠던 모양이었다.

"하하하……. 그러고 보니 왕사어른, 고생이 많으셨구료. 과인이 미처 그걸 헤아리지 못했소이다."

이성계도 그제서야 제정신이 났다는 듯이 스님을 염려했다.

"웬 별말씀을……, 빈도야 괜찮은 일입니다만 전하께서 불볕 더위를 무릅쓰시고 황공하기 짝이 없사옵니다."

이윽고 일행은 허물없는 사이가 되어 맑은 냇물을 즐겼다. 버들치 같은 민물고기가 그들 주위로 우루루 몰려왔다가 번개처럼 달아나기도 했다.

저만큼 떨어진 하류에 있는 갈대 숲에서는 물새들이 몰려와 놀고 있었다.

잠시 후에 일고여덟 살짜리 사내 아이들 대여섯 명이 건너편 언덕길로 걸어가는데, 그들은 온종일 그 시냇물에서 물고기를 잡았는지 고기가 담긴 광주리를 껴안고 가며 재잘거렸다.

그들은 이성계 일행을 거들떠보면서도 '저 사람이 바로 나랏님'이란 사실을 눈치채지도 못하는 것 같았고, 굳이 알 필요도 없을 만큼 저희들끼리 신이 나 있었다.

그때였다.

이성계 일행은 인접한 갈대 숲가에서 새어나는 빨래 방망이 소리를 들을 수가 있었다.

이성계와 무학스님은 빨래 방망이 소리가 나는 갈대 숲쪽을 바라다보았다. 그곳에는 하얗게 머리가 센 호호백발의 노파 한 사람이 열심히 빨래를 하고 있었다.

'그런가보다' 하고 이성계와 스님이 얼굴을 돌리려는 찰나였다

빨래하던 노파는 전혀 자신의 격에 어울리지 않게 군소리를 내뱉고 있었다.

"저런……, 미련하고 멍청한 인생들 같으니라구……."

이상한 일이었다. 노파의 그 군소리를 듣는 순간, 이성계의 등골이 오싹해졌다. 무슨 느낌에서인지 무학스님도 어느새 그 노파 곁으로 걸어가고 있었으며, 이성계 또한 그 노파 곁으로 다가갔다.

이지란과 원융스님의 귀에는 그 노파의 말소리가 들리지 않았고 그들 눈에는 그녀의 모습이 보이지도 않았는지 두 사람은 태평하게 맑은 냇물에서 손발을 식히고 있을 뿐이었다.

"할머니, 시방 그 말씀 누구에게 하신 말씀입니까?"

무학스님이 먼저 노파를 향해 말을 걸었다.

노파는 스님과 이성계가 자기 곁으로 다가서고 있다는 사실을 알았는지 몰랐는지 또 다시 혼잣말로 중얼거렸다.

"세상 인간들이 멍청하고말고……. 암, 멍충이 바보들이지!"

"하하하……, 그야 옳으신 말씀입니다, 할머니. 부처님께서도 중생들이 스스로 미혹과 어리석음을 못 벗어난다고 말씀하셨습니다."

스님이 말을 붙였으나 노파는 대꾸하려 들지 않았다.

"할머니께서는 어인 일로 이런 늦은 시각에 빨래하시는지요? 빨래를 하시려면 아침 나절에 할 일이지……, 지금에사 그 빨래들을 무슨 햇볕에 말리실 작정이십니까?"

이성계가 알 수 없는 일이라는 투로 말을 건넸다.

"흥, 누가 남의 빨래를 걱정하랬나? 자기네 일들이나 잘 하시지!"

노파는 정면으로 얼굴을 보여주지도 않은 채 입을 씰룩거리며 한심하다는 투로 말을 되받았다.

"아니, 무슨 말씀을 그렇게 섭하게 하십니까, 할머니?"

이성계가 괴이함을 이기지 못해 따지듯이 물었다.

"……."

노파는 이성계의 말은 들은 척도 하지 않고, 부지런히 빨래 방망이질만을 해댔다.

이성계의 시선과 무학스님의 시선이 허공에서 맞부딪쳤다. 두 사람의 눈길에는 '아무래도 늙은 할머니가 예사로운 여인네는 아닌 것 같다'라는 확신이 들어 있었다.

이윽고 노파는 하얀 빨래감을 맑은 냇물 속에서 시원스레 헹궈내더니 주루룩 비틀어짜고 있었다.

어느 새 이지란과 원융스님도 무학스님 등 뒤로 다가서 있었다.

"어디를 가는 나그네들이신고?"

노파는 이성계 일행을 아직도 거들떠보지 않은 채 말로만 물었다.

"뭐, 이곳저곳으로 떠돌아다니는 중이랍니다."

이성계가 공손한 어조로 대답해 주었다.
"날은 저물고 어두워지는데……?"
"글쎄 옳습니다. 허허허……."
이성계가 너털웃음을 흘리자, 노파는 기가 막힌다는 듯 혀만 끌끌
찼다.

10 왕십리

이성계는 다급한 마음에 휩싸였으나 쉬이 말머리를 찾지 못했다.
그러자 노파가 되물었다.
"그래, 찾으실 곳은 찾아냈소?"
"뭘 말씀입니까, 할머니?"
"시방 뭣인가를 찾아서 헤매는 사람들 아니오?"
노파는 파란 냇물에 시선을 던져 두고 있었다.
"아, 예? 실은 그렇습니다만……."
웬일인지 이성계의 반응에는 주눅이 들어 있었다. 그의 그런 모습
에 이지란은 왕방울 눈을 굴리고 있었다.
이름도 성도 모르는 호호백발의 할머니에게 이성계가 쩔쩔 매는
광경이란 도무지 이해가 안 되었던 것이다.

대신 무학스님은 낮도깨비에라도 홀린 듯 휑한 얼굴 표정을 짓고 있었다.

"할머니 말씀이 맞습니다. 지금 무엇인가를 찾고 다니는데 그 일이란 것이 참으로 어렵습니다그려. 허허허……."

이성계는 무슨 신들린 사람 꼴로 이렇게 주문을 외우듯 말했다.

"……깜깜하고 미련한 인생들……."

노파는 다시 혀를 끌끌찼다.

다그치듯이 무학스님이 다가섰다.

"할머니, 아까부터서 자꾸만 미련하고 깜깜하다고만 말씀을 하시는데 그게 무슨 뜻인지요?"

"쯧쯧쯧……."

노파가 다시 혀를 차자 이지란의 거친 목소리가 터져나왔다.

"말씀을 좀 삼가하시오, 할머니. 여기 계시는 어른은 지존하신 분입니다. 어느 안전이라고 무엄하게도 혀만 그렇게 차시는 겁니까?"

이지란의 거친 목소리에도 노파는 아랑곳하지 않았다.

"호호호……, 지존하신, 높은 사람? 높은 사람이면 대순가?"

"그래도 그렇지요. 아무리 나잇살이나 자신 할머니라 하더라도 지엄하신 분이라면 그렇게 알아주셔야지, 너무 함부로 대하는 것 아닙니까?"

그러자 노파가 얼굴을 이성계 쪽으로 돌렸다. 주름살투성이의 여느 평범한 노파 얼굴이었는데, 노파의 얼굴에는 형언할 수 없는 묘한 미소가 깔려 있었다.

"저쪽으로 가서 찾아보시구랴. 저쪽으로……."

노파가 손짓으로 어느 한곳을 가리키며 불쑥 말을 던졌다. 그녀의

행동은 너무 빨라 무학스님이 미처 따를 수가 없어 재차 반문을 했
다.

"어디 말씀입니까?"

"글쎄, 저쪽이라니까!"

이성계도 영문을 몰라하며 물었다.

"저쪽이라뇨, 할머니?"

"이런 깜깜하고 미련한 인생들! 저쪽으로 한 십 리가량 더 가서
찾아보라니까!"

"십 리가량이요? 어느 방향으로 말씀입니까?"

이성계가 마른 침을 삼켰다.

"글쎄, 조오기, 저 집터 자리가 당신네들 눈에는 안 보여? 늙은이
눈에는 잘도 보이는데……."

"예, 어디요? 할머니, 지금 집터 자리라고 말씀하셨습니까? 그래
요. 시제 우리는 집터 자리를 찾고 있는 중이옳습니다."

이성계의 절절한 행동이 믿기지 않는다는 듯 이지란은 입을 딱
벌린 채 서 있기만 했다.

"이런 눈뜬 봉사 같으니라구. 달을 쳐다보라니까 달은 보지 않고
손가락만 바라보고 있네그랴……, 호호호……."

"그렇다면 저 남산과 북악 사이를 말씀하시는 것입니까? 저기 멀
리 보이는 북악산."

그때 무학스님의 입에서는 '나무관세음보살'이 새어나왔다.

그러고 눈 깜짝 할 순간이었다.

노파가 금새 어디론지 사라져 버리고 만 것이 아닌가.

시원하고 맑은 냇물은 여전히 졸졸졸 흘러가고 있었으며, 갈대숲

은 빨간 낙조에 물들어가고 있었다.

이성계 일행은 무엇에 홀렸다 풀려난 사람들 꼴이 되어 한동안 눈만 멀뚱거렸다.

"아니, 세상에 이럴 수가! 도대체 방금 그 노파가 어디로 간 것입니까? 안개처럼 사라지지 않았습니까요?"

이지란이 투덜거리며 말했다.

"나무관세음보살!"

"가만! 여기 빨래방망이는 그대로 남아 있는데⋯⋯."

이성계는 혼자 생각에 빠져 고개를 끄덕이고 있었다.

"전하, 이게 어떻게 된 셈입니까요?"

이지란이 가쁜 숨을 몰아쉬고 있었다.

"그래요. 이제야 생각이 떠 올랐습니다. 과인이 전에도 한번, 그 노파를 만난 적이 있었어요. 그래, 분명히 그렇다니까!"

"아니, 어디서 그 노파를 만났다는 말씀이오니까?"

이지란이 다그쳤다.

"그러니까 예전에 저 함경도 안변 땅의 남대천 냇가에서⋯⋯."

이성계의 눈길이 무지개를 쫓는 소년들의 시선처럼 아련한 회상에 잠겨들었다.

무학스님만은 방금 사라진 그 노파의 정체를 알고 있기라도 한듯 전혀 동요되지 않고 있었다.

그러니까 꼭 10년 전의 일이었다.

그날 이른 새벽참에 이성계가 꿈길에서 깨어나 남대천 냇가로 나왔을 적에, 좀전의 그 노파는 남대천 냇물에서도 빨래를 하고 있었다. 그때 그 노파께서는 이성계의 간밤 꿈을 이해하지 못해 끙끙거리자 설봉산 토굴을 일러준 적이 있었다. 그리하여 이성계가 처음으로 무학스님을 만나게 되었으며, 무학스님은 저 유명한 임금왕(王)자 꿈 해석을 해 주었던 것이다.

이성계는 비로소 남대천 냇가에서 만났던 노파 이야기를 털어놓았다.

이지란은 신기하기 짝이 없다는 표정으로 이성계의 옛이야기에 귀를 기울였으나 무학스님은 별다른 흥미도 나타내지 않고 있었다.

"왕사어른! 왕사어른께서는 이런 이야기가 신기하지도 않으십니까?"

이지란이 너무나 예사스런 스님의 태도가 못 마땅하다는 듯 하나마나한 질문을 던졌다.

"우리 스님네 세계에서는 그보다 더 신묘한 이야기들이 수없이 많답니다."

"그렇다면 왕사어른, 좀전의 그 노파는 누구란말씀입니까?"

이지란이 궁금해서 견딜 수가 없다는 표정을 지어보였다.

스님의 입가에 묘한 미소가 피어올랐다.

"왕사어른께서는 알고 계시는 것 같은데요?"

"……빈도가 알기로는, 관음보살님께서 현신(顯身)하신 것입니다."

"관음보살님이라면……, 관세음보살님?"

이지란은 더욱 믿기지 않는다는 듯 두 눈을 치뜨고, 이성계를 건너다보았다.

이성계는 스님의 말씀에 수긍이 간다는 듯 고개를 끄덕이고 있었다.

"왕사어른, 관음보살님을 어찌해야 다시 뵈올 수가 있는 것입니까?"

이지란은 호기심이 일었는지 어린아이처럼 매달리다시피 했다.

"정성이 지극하면 뵈올 수 있습니다."

"정성이 지극하면……, 정성이 지극하면……."

이지란은 아무래도 믿기지 않는다는 표정으로 돌아섰다.

그러나 스님은 이성계가 새로운 도읍지 물색을 위해 얼마나 노심초사했던가를 충분히 짐작할 수 있었다.

물론 스님은 좀전의 그 노파가 관음보살의 현신이었음을 믿어 의심치 않았다.

"전하, 비로소 새 도읍지를 찾았나 보옵니다."

무학스님이 자신있는 목소리로 말했다.

"거기가 어디란 말이오?"

"여기서 10리 거리쯤에 궁궐터가 있다 하지 않았습니까?"

"여기서 10리 거리쯤이라……."

지금의 성동구 왕십리(往十里)란 지명은 이렇듯이 무학스님에 얽힌 전설이 스며 있다. 대개 '왕십리'의 글자 뜻이 현재처럼 '열십(十)자' 대신 '찾을심(尋)자'를 쓰면 '더 나아가서 찾아보라'는 의미가 되었던 것이다.

어쨌거나 왕십리란 이성계와 무학스님의 한양 천도에서 비롯된 지명이라고 한다.

일행은 노파의 계시를 따라 북악과 남산 사이에 있는 넓은 명당을 발견하고, 그곳에다가 대궐터를 잡음으로써 새 왕조의 도읍지 문제는 일단락되었던 것이다.

아울러 이성계의 목소리는 우렁차게 흘러넘쳤다.

"제신들은 들으시오. 새 나라가 새 도읍을 정하는 일은 종사의 만년대계이자 막중한 국가대사입니다. 모름지기 새 왕실은 새 궁궐을 세우고 새 서울을 만들어내야 하오. 그것이 과인의 깊은 생각이요, 뜻이었소. 그리하여 새 역사를 열어가자는 것입니다. 새 역사가 무엇입니까? 옛것을 털어내고 새것을 만들자는 것입니다. 그것은 곧 개혁이요, 변화이며, 창조입니다. 그렇다면 지금의 개경에서는 아니되는 법. 모든 것을 새로 만들어내고 새 터전에서 새로 시작할 것입니다. 해서 그동안 여기 계시는 왕사어른을 비롯해서 수많은 조정대신들의 노고와 충정이 있었던 바 이제야말로 그 공을 치하하는 바입니다. 혹자는 계룡산을 새로운 도읍지로 주창하기도 했고, 혹은 모악산 남쪽을, 또 혹자는 개경 동쪽의 불일사 절터를, 또는 적성광지원의 동쪽땅을, 또는 장단군 도타산과 임진현의 백학산 등 여러 곳을 추천해 주었습니다. 허나 지금은 과인이 뜻을 밝히기로 합니다. 새 나라 조선왕조의 새 도읍지는 저 북악산의 남쪽 땅 한양성으로 정하는 바입니다."

그것은 어명이었다.

임금 이성계는 이 한 마디의 명을 내리기 위해 그토록 수많은 번뇌를 했고, 몸소 현장을 누비며 고생했다.

어디 그뿐이었던가?

태조 이성계는 그 한가지 사안을 놓고 수백수천 번 다시 생각하고 또 생각해 보았다. 그래서 그는 단호한 결단을 내릴 수가 있었던 것이다.

1394년 태조 갑술년 8월 열사흘 날.

마침내 이성계는 한양부를 새 도성으로 정한다는 교서를 내렸다. 그리고 9월 초하룻날에는 '신도궁궐조성도림(新都宮闕造成都監)'이란 관청을 설치하는 한편, 10월 상달 25일에는 아예 한양으로 역사적인 천도를 결행했던 것이다.

그러니까 새 서울 공사가 본격적으로 착수되기도 전인데 이성계는 한양부의 객사를 임시별궁으로 삼아 일거에 천도를 단행했던 것이다.

한 마디로 이성계는 개경이 무척이나 싫었다. 그에게 있어 개경은 불탄 집이었고, 자신이 개경에 머물어 있음은 불타버린 남의 집안에 몸을 의탁하는 경우와도 같은 것이었다.

다른 한편 이성계는 손수 반듯한 집 한 채를 서둘러 지어 몸을 담고 싶어했다. 그의 그러한 의욕은 바야흐로 반듯한 새 왕조의 역사를 펼쳐보이고 싶다는 마음과도 통하는 것이었다.

기실 이성계는 쫓기고 있었다. 고려왕조의 한 사람 무장으로 구왕조를 무너뜨리고 새로운 왕조를 건설함에 있어 자신의 업적이 고려왕조의 역사나 전통보다 못하다면 이른바 대의명분이 없어질 뿐만 아니라, 자신의 행동 또한 사욕이나 야심에서 비롯된 것이 되어 버리고 말 처지에 있었다.

뿐만 아니라 새 왕조가 건설되었다고는 하나 일반 백성들의 깊은 마음속에는 아직도 새 왕조에 대한 저항의식과 더불어 고려왕조에 대한 회귀 욕구가 향수처럼 남아 있기도 했다.

아직도 곳곳에서는 고려왕조 복귀운동을 외치는 자들이 남아 있었고, 그러한 자들을 색출하기만 하면 무자비한 처형을 감행해야만 했다. 말하자면 여전히 새 왕조는 힘으로 백성들을 통치할 수밖에 없었다. 고려의 무신이었던 이성계가 고려왕조를 때려엎고, 새 왕조를 창업했으니 제아무리 그럴듯한 논리를 동원한다 하더라도 설득력은 미약할 수밖에 없었던 것이다.

새 서울 공사는 대묘와 새 궁궐을 짓는 일부터 착수하려 들었다.

대묘란 역대제왕을 받들어 모시는 사당으로 종묘를 말하는 것이었으며, 새 궁궐은 '경복궁'을 지칭하는 것이었다.

이윽고 같은 해 동짓달에는 새 대궐의 역사에 착수하고, 삼봉 정도전으로 하여금 하늘과 땅의 신령인 '황천후토(皇天后土)'에게 재를 올려서 대역사를 시작한다는 뜻을 고했으며, 나라 안 곳곳에 있는 명산대천에다가 산천제를 크게 모시기까지 했다.

역대제왕 신위들에게 제사를 지내고 하늘과 땅의 신령들에게 재를 올리고 곳곳에서 산천제 등을 올린 의미는 새 왕조의 창업이나 새 도읍지의 천도 등이 모두 하늘의 뜻이요, 역대제왕들의 뜻이란 의미로 행해지는 것이었다.

그 의미를 다시 축소하면 이성계의 출현은 하늘의 뜻이지 결코 이성계 본인의 의지에 따른 것이 아니라는 결론이 되기도 했다.

그것은 절묘한 조화를 이루는 것이었다. 실로 오래도록 정착 농경문화를 유지해 오던 백성들에게는 하늘의 뜻이야말로 절대절명의 권능을 가지는 것으로 인식되어 왔다.

그래서 이성계의 출현을 하늘의 뜻으로 삼으려 들었던 것이다.

이성계가 한양으로 천도하면서부터 무학스님도 한양을 떠날 수가 없었다.

이성계는 언제나 무학스님과 정도전을 데리고 새 궁궐 터 여기저기를 둘러본 다음에 임시별궁 안방에 앉아 있었다.

이성계의 손에는 '신궁궐 조성도'가 들려 있었다.

"……무릇 궁궐을 짓자면 대궐의 앉을 자리와 그 방향을 생각치 않을 수 없는 법인데, 풍수상으로 봐서 새 궁궐의 좌향을 어찌했으면 좋겠습니까? 먼저 왕사어른께서 말씀해 보시겠소?"

이성계의 물음에 무학스님은 망설임없이 자신의 의견을 피력했다. 이미 곰곰이 생각해 본 바가 있었기 때문이었다.

"예. 전하. 빈도의 소견으로는 인왕산을 주산으로 삼았으면 합니다만……."

"서쪽 모악산 옆에 있는 인왕산을?"

"전하, 빈도가 가만히 살피건대 서쪽 인왕산을 주산으로 하여 궁궐이 동쪽을 바라보는 '유좌묘향(酉坐卯向)'의 형국으로 했으면 좋을 듯싶습니다."

"서쪽을 등지고 동쪽을 바라본다?"

이성계는 몸을 일으켜 방 안에서이지만 서쪽을 등지고 동쪽을 바라보며 앉아 보았다.

"다시 말씀드리면 인왕산을 주산으로 하여 즉 현무로 삼고, 남쪽의 남산과 저 북쪽의 북악산을 각각 좌청룡 우백호로 삼는다는 말씀입니다. 그래서 도읍을 동쪽 방향으로 멀리 펼쳤으면 하고 바라는 마음이옵니다."

"유좌묘향이라……."

이성계는 지긋이 두 눈을 내려감고, 머리 속에서 좌청룡 우백호를 그려보았다.

그때였다. 정도전이 참기 어렵다는 듯 불쑥 머리를 내밀었다.

"상감마마, 신 정도전이 아뢰옵니다. 신이 가만히 살피건대 소신의 뜻은 왕사어르신과는 다른 줄 아뢰옵니다."

"왕사어른과 생각이 다르다고?"

"그렇사옵니다, 전하."

정도전의 어조는 너무나 분명하고 확신에 찬 것이었다.

이성계는 자세를 고쳐앉으며 정도전의 말에 귀 기울일 자세를 취했다.

"그렇다면 말씀해 보구료. 아무런 주저말고……. 그래, 삼봉의 생각은 어떤 것이오?"

"황공하옵니다, 마마. 소신이 생각하기로는 동쪽 방향을 바라보는 것이 아닌 '임좌병향(壬坐丙向)'이 가하다고 사료되옵니다."

"그러니까 임좌병향이라면 북쪽에 등을 지고 남쪽을 바라보자는 말씀 아니오?"

"그렇사옵니다, 전하."

"그렇게 되면 어느 산이 주산이 된단 말이오?"

"물론 소신의 생각 같아서는 백악을 주산으로 삼고자 하는 것이옵니다, 전하! 백악은 곧 북악산이옵니다. 그러니까 '임좌병향'으로 하여 백악이 현무가 되고 인왕산이 백호가 되며 저 동쪽 방향의 남산을 청룡으로 삼는 것이옵니다."

이성계는 잠시 갈등에 휩싸이는 듯했다. 각기 두터운 신임을 베풀고 있는 무학스님과 정도전인데, 새 궁궐의 좌향 설정에 있어 너무나 판이한 의견의 대립을 보고 있으니 선뜻 판단이 서지 않았던 것이다.

"허허허……, 과인으로서는 난감한 일이로다. 그렇다면 왕사어른께서는 삼봉대감의 소견을 어찌 생각하십니까?"

"……."

웬일인지 무학스님은 한동안 돌부처 모양이 되어 있었다.

"왕사어른!"

이성계가 채근했다.

마지 못해 스님이 입을 열었지만 말의 내용이나 표정 모두가 석연치 못했다.

"전하, 북방에서 남방을 바라보는 것도 나쁠 것은 없사오나 구중궁궐 대궐의 앞날과 종사의 만년대계가……."

"대궐의 앞날과 종사라구요? 그것이 무슨 뜻입니까, 왕사어른?"

"나무관세음보살!"

스님은 더이상 말을 할 엄두도 내지 못한 채 염불만 외웠다.

이성계는 스님의 말이나 태도에서 머리끝이 쭈뼛 서는 섬짓함을 느꼈으나 그 이상은 다그치지 않았다.

스님이 염불을 외울 때면 대답을 기피한다는 것임을 알고 있었기 때문이었다. 그래서 그는 정도전이 없을 때 무학스님에게 따로 하문해 보리라 생각했다.

"삼봉 대감은 왜 임좌병향을 주장하시는 것입니까?"

스님에 비해 정도전은 여전히 딱 부러질 만큼 분명했다.

"전하, 통촉하소서. 천학비재의 소신이오나 소신이 알기로 군왕이 동쪽을 바라보고 앉은 일은 자고로 없었사옵니다. 지금껏 소신은 그런 말은 들어 본적도 없사옵니다."

"군왕이 동방에 임하지를 않는다?"

이성계는 정도전의 말을 듣고 보니 그럴싸하다는 느낌에 빠졌다.

그렇다면 무학스님이라고 해서 그 정도를 모를 리가 없을 텐데 무슨 까닭에서 서쪽을 등지고 동쪽을 바라보라 했단 말인가?

"상감마마, 소신이 중원의 오랜 역사와 주역서 등을 상고해 보건대, 서쪽을 등진 경우는 전에도 없었던 것으로 사료되옵니다. 옛적부터 군왕이란 모두 남방을 향하고 정사를 보아 왔사옵니다. 소신이 과문한 탓인지 동쪽을 향하여 국사에 임하였다는 기록을 알지 못하고 있나이다. 무릇 군왕은 북쪽 방향에 등을 지고 따뜻한 남쪽을 향하여 정사를 다스림이 열백 번 마땅하고 올바른 일인 줄로 아옵니다. 전하, 소신 정도전 간절히 엎드려 바라옵나이다. 깊이 통촉하소서."

정도전이 절실하게 자기 뜻을 개진하는 동안, 이성계는 무학스님을 건너보고 있었다.

스님은 아무런 동요없이 꼿꼿이 앉아 있었다. 그는 정도전의 의견에 가타부타 아무런 뜻도 내비치려 들지 않았다.

"왕사어른! 삼봉 대감의 말씀에 뭐라고 한 마디쯤 해 보시구료."

이성계는 스님이 무슨 운이라도 떼주었으면 하는 바램에서 재차 채근했다.

스님은 꼬리를 빼듯 말했다.

"상감마마, 다만 여러 대신들의 중의에 쫓아 일을 결정하소서."

그날 이후 이성계는 스님에게서 궁궐이 왜 동향이어야 하는지 그 까닭을 알아보려 무진 애를 썼으나 스님의 대답은 한결같은 것이었다.

하긴 스님으로서도 그 이상은 입을 열 수가 없는 일이었다. 스님이 보았을 때, 궁궐을 정도전의 주장대로 남향을 시킨다면 머잖아 대궐에서는 피 비린내 나는 왕위 찬탈의 화가 일어날 것이며 2백 년 안에 환란과 불행이 꼬리를 물고 일어나 나라가 온통 쑥대밭이 될 조짐이 있었다.

그렇다면 조정 대신들 중에서는 스님이 읽어낸 그런 풍수비밀을 안 사람이 한 사람도 없었을까? 있긴 있었다 해도 그것이 너무나 엄청난 것이라 스님처럼 입을 다물고 만 것일까? 그것은 영원히 비밀일 수밖에 없는 일이었다.

자고로 믿으려 들지 않는 사람에게 '천기'나 '예견' 또는 '예언'은 일종의 '망언(妄言)'에 불과한 법.

조정 대신들도 궁궐의 좌향에 관해서만은 모두 정도전의 의견에 동의했다. 그리하여 경복궁은 '임좌병향'으로 남산을 바라보도록 안치되었다.

어두운 밤하늘을 우러러 무학스님만 긴 탄식을 했고…….

11.경복궁

경복궁의 좌향과 무학스님 그리고 정도전.

물론 위의 이야기들은 실록에 기록된 정사가 아니고 차천로의 '오산설림(五山說林)'에 기록된 내용이다.

차천로는 '산수비기(山水祕記)'라는 책을 인용하여 이런 전설을 설명하고 나서, '산수비기란 신라 고승 의상대사가 지은 책으로 8백 년 뒤의 일을 이렇게 확실히 맞추었으니 어찌 성승(聖僧)이라고 하지 않을 수 있겠는가? 그 산수비기에서 이른바 스님으로 나오는 이는 무학스님을 이름이요, 정씨 성 가진 사람으로 나오는 이는 정도전을 일컬음이다' 라고 기술해 놓기도 했다.

그렇다면 궁궐이 남향으로 세워질 때 무학스님이 장탄식했다는 걱정과 우려는 과연 적중되었던가?

만약 무학스님의 예견을 믿기로 한다면 놀랍게도 그럴싸한 사건들이 그대로 꼬리를 물고 일어났다고 할 수 있겠다.

이를테면 왕실에서는 4년 만에 정안대군 이방원에 의한 피비린내 나는 '왕자의 난'이 두 번씩이나 일어나질 않았겠는가? 그러고 다섯 세대를 못 내려가서 나이 어린 단종을 몰아내고 왕위를 찬탈한 세조임금의 정변이 일어났으며, 2백 년이 채 못되는 1592년 선조임금 25년에는 임진, 정유 양란이 발생, 온 나라가 초토화 되는 국난을 맞이했으니…….

이성계는 새 궁궐을 짓는 공사현장을 진두 지휘하다시피 했다.

왕이 직접 발벗고 나서다시피 했으니 대묘의 공사는 물론이고, 새 궁궐을 건설하는 대역사도 밤낮 없는 강행군으로 진행되고 있었다.

이성계는 거의 온종일 '궁궐조성도감'에서 살다시피하며 일일이 빈틈없는 지휘감독을 했던 것이다.

따라서 전국의 사찰 승려들에게 동원령을 내려 그들의 노동력을 집결시켰고, 경기도와 전라도 주민 1만 5천 명을 징발, 강제적으로 부역에 동원하는가 하면 곳곳에 흩어져 있는 이름난 목수들을 무조건 한양으로 불러들이기도 했다.

이성계가 핏발선 눈으로 설치고 보니, 정도전은 말할 나위도 없고 대소신료들도 거의 모두가 하루에 한두 번씩은 공사장에 들러 자기 나름껏 공사를 독려했는가 하면, 무학스님 또한 궁궐의 기초를 다지는 일에 뛰어들지 않을 수가 없었다.

그러나 공사는 생각처럼 순조롭게 진행되지 않았다.

어찌된 셈인지 땅을 굳게 다지고 그 위에다 아름드리 기둥을 세우는데, 번번이 기둥이 무너져 내리기 시작했던 것이다.

귀신이 곡할 노릇이라 했던가?

적어도 궁궐 짓는 그 공사에서는 나라 안에서 제일 가는 토목 기술자에 명장으로 손꼽히는 목수들이 총동원되었는데도 이변이 속출했으니 참으로 괴이한 일이 아닐 수가 없었다.

드디어 사람들이 술렁거리기 시작했고, 이상한 소문들이 꼬리에 꼬리를 물기 시작했다.

아직도 고려 왕실에 향수를 가진 사람들은 침소봉대(針小棒大)해서 이성계의 권위를 형편 무인지경으로 만들기도 했다.

"뭐여? 또 아름드리 기둥이 무너져 내렸다고? 내 그럴 줄 알았지, 암! 임금이란 아무나 될 수 있는 것이 아니지, 암."

"필시 신령님이 노하신 게여, 부정을 탔다니께."

"그러나저러나 이 일을 어쩐담? 이성계 성깔에 쉬 포기하지도 않을 텐데말여?"

그 당시 한양에 나와 있던 무학스님은 원융스님과 함께 서대문 밖에 있는 진관사에 몸을 담고 있었다.

"큰스님, 큰스님."

원융스님이 승방 앞에 다가와 근심 어린 목소리로 찾았다.

"들어오너라."

원융스님이 승방 안으로 들어섰다. 스님은 정좌를 한 채 우두커니 앉아 있었다.

또 눈발이 흩날리려고 바깥 날씨는 몹시 꾸물거렸다.

원융스님은 스님 앞에 꿇어앉기는 했으나 쉬 말문을 열지 못하고 머뭇거렸다.

“무슨 일이냐?”

“저……, 저…….”

“또 대궐 공사말이냐?”

스님이 지레 짚었다.

“예, 큰스님. 또 무너졌답니다요. 기둥뿐만이 아니고 인제는 주춧돌 초석까지도 뒤틀렸습니다요. 그래서…….”

“그래서?”

“일꾼들 모두가 수군거리고 소문을 들은 일반 백성들도 모두 혀를 차고 있습니다요. 부정을 타서 그렇다느니……, 스님네들을 강제동원해서 그렇다느니…….”

“나무관세음보살”

“그래서 궁궐조성도감에서 일하는 나리들이 깨끗이 목욕재계하고 두번 세번 지신(地神)께 제사를 올렸지만 소용이 없다고 했습니다요. 모두들 천지신명이 노한 탓이라고말씀입니다요.”

원융스님은 자신의 귀로 흘어들어 온 소문을 곧이곧대로 전할 수도 없었다.

‘이성계 장군이 고려왕실을 무너뜨렸기 때문에 하늘이 노한 것이라’는 말까지야 어떻게 입에 담으랴?

“…….”

무학스님의 얼굴 표정에도 침통한 빛이 서렸다. 원융스님이 말해주지 않아도 알 만한 일들이었지만 무학스님으로서도 도대체 영문을 알 수가 없는 일들이었다.

“참으로 큰 일인데……, 이러다간 대궐공사를 마칠 수나 있겠습니까요, 큰스님?”

"……모르겠다. 나 또한 그 원인과 까닭을 알 수가 없어요."

그렇지 않아도 근자에는 스님의 심기가 불편하기 짝이 없었다. 대궐을 짓는 공사장에 전국의 스님네들이 동원되었는데 명색이 왕사라는 사람이 그런 일 하나 막아내는 방패역을 못 했느냐는 원성이 많은 스님네들 입에서 흘러나오고 있었기 때문이었다.

게다가 조선은 불교를 누르고 유교를 떠받드는 정책을 수립하지 않았는가?

이에 스님으로서는 자신의 입지가 궁하기 짝이 없었다. 눈을 크게 뜨고 바라볼 때 왕건은 불교를 국가 통치이념으로 삼았을 만큼 불교를 떠받들었는데, 결과적으로는 불교가 고려를 타락시키고 망가뜨렸다고도 할 수 있지 않은가?

따라서 새 왕조가 불교를 배척하는 것도 따지고 보면 인과응보에 불구한데 과연 누가 이런 사리를 순순히 받아들여 줄 것인가?

"큰스님. 지신밟기를 잘못하면 동티가 나는 것입니까요? 어떤 사람들은 그곳은 처음부터 궁궐 자리가 아니라며 택지를 잘못했다고도 말합니다요."

"뭔가가 잘못되긴 했는데……."

실로 무학스님으로서는 비지땀을 흘리지 않을 수 없었다.

이미 이성계로부터 연거푸 왜 이런 변이 생기느냐는 하문을 받았지만 꿀먹은 벙어리 노릇밖에 할 수 없었다.

"왕사 어르신. 새 도읍지를 한양으로 정한 마당에 기왕지사 대사께서 관여하셨던 일이니, 새 궁궐을 조영하는 일에도 힘을 좀 보태주셨으면 합니다. 연치 높으셔서 어려울 줄 아오나 과인과 새 왕실을 위하는 일이니 부탁 말씀드립니다"

이성계는 일삼아 이렇게 스님을 향해 간곡한 부탁을 했었다.

"황공하여이다. 전하, 빈도 미력하나마 낡고 썩은 옛 집을 헐어내는 데 일조를 한 것이 사실이라면, 새 집을 지어내는 일에도 힘을 보태야지요. 그게 늙은이 도리가 아니겠습니까?"

스님도 이렇게 대답까지 한 바 있었다.

"하하하……, 고맙습니다, 왕사어르신. 속된 말로 어린것을 돌봐주자면 지어미가 집에 돌아올 때까지 돌봐주는 법 아니겠소?"

이처럼 이성계는 각별히 스님을 모셨다.

그랬는데 뜻하지 않은 난관에 봉착하게 된 것이었다.

이윽고 스님은 몸을 일으켜 세우고 진관사의 대웅전으로 나아갔다. 그리고 석가모니불을 향해 무수히 절을 올린 다음, 그 앞에 꿇어앉아 빌고 또 빌었다. 부처님의 가피력(加被力) 없이는 새로운 궁궐 공사가 제대로 진행될 것 같지 않아서였다.

원융스님으로서도 그처럼 참담한 무학스님의 얼굴을 일찍이 보지 못했다.

'그래, 우리 큰스님이 아니고서는 아무도 풀지 못 할 문제일 거야.'

원융스님은 이렇게 스님의 능력을 믿어보기도 했지만 암담하긴 마찬가지였다.

그날 밤에 이성계가 보낸 사람이 진관사로 넘어왔다. 그는 이성계가 내일 무학스님을 뵙고자 한다는 전갈을 가져왔다.

그런 전갈을 받고서도 스님은 법당을 벗어나지 않았다. 스님은 철야기도에 들어갔던 것이다.

다음날 아침 원융스님이 스님의 얼굴을 대했으나 별반 다를 바가 없었다. 철야기도를 올린 탓에 오히려 더 수척하고 까칠해져 있었으며 눈빛은 방향을 찾지 못한 듯했다.

원융스님으로서도 이성계가 무슨 까닭으로 스님을 만나자고 하는지 짐작할 수 있었다.

이윽고 아침 공양을 마친 스님은 이성계 앞으로 나아갈 채비를 했다. 원융스님도 스님을 뒤따를 준비를 했다.

"너는 왜?"

스님은 혼자 '궁궐조성도감'으로 나아갈 심산이었던 모양이다.

"큰스님 뫼시려구요."

원융스님은 은근히 무학스님의 건강이 걱정되었다. 노구에 철야기도까지 하질 않았는가?

스님은 묵묵부답으로 원융스님의 동행을 묵인해 주었다.

그들은 한양을 향해 무악재 고갯마루를 넘어가고 있었다.

아직은 이른 봄 날씨였으므로 대기가 쌀쌀했지만, 어제 날씨와는 달리 따스한 햇볕이 대지 위에 쏟아지고 있었다.

그들은 아무 말도 하지 않았다.

"나무관세음보살……."

스님은 복잡한 생각들을 털어내려는지 연신 관세음보살에 귀의한다는 염불만 되뇌었다.

'설마 어떻게 되겠지……'

원융스님은 스님의 이마에 송골송골 맺힌 땀방울을 보며 쉬어야겠다는 생각을 했다.

"큰스님. 저 다리 아프고 숨도 찬데 좀 쉬었다 가면 안 될까요?"

스님은 자신을 위해 원융스님이 쉬어가자는 말을 한 것인 줄 알

아차렸다

"그러자꾸나. 나도 젊은 한때는 다리도 아프고 숨도 차곤 했었지."

"헤헤헤……."

그들은 노송 한 그루 밑에 있는 바위들을 발견하고 그곳에 가서 몸을 앉혔다.

'음메에…….'

늙은 암소의 울음소리가 들렸다.

그들이 바라보니 산 중턱에 있는 밭에서 늙수그레한 농부가 때 이른 밭갈이를 하고 있었다.

'오……, 벌써 밭갈이 철인가?'

무학스님은 이런 생각에 잠기며 이마의 땀을 훔치고 숨을 돌렸다. 원융스님은 저 혼자 무슨 생각에 빠져버렸는지 밭갈이하는 농부를 무심히 바라다볼 뿐이었다.

"이랴, 낄낄, 이랴……. 이놈의 늙은것이 왜 이리 꾸물대느냐?"

검은 암소는 자기 목덜미에 덫 씌워진 멍에가 너무나 무겁다는 듯 힘들어했고, 농부는 늙은 소가 꾀만 부린다고 생각했는지 연이어 고삐로 소의 몸통을 후려쳤다.

"큰스님!"

원융스님이 다정한 목소리로 무학스님을 불렀다.

"왜?"

"접때 빨래하던 할머니……, 참말일까요?"

원융스님은 밑도 끝도 없는 말을 불쑥 끄집어냈다. 그러니까 혼자 생각에 잠겨 자문자답을 수없이 해본 모양이었다.

"참말이라니?"

"상감마마께서 말씀하시지 않았습니까? 옛날에 남대천 냇가에서 빨래하던 노파가 접때에는 중량천 냇가에 현신한 것이라고……."

"그러는 너는? 그걸 너는 믿느냐?"

"안 믿을 수도 없지 않겠습니까?"

"그래, 어떻게 믿는단 말이냐?"

"관세음보살님의 현신일지도 모른다는 것이죠."

"확신을 하는 건 아니로구만!"

"아닙니다. 큰스님. 저는 굳게 믿고 있습니다. 그 할머니는 보살님의 현신이라고. 그러지 않고서는 수수께끼를 풀 길이 없으니까요."

"니놈이 그렇게 믿으면 되는 게지. 아니 믿겠으면 그것 또한 하는 수 없는 일이고……, 그렇지만 이런 말도 알겠지? 믿고 기도하는 자에게는 복밭이요, 안 믿고 돌아서는 자에게는 악업인 것을……."

"물론 알고 있습죠."

그때 한무리의 까치떼가 노송 가지 위로 날아와서 시끄럽게 우지졌다.

"한데, 뜬금없이 그 얘기는 왜 끄집어낸 거냐?"

"헤헤헤……."

원웅스님이 싱거운 웃음을 흘렸다.

"웃지만 말고……."

"……그렇다면 그 할머니가 또 한번 현신할 수도 있는 일 아니겠습니까, 큰스님?"

"무슨 까닭으로?"

"무슨 까닭이라니요, 큰스님. 아, 이렇게 힘들고 답답할 때가 어디 있겠습니까? 새 궁궐을 짓는 데 터 닦고 주춧돌 놓고 기둥을 세웠다. 그런데 또 그 기둥이 무너지고 초석도 흔들린다. 한 마디로 귀신 곡할 노릇이 아니냔 말씀입니다. 이런 때 그 노파께서 다시 한 번 나타나 주시면 오죽 좋겠느냔 뜻입지요. 가령 할머니가 다시 나타나셔서 저 삼각산 신령님께 치성을 다시 드려야 한다든가 아니면 아예 대궐 자리를 다른 데로 바꾸라든지 해주시면……."

그제서야 무학스님은 원융스님 또한 나름대로 궁궐공사에 대한 걱정을 태산같이 하고 있었음을 눈치 챌 수가 있었다. 하기야 스님의 마음이 불편하고 답답한데, 원융스님의 마음이 평온할 리는 없었다.

"허허허. 나무관세음보살. 원래 불보살께서는 당신 뜻대로 행하는 것이지, 니놈의 원대로 니놈 생각대로 나타나시지 않는단다."

바로 그때였다.

검은 암소 어깨에 멍에를 씌우고 밭갈이 하던 늙은 농부가 무슨 일로 화가 났는지 소를 향해 버럭버럭 큰소리를 치기 시작했다.

"이랴, 이랴, 어서가, 이 멍청하고 늙은 암소야. 니놈 꼴이 멍청하기가 꼭 누굴 빼 닮았구나! 이랴……."

그러자 원융스님이 안타까운 마음에서 한 마니했나.

"헤헤헤……, 저 검정 암소가 힘이 부치는 모양인데……. 나이 든 저 농부 모습도 안 됐습니다요. 소는 힘이 부쳐서 쟁기질이 어려운데 할아버지는 마음만 바쁘신 것 같고……."

그런데 그런 것이 아니었다. 농부의 다음 말소리를 듣는 수간 무학스님과 원융스님은 기가 막혔다.

"이랴, 이 빌어먹을 소야. 니놈 심술이 꼭 무학이를 닮았구나. 멍청하기가 무학이보다 더하고, 미련 또한 무학이보다 더하구나, 이랴,

낄낄!"

"……큰스님. 도대체 저 늙은이가 방금 뭐라고 씨부렁거렸습니까? 큰스님께서도 들어보셨는지요? 분명 저 농부는 멍청하기가 무학이보다 더하다고 했는데……."

하며 원융스님이 건너보니 스님은 두 눈을 지긋이 감고 합장을 하고 있었다. 그제서야 원융스님도 '앗차' 하는 마음이 일어 천천히 일어나 농부가 일하고 있는 밭두렁으로 걸어갔다.

늙수그레한 농부는 밭갈이에만 열중하고 있었다.

"할아버지, 할아버지!"

원융스님이 농부를 큰소리로 불렀으나, 농부는 하던 일을 멈추지도 않은 채 대답했다.

"왜 그러시오!"

"좀전에 노인장께서 무슨 말씀을 하셨습니까? 소승이 듣기로는 분명 무학이가 어떻고 하셨는데……?"

"허허허……."

농부는 너털웃음을 헛날렸다.

"이놈의 암소가 멍청한 무학이보다 더 미련스럽고 더 아둔하다고 했네."

농부는 잠시도 밭갈이를 중단하지 않았다.

"무학이라는 말씀은……, 무학 큰스님을 두고 하시는 말씀이었습니까요?"

"큰스님인지 작은스님인지는 모르겠네만, 그 없을 무(無)자 쓰는 늙은 중 말씀이야. 그 미련하고 아둔한 것이 꼭 제 이름자 그대로라니까 그러네."

어느덧 무학스님도 원융스님 곁에 다가서 있었다.

"늙은 농부님, 말씀 삼가하십시오. 무학 큰스님은 왕사어른이십니다. 감히 왕사어른을 모멸하려 드시다뇨?"

"왕사라도 미련한 걸 어떡해?"

"아무리 그래도 그렇습지요! 말씀이 지나치십니다. 도대체 우리 큰스님 어디가 그렇게 미련하단 말씀이십니까?"

"허허허……."

늙은 농부는 또 너털웃음을 헛날렸다.

비로소 합장한 모습으로 스님이 공손한 어조로 나섰다.

"노인장 어른, 소승이 바로 그 미련한 무학이라 합니다. 어르신께서 한 말씀 가르쳐 주옵소서!"

스님이 그런 태도로 나서자 원융스님은 쑥스러운 꼴로 뒤로 빠졌다.

"워, 워!"

농부는 밭갈이를 멈추었다.

"시방 새나라의 궁궐을 짓고 있다며?"

"예. 익히 아시는 바와 같습니다. 그런데 어렵고 힘 드는 일이 한두 가지가 아닌지라, 상감마마는 물론 모든 대소신료들이 밤잠을 설칠 지경이옵니다."

"허허허……, 그럴 게야. 암, 미련한 짓거리들을 하고있으니……."

농부의 시선은 여전 먼 허공 속에 파묻혀 있었다. 흡사 미련하기 짝이 없는 너희들을 대하기조차 싫다는 자세였다.

"어르신, 그러니 앞으로 어찌했으면 좋겠습니까? 미련한 저희들로서는 아무런 계책을 세울 수가 없음입니다."

그러자 늙은 농부는 무학스님의 얼굴을 직시했다. 그의 시선에는
파란 불꽃이 어려있는 듯했다.

"들어보고 싶어?"

"네. 어르신!"

"음······."

농부는 큰소리로 신음을 한번 토한 후에 말머리를 다시 잡았다.

"······내가 보기에는 그래. 어쨌거나 명당터를 그런대로 잡기는 잡
았는데······, 아뿔싸, 한 가지를 놓친 게 있어. 그래 가지고서야 안
되지, 암. 안 되고말고······, 될 리가 없어요!"

"한 가지 놓친 게 뭣이란 말씀입니까, 어르신?"

"그러니까 궁궐터를 잡으려면 큰 눈으로 봐야지······, 그렇게들 보
지를 못하는 게야! 바둑판의 한쪽 말만 바라보고 대국을 해서는 아
니되는 게야······."

"큰 눈으로 보시면요, 어르신?"

"한양 터전이 원래는 '비학형(飛鶴形)' 형국이라네."

"비학형?"

"날아갈 비(飛), 학 학(鶴)! 한양은 훨훨 날아가는 백학의 몰골이
란 말이지."

"날아가는 백학?"

"암, 하얀 백학이 날개를 활짝 펴고······, 허허허. 대사가 지금 당
장 저 남산 위에 올라가서 궁궐터를 한번 바라보시게나. 새 궁궐 뒷
산도 흡사 백학이 날개를 펴고 있는 형상일 걸세. 그리고 지금 역사
중인 그 대궐터는 바로 학의 등허리 쪽에 해당될 걸세."

"학의 등허리란 말씀입니까?"

"암, 백학의 등허리고말고. 그러니 생각을 해보시게. 얼마나 미련 스런 짓들을 해왔는지……. 백학의 등허리에다 새 집을 지으려면 당장 무슨 일부터 해야 하겠는가? 우선 학의 두 날개를 붙잡아서 꽈악 눌러 줘야 할 게 아니냐구. 마구 퍼덕이는 두 날개를 그냥 두고서 그 등허리 위에다 무슨 집을 지을 수가 있느냔 말이지. 쯧쯧쯧, 그러니 늙은이가 미련한 무학이라고 말을 않게 되었냐고……."

아, 드디어 스님의 정신이 번쩍 들었고, 눈앞이 활짝 열리는 것이었다. 길을 잃고 첩첩 산 속을 혼자 헤매이다가 가까스로 길을 찾아낸 듯한 기분에 휩싸였다.

물론 스님은 그 농부가 여느 농부가 아니라는 사실을 이미 깨닫고 있었다. 그 농부야말로 어느 보살님의 현신이었던 것이다.

그러나 무학스님은 침착함을 잃지 않으려 노력했다. 언제 어디서나 이내 뜻대로 만날 수 있는 기회가 아님을 너무 잘 알고 있는 스님이었기 때문이었다.

12. 비학을 붙잡고

"음매애……."
늙은 암소가 긴 울음을 토해냈다.
스님의 마음이 바빠졌다.
"그렇다면 그 백학의 날개를 어찌 했으면 좋습니까, 어르신?"
"그놈의 두 날개를 부러뜨려 버리죠 뭐!"
원융스님도 다급한 마음에서 불쑥 나섰다.
"저런 어리석은 것. 이놈아, 날개를 부러뜨리면 백학이 병신되는
데? 허허허……."
늙은 농부는 기가 막히다는 듯 웃기만 했다.
"이놈, 원융아!"
스님이 원융스님에게 눈을 부라려 함부로 나서지 말란 명을 내렸

다.

"예. 큰스님!"

원융스님이 몸을 움츠렸다. 그로서도 입방정이 늘 말썽이란 사실을 잘 알고 있었다.

농부가 감기 뒤끝에 남은 듯한 기침을 토해냈다.

"쿡 쿡 쿡……. 아이고 이놈의 기침 몹서리난다."

"나무관세음보살!"

스님은 염불로써 다급한 자신의 마음을 진정시켰다.

농부가 다시 입을 열었다.

"……아까도 말했다시피 한양은 학이 날개를 펼치고 있는 비학형 형국이라네. 그리고 지금 공사중인 그 궁궐 자리는 학의 등 부분에 해당되고……, 그러니 백학 등허리에다 기둥을 세워 놓고 보면, 그 학이란 놈이 날개짓을 해서 훌훌 털어버리기 일쑤라네. 그러니 기둥이고 초석이고 무너져 내릴밖에……."

"인제 이해가 갑니다, 어르신. 그렇다면 먼저 날개쪽을 눌러 놓고 나서 초석과 기둥 그리고 초주를 세워야 한다 이런 말씀이 아니겠습니까?"

"허허허……, 미련한 무학이도 문리가 트이는구만!"

무학스님은 다시 금방 떠오른 생각을 확인받듯 말을 이었다.

"그러니까 동서남북 사방으로 궁성을 앞서 쌓아 놓고……, 다시 말하자면 네 귀퉁이에 담장을 먼저 치고 나서 초주공사를 시작하는 게 사리에 맞는 일이다 그런 말씀이 아니신지요? 그 백학이란 놈이 두 날개짓을 못하게끔 바싹 조여매서 붙들어 눌러놓고서……."

"허허허……, 늙은이는 밭이나 갈아야겠구만……. 이랴, 어서 가자,

이놈의 검정소야!"

농부는 왼손으로 쟁기를 잡고, 오른손으로 쇠고삐를 잡으면서 밭갈이에 임했다.

"어르신, 감사합니다. 미련한 무학이가 이제서야 눈을 뜬 것 같습니다요. 관세음보살!"

스님을 뒤따라 원융스님도 농부를 향해 합장배례를 했다.

푸르고 빈 하늘 아래 우루루 산바람이 소나무 잎새와 풀잎들을 스치고 지나가기 시작했다.

"가자, 남산으로……."

스님은 발길을 재촉해서 손수 남산으로 올라가 궁궐터를 한번 지켜보려 들었다.

"큰스님. 상감마마가 기다리고 계실 텐데요?"

"……."

원융스님의 말을 듣고 보니 또 그러했다.

"큰스님, 보십시오. 좀전의 그 농부님이 어느새 흔적도 없이 사라지고 없사옵니다."

스님이 시선을 돌려보니 실제로 그러했다. 늙은 농부와 검정 암소가 어느새 온데간데 없이 사라져 버렸으며, 빈 묵정 밭에는 소나무와 잡초만 무성했던 것이다.

따라서 스님은 원융스님의 마음을 읽을 수가 있었다.

좀전의 그 농부는 여느 농부가 아니라 어느 보살님의 현신임이 분명할 것이니, 굳이 남산에까지 올라가 확인하지 않더라도 틀림이 없을 것이라는 확신.

그렇다 해도 스님은 꼭 한번 남산에 올라가 직접 두 눈으로 궁궐터를 바라보고 싶었다.

늙은 농부로 나타난 그 보살님 말을 의심해서가 아니라, 스님은 스스로 자신의 어리석음을 확인하고 싶었던 것이다.

"가자."

무학스님은 부리나케 궁궐터로 들어갔다.

짐작했던 대로 이성계가 먹구름 잔뜩 낀 얼굴로 공사현장에 서 있었다. 그의 주위에는 대소신료들이 늘어서 있었지만 그 누구도 무슨 말을 하려 들지 않았다.

"오, 왕사어르신! 이 무슨 해괴한 일이란 말이오?"

이성계는 허물어져 내려 앉은 공사장을 가리키며 낭패한 어조로 입을 열었다.

"전하, 빈도에게 조금만 시간을 더 주시옵소서."

스님이 이렇게 말하자 이성계는 말할 것 없고 그 주위에 서 있던 다른 신료들도 스님을 향해 기대에 찬 시선을 던졌다.

"시간을 달라니요?"

"빈도가 오늘 밤까지는 알아낼 듯하옵니다. 이 빈도의 무지를……."

"왕사어르신의 무지라니?"

이성계는 몹시 궁금한 모양이었다.

"전하, 오늘 밤 안으로 빈도가 자초지종을 소상히 밝혀 드리겠사옵니다."

"그럼, 그렇게 하시구료."

이성계의 승낙을 얻기 바쁘게, 스님은 원융스님을 데리고 남산 꼭대기로 올라갔다. 원융스님이 뒤따르기가 힘겨울이만큼 스님의 발걸음은 가볍고 활기에 차 있었다. 미로를 헤매이는 발걸음은 더디고 힘겨운 법이지만 이미 방향을 알고 있는 길이기에 지칠 까닭조차 없는 것이었다.

남산의 정상에 오른 스님은 좀전에 농부가 들려준 말을 되새기면서 궁궐터를 내려다보고 그 궁궐터 뒤의 산맥들을 바라다보았다.

과연 북악은 학의 두 날개로 펼쳐져 있는 듯했고, 모악산이 학의 오른쪽 날개로 이어져 있었다.

"큰스님. 어떻게 보아야 저 궁궐터가 학의 등허리로 보인다는 말씀이십니까?"

원융스님이 자신도 들은 바 있다는 듯이 스님에게 이렇게 물었다.

"이놈아, 그걸 내가 알았더라면 미련한 무학이라고 불렸겠느냐?"

스님은 일부러 원융스님의 물음에 대답을 회피했다. 섣부른 무당이 사람 잡는다는 말이 있으니 원융스님에게 단편적인 풍수관계 이론을 들려주어서 그를 혼란시키는 짓만은 하고 싶지가 않아서였다.

그날 밤 스님은 이성계에게 낮에 일어났던 모든 이야기를 고했다.

"그렇다면 사방으로 담장부터 먼저 쌓은 다음에 궁궐을 지어야 한단 말씀이구료?"

이성계는 스님의 이야기를 고스란히 수용하려 들었다.

"전하께서 그 늙은 농부님 말씀을 믿으신다면 그렇게 해야겠습니다만……."

"허허허……, 지금 과인이 믿을 말씀이란 것이 그밖에 없지를 않소? 그러고 어차피 궁궐 담장은 쌓아야 하는 일이니……."

물론 위의 이야기는 무악재가 간직한 전설 속에 나오는 무학스님 관련 내용이다. 후세 사람들은 위의 전설이 과연 사실이냐 아니냐를

따지기보다 궁궐을 짓는 대역사란 실로 어려운 난공사였다는 사실
과 무학스님이 궁궐 공사로 인해 많은 고생을 했다는 것만은 틀림없
는 사실로 받아들여야 할 것 같다.

좀더 미루어 짐작하자면 이성계는 몸소 나아가 공사를 독려하면
서 공기를 앞당겨 주기를 바랐을 테고, 이왕 새로 짓는 대궐이기에
최대한 욕심을 부리는 대역사를 강행하려 했을 테니 공사 도중에 이
런저런 사고가 발생할 수도 있었으리라.

1395년 태조 4년 을해 9월.

마침내 이성계는 열성조를 받들어 모시는 대묘와 새 대궐 경복궁
의 낙성을 보게 되었고, 같은 해 윤 9월에는 '도성조축도감'을 설치,
주산 북악산으로부터 서쪽의 인왕산, 남쪽의 남산, 동쪽의 낙산을 연
결하는 도성을 쌓기 시작하여 불과 1년 만에 그 축성을 완료하였다.

도성의 높이는 대개 12미터 정도로 하고 성곽 둘레에는 남대문인
숭례문을 비롯하여 4대문과 4소문을 세워서 사통팔달의 길을 뚫리게
했다.

도성을 쌓을 때의 일이었다.

어느 날 밤에 큰 눈이 내렸는데, 이튿날 아침 깨어서 살펴보니 흰
눈이 사방으로 하나의 선을 그어 놓다시피 했다. 그런데 그 눈선을
따라서 바깥 쪽에는 눈이 하얗게 쌓여 있었으나 그 안쪽에는 흰눈이
전혀 없었다.

그러므로 이성계는 그 현상을 기이하게 여겨 그런 조화는 필시
하늘이 내린 천계라 확신하고 그 눈선을 따라서 도성을 쌓았다고 한
다.

18세기의 실학자 청담 이중환이 지은 '택리지(擇里志)'에 실려서

전해 오는 내용이다.

다른 한편 이성계는 제반 문물과 제도를 야멸차게 정비하면서 굳건한 새 왕조의 기틀 마련에 주력했다.

그로서는 일반 백성들에게 고려왕조와는 판이한 새로운 세상이 도래했음을 알려야 한다는 당위성을 놓칠 수가 없었다.

그리하여 백성들의 가슴 저 밑바닥에 남아있는 고려왕조에 대한 향수심을 하루 빨리 불식시켜야 했던 것이다.

무학스님은 양주 회암사에 내려와 있었다. 그로서는 그야말로 특별한 일이 없으면 이성계 곁에 얼씬거리고 싶지 않았다.

이성계의 마음이야 어떻든간에 그의 주위를 에워싸고 있는 대소 신료들은 모두가 유학을 숭상하는 선비들이니, 그들의 눈에 스님이란 신분이 결코 곱게 보일 리 없다는 것을 그 자신이 모를 리가 없었다.

그나마 이성계가 왕사로 책봉한 적이 있어 대신들이 대놓고 스님을 비난하거나 손가락질하진 않았지만 괜히 하릴없이 태조 이성계 주위를 얼씬거리고 보면 본의 아닌 오해를 살 수도 있는 노릇이었다.

이미 조선조 초기 선비들은 스님네란 존재를 경멸하고 있었다. 궁궐 조성사업 때 전국 사찰에서 스님들을 동원해 그들의 노동력을 이용할 때도 스님들이란 머리 깎고 산중에 앉아 쓸데없는 공부나 하는 사람들이란 인식에서 비롯된 것이었다. 불교를 국교로 삼다시피 했던 고려조였다면 상상조차 할 수가 없는 수행자 모독행위였던 것이다.

"차를 드소서, 큰스님!"

원융스님은 정해진 시간에 맞춰 무학스님에게 차를 달여 올렸다.

"오냐."

그날따라 '계월헌' 웃목에는 세모시 장삼 한벌이 예쁜 보자기에 싸인 채 놓여 있었다.

그 세모시 장삼은 이성계가 하사한 것이었지만 스님은 받아만 두었을 뿐 단 한번도 입은 적이 없는 것이었다. 아니 그는 입을 엄두조차 내지 않고 있었다.

"헤헤……, 큰스님. 상감마마께서 하사하신 저 세모시 장삼 참으로 곱고 좋아 보입니다요. 올여름에 큰스님이 입으시면 시원하겠습니다요."

원융스님은 스님이 그 세모시 장삼을 입고 있는 모습이 보고 싶었다. 그래서 일삼아 운을 뗀 것이었다.

"산승인 주제에 무슨 세모시 장삼은……, 성은이 망극하고 황감하지만……."

물론 원융스님은 스님의 입장을 때로는 잘 몰라했다. 여느 스님이라면 굉장히 기뻐해야 할 일을 맞이하고서도 스님은 그저 덤덤하기만 했던 것이다.

지난 초봄에도 그런 일이 있었다.

모처럼 스님이 '능엄경 강설법회'를 연 적이 있었는데, 이성계가 소문을 듣고서는 쌀과 콩을 백칠십 석이나 보내주면서 사부대중을 기쁘게 했고, 절간 스님네들을 위해서는 따로 옷감 200필을 하사해 주었다.

그런데도 스님은 의례적인 감사의 표현만 했을 뿐 진심으로 기뻐하려 들지 않았다.

어떻게 보면 스님은 근자에 큰 근심거리를 안고 있는 것만 같기도 했고, 홀쩍 또 어디론가 운수행각이라도 떠나고 싶은 사람같이 보였다.

그럼에도 불구하고 스님에 대한 이성계의 사적인 정의(情意)와 신뢰는 자상하면서도 무척 각별한 것이었다.

태조실록 초기 기록에도 나와 있지만 이성계는 회암사에 무슨 불사가 있거나 법회가 있을 때마다 내신을 보내서 하례를 잊지 않았고, 때로는 태조 자신이 무학스님에게 손수 밥을 공양하는 반승차 절까지 행차하기도 했으며. 수시로 내신을 보내서 문안케 함과 동시에 쌀과 콩 등 먹거리와 옷베를 하사하곤 했다.

어쩌면 비정한 권력의 중심에 선 이성계로서는 저마다 권세와 사리사욕에만 혈안이 되어 있는 살벌한 현실에서, 단 한 사람 아무런 욕심과 사심이 없는 무학스님에게서만은 순수에 가까운 정을 느끼고 싶었는지도 모를 일이었다.

뿐만 아니라 이성계는 새로운 왕조의 주인공이란 사실을 피할 길 없었던 운명으로 수용했을지라도, 막상 보위에 오르고 나니 바깥에서는 상상조차 할 수 없었던 고뇌와 결단을 강요당하는 일상에 파묻혀야 했으니, 아예 일상의 모든 인연과 담을 쌓고 살아가는 무학스님과의 교우가 하나의 위안이 되었는지도 모를 일이었다.

그날도 스님은 새벽 예불을 마친 다음 '계월헌'에 혼자 앉아 있었다. 그는 대궐에서 나온 사람들이 회암사 법당을 차지하고 있거나 말거나 관심을 두지 않았을 뿐만 아니라, 굳이 세상 돌아가는 이야기를 궁금해 하지도 않았다.

스님이 꼭 알아야 될 소식 같은 건 원융스님이 조심스레 귀띔해 주곤 했다.

"저⋯⋯."

스님이 찻상을 물렸음에도 불구하고 원융스님이 우물쭈물하다 못해 입을 열려고 했다.

스님이 시선으로 '무슨 일이냐'고 물었다

"저⋯⋯, 큰스님. 대궐에서 큰 근심거리가 생겼나 보옵니다."

"큰 근심거리라니?"

"왕후마마의 병이 심상치 않은 것 같사옵니다."

"어째서?"

스님으로서는 대궐 안의 왕후라면 전의가 있는데 원융이 네가 무슨 걱정이냐는 뜻을 내비쳤다.

"보십시오, 큰스님. 상궁과 내관들이 대궐에서 나와 우리 법당에서 저렇듯 밤새껏 치병기도를 드리고 있고⋯⋯."

"⋯⋯?"

"또 나인들 말로는 한양 삼청동에 있는 소격전(昭格殿)에도 사람들이 나아가 일월성신께 초제를 올려 왕후마마의 병을 낫게 해 주십사 하는 기도를 올렸다고 했습니다. 얼마 전에는 또 진관사 스님들을 내전으로 불러 치병불사도 보았구요."

비로소 스님은 신덕왕후 강씨의 병이 예사롭지 않은 것 같다는 생각에 잠겼다.

그 순간 스님의 뇌리 속으로 번개처럼 불길한 예감이 스쳐 지나갔다. 왕세자 방석이는 나이가 너무 어리다는 마음에서 비롯된 것이었다.

"나무관세음보살⋯⋯."

스님이 염불을 하며 마음을 진정시키려는데 원융스님이 무학스님의 불길한 예감을 부풀리듯 다시 말을 이었다.

"뿐만 아니라 여러가지 해괴한 풍문들이 떠돈답니다. 얼마 전에는 큰 여우 한 마리가 나타나서 마구 울부짖기까지 했답니다요."

"여우가 울어?"

"예, 큰스님. 그러니까 큰 황소만한 누런 여우가 대낮에 북악산에서 내려와서는 내전 뜰 앞까지 들어와 흡사 곡을 하듯이 세 번이나 크게 울고 사라졌다는 소문이 파다하게 퍼졌답니다요."

"......"

바야흐로 스님의 가슴 안으로 먹구름 한뭉치가 들어와 자리잡고 있었다. 실제의 여우가 내전 뜰에 내려와서 울었거나 말거나 그러한 사실이 중요한 게 아니라, 이미 그런 괴이한 소문이 떠돌고 있다는 사실 그 자체가 의미있는 것이었다.

방원의 핏발 선 눈길이 번개처럼 나타났다 사라져갔다. 어린 방석이를 세자로 책봉한다고 했을 때 분개하던 그의 눈길이었다.

"그리구요, 큰스님. 아까 궁녀들이 저희끼리 쑥군대는 말을 들어보았는데 더욱이 해괴하기 짝이 없었습니다요. 지난달 초순께 무렵이었는데 글쎄 꼬리 달린 큰 불덩이 한 개가 내전 뒤뜰에서 불끈 솟아올라서는 밤하늘로 멀리멀리 사라졌답니다요. 아무래도 불길한 조짐이라고……, 꼬리 달린 불덩이는 그것을 본 궁녀들이 한두 사람이 아니고 수없이 많았다고 합니다요."

"요망하고 사물스런 소리 그만 하거라."

스님은 일단 원융스님의 말문부터 막았다. 더 이상의 입놀림을 하지 않아도 다 알아들었다는 뜻이었다.

사실이 그러했다.

태조 5년 여름이 가까워질 때쯤 신덕왕후 강씨가 별안간 이름도 알 수 없는 병을 얻어 몸져 눕게 되었던 것이다.

명목상의 왕비일지라도 임금은 전의를 부르는 등 해서 그녀의 치병에 애를 쓸 판인데, 신덕왕후 강씨라면 이성계가 진정으로 사랑하던 부인이었으니 그야말로 온갖 수단과 방법을 다 동원해 그녀의 병을 완쾌시키려 노력했었다.

그러나 무슨 까닭에서인지 백약이 무효였고, 전의들도 뭐라 꼬집어 병명도 대지 못한 채 우물쭈물 하기만 했다. 곳곳에다 치성을 드려 보았지만 별 효험을 보지 못하고 있었다.

'마음에서 생겨난 병이리라.'

스님은 신덕왕후의 신병 소식을 접하고 당장 이런 진단을 내릴 수가 있었다. 스님이 보았을 때 신덕왕후 강씨는 이성계의 첫번째 부인 한씨처럼 후덕하거나 베풀고자 하는 보살심을 가진 여인이 아니라 늘 무엇인가를 갈구하는 형이었고, 무슨 일에서나 집착이 강한 여인인 것 같았다.

나이 어린 아들 방석을 왕세자로 책봉한 일을 보면서도 스님은 신덕왕후의 지나친 집착을 가늠해 본 바 있었다.

이성계의 둘째부인으로써 왕세자 방석과 누이 경순공주, 무안대군 방번 등 세 자매의 어머니가 되어 있는 신덕왕후로서는 굳이 자기 뱃속으로 낳은 아들을 왕세자로 책봉하기에 앞서, 한씨부인의 소생들 중에서 왕세자를 책봉토록 했어야만 옳았다.

따라서 과욕은 언제나 병의 원인으로 작용하는 법.

하지만 무학스님으로서도 이성계에게 할 말이 있고 할 수 없는 말이 있었다.

어찌 감히 왕세자 책봉문제에 그 자신이 개입할 수 있으랴?

그런 저런 이유로 스님은 신덕왕후의 병세가 위중하다는 소식을 듣고서도 회암사를 떠나 한양으로 가려 들지 않았다.

집착이 강한 사람일수록 그 집착에서 벗어나면 죽고 마는 법. 말하자면 스님으로서는 신덕왕후에게 과욕에서 벗어나야 하며 마음속에 보살심을 품어야 자리에서 일어날 수 있다는 소리는 차마 할 수가 없는 노릇이었다.

이를 테면 이성계의 첫번째 부인 한씨는 구천을 헤매는 원혼들을 달래려고 수륙재까지 올리려 들었는데, 신덕왕후 강씨라면 법당의 부처님 전에 서기 바쁘게 왕세자 방석이가 무사히 보위에 오를 수 있도록 도와달라는 발원만 하는 여인이었으리라.

신덕왕후의 신병은 이성계를 당황하게 만들었다.

고려왕조를 무너뜨리고 새로운 조선왕조를 세울 수 있는 능력을 가졌던 이성계지만 신덕왕후의 신병 앞에서는 속수무책이었으니 기가 막힐 일이었다.

게다가 신덕왕후가 앓고 있는 병은 주위 사람들을 깜짝깜짝 놀라게 할 만큼 그 증세가 이상 야릇하기만 했다.

예를들면 예사롭게 앉아 있다가도 별안간에 가슴을 움켜쥐며 숨도 제대로 못 쉬고 헐떡거리기만 하는가 하면, 어느 때는 입에서 게거품까지 토하며 파르르 사지를 떨다가 쓰러지곤 했다.

그러니 이성계는 내전에 누워 있는 신덕왕후 곁을 떠날 수도 없는 처지에 있었다.

조금 전에도 신덕왕후는 헛소리처럼 괴상망측한 내용을 뇌까리며 한바탕 소란을 피웠다.

"어허, 무슨 놈의 허튼 소리가? 망령되이 삿된 생각들일랑 떨쳐 버리라니까……, 그저 중전은 편안한 마음으로 어서 일어날 생각이나 하시구료. 요망스런 마음일랑 품지도 말고……."

"……망극하여이다, 마마."

신덕왕후는 눈물을 뿌리며 이성계의 품에 매달렸다.

"자자, 목이 타는 모양이구료. 입술이 하얗게 타고 바싹 매말랐어요. 시원한 수정과라도 한모금 드시겠소?"

신덕왕후는 고개를 가로저으며, 또다시 눈물만 찔끔거렸다.

"마마, 신첩이 이렇게 자리 보전하고 누워 일어날 수가 없으니……, 다만 민망스럽고 서러울 뿐이옵니다."

"또 그놈의 눈물 바람. 중전은 아무 걱정 말고 몸뚱이 추스릴 생각이나해요."

아닌 게 아니라 이성계로서는 중전만 건강하다면 크게 마음 조일 일도 없을 만큼 왕조의 기틀이 어느 정도 잡혀가고 있었다.

말을 타고 드넓은 산하를 주름잡으며 청춘을 불사르던 그였기에 가끔 대궐 안에 갇혀 사는 게 답답하게 느껴지기도 했지만 어느새 대궐 안의 생활에도 점차 적응되어 가던 중이었다.

"전하, 신첩 하나 죽는 것이야 아까울 것이 없사오나……. 다만……."

"또 그놈의 말을……."

이성계는 중전이 죽는다는 말을 할 때마다 가슴이 철렁 내려앉곤 했다. 그에게 신덕왕후는 절대로 놓칠 수가 없는 여인이었다.

그의 첫번째 부인 한씨도 착하고 후덕하기야 했지만 이성계로서는 너무 어린 나이에 맞이했을 뿐만 아니라 그때는 늘 전장을 전전하던 시절이라 부부의 정을 별로 못 느끼는 상대였던 것이다.

"……다만 세자저하와 나이 어린 무안대군, 그리고 경순공주가 눈에 밟혀서 차마 두 눈을 감을 수 없음이옵니다. 못난 어미가 이렇게 어중간한 나이로 죽고 나면, 불쌍한 그 어린것들을 누가 거둘 것이며 어찌 그것들이 살아 나갈 수 있을지……."

중전은 불안과 공포에 몸을 떨었다.

그녀에게는 한씨부인의 소생들 다섯 아들이 하나 같은 공포의 대상이었으며, 특히 방원이란 정안군의 존재는 밤낮없이 그녀를 괴롭히는 구체적인 어둠의 그림자였다.

13. 여덟 왕자

"별 해괴망측한 소리를 다 지껄이는구만. 입살이 보살인 게야. 천하에 하나뿐인 왕세자를 누가 어쩐단 말이오? 과인이 시퍼렇게 살아 있는 마당에……, 그런 얼토당토 않은 요망스런 생각이랑 말라니! 중전이 몸이 좀 좋지 않으니까 마음이 약해져서 그런 것이오. 쓸데없는 망념에 사로잡히고……."

태조 이성계는 여전히 자신에 차 있었고, 아직은 아들들에게 전적으로 신뢰감을 품고 있었다.

이른바 보위 때문에 부자지간이란 천륜이나 위계질서를 무시하는 자식들이 자신의 슬하에는 없으리란 단정을 하고 있었던 것이다.

"그럴지도 모르지오, 마마. 하오나 왠지 자꾸만 불길하고 방정 맞은 생각이 떠올라서······."

중전의 애간장은 더더욱 타들었다. 방원이란 이름의 정안군이 무섭다는 말을 입에 올려야 속이 시원하겠지만 차마 그럴 수도 없었기 때문이었다.

"그래. 알았소. 알아요. 그러니까 약한 마음 먹지 말고 어서 자리 털고 일어날 생각을 해야지. 마음을 굳게 먹고 병을 이겨내란 말이오. 중전 말대로 나이 어린 방석과 방번이를 생각해서라도······."

"성은이 망극하여이다. 마마, 이 못난 신첩이 상감과 인연을 맺고 주상을 따라 모신 지 춘풍추우 오래이고 오랜 세월이었습니다. 망극하게도 성은을 입사와 딸 하나와 두 아들까지 보게 해주시고······, 상감마마, 못난 신첩이 어찌 한시인들 내 낭군을 잊은 적이 있사오리까?"

중전 강씨는 이성계의 눈물을 자아낼 요량인 듯 너무나 애틋하고 절실한 목소리를 구사했다.

이성계는 파리한 얼굴에 눈물 자국까지 나 있는 신덕왕후의 모습을 내려다보면서 무심한 세월을 곱씹어보기도 했다.

황해도 곡산에서였다.

사냥을 나갔던 이성계가 갈증을 느끼고 사방을 두리번거렸는데, 어느 동네 앞에 있는 공동 우물터를 발견했었으며, 그곳에서 물을 긷고 있는 한 처녀의 모습을 바라볼 수 있었다.

다가가 보니 처녀의 얼굴은 갸름한 미인형이었고, 이목구비도 분명한데다가 볼에서는 불그레한 홍조가 피어올라 있었다.

"미안하지만, 물 한 바가지 얻어마십시다, 낭자."

이성계가 이렇게 말하자 처녀는 가벼운 미소를 띠우며 물 한 바가지를 떠서는, 그 물 위에 우물가의 버들가지 잎새 서너 장을 뜯어서 띄운 다음 공손히 내미는 것이었다.

이성계는 목마른 사람이 갑자기 찬물이라도 꿀꺽꿀꺽 들이키다가 보면 혹 체하거나 사래가 들기라도 할까 봐서 물을 천천히 마시라는 뜻으로 나뭇잎을 띄워 주는 그 처녀의 슬기롭고 고운 마음씨를 단박에 읽을 수가 있었다.

"허허허……, 낭자는 얼굴만 고운 것이 아니라 마음씨까지 이쁘군요."

이름 모를 그 처녀의 착한 마음씨에 감동한 이성계는 그만 마음까지 동했던 것이다.

그것이 인연이 되어 이성계는 그 낭자를 맞아들여서 현재의 계비 신덕왕후가 되어 있는데, 또 어쩌다가 몹쓸 병에 걸려서 죽을 것 같다는 말까지 하고 있으니…….

아니, 이성계의 눈에도 중전 강씨는 무엇에게 쫓기는 모습으로 비쳐오기도 했다. 지금 자기 품을 파고들고 있는 중전 강씨의 모습은 포수에게 쫓기는 산토끼나 한 마리의 절박한 사슴과도 같다는 느낌을 풍겨주고 있었다.

'음…….'

이성계는 차마 기억하고 싶지않은 목소리를 떠올리고 있었다.

"그렇다면……?"

이성계는 불현듯 이지란이 들려주던 목소리를 기억해 낼 수 있었다. 연전에 새 도읍지를 찾아 무학스님과 함께 남쪽 계룡산으로 내려 갔을 적의 일이었다.

어느 날 밤에 이지란은 이성계의 장막 안에서 술을 마시던 중이

었는데, 이런저런 대화가 끝나갈 무렵 이지란이가 불쑥 내뱉는 말이
있었다.

"전하, 세자저하께서 너무 어리지 않습니까요? 아직 철이 없고 너
무 유충해서……."

하며 이지란은 이성계의 얼굴을 유심히 살피고 있었다.

"왕세자가 유충하다니?"

이성계는 더럭 화를 내듯 말을 되받았다.

그러자 흡사 꼬리 밟힌 짐승 꼴이 되어 버린 이지란은 더듬더듬
이런 말까지 했다.

"……일부 대신들도 대신들입니다만……, 아니할 말로 왕자들 사
이에서도 불만 불평이 많은 것 같습니다요, 전하!"

그러고 보면 이지란으로서도 벼르고 벼르다 가까스로 기회를 잡
아 운을 뗀 말들이었다.

"어느 누가?"

이성계의 눈에는 쌍심지가 돋아나는 듯했다. 다른 일이라면 몰라
도 세자책봉 문제에 대해서 까탈을 잡겠다는 것은 바로 왕권에 대한
도전이나 다를 바가 없었기 때문이었다.

"……하고많은 왕자들 중에서 그것도 제일 나이가 어린 막내동이
에게 왕통이 이어졌으니……."

이지란이 말끝을 흐렸지만 이성계는 금방 짚어볼 수가 있었다.

"방원이란 놈이 그따위 헛소리를 합디까?"

이성계도 느낌이 있어서 세자책봉에 대한 교서를 내리기 전에 일
삼아 방원이를 불러 당부의 말까지 한 적이 있었다.

"아아, 아닙니다, 마마. 날벼락 맞을 소리를……. 그냥 한번 드려보

는 말씀입니다요."

이지란은 잽싸게 꼬리를 뺄 수밖에 없는 입장이었다. 제삼자가 세자책봉 문제를 들고 나온다는 건 절대 금기사항이었고 자칫하다가는 목숨 부지도 어렵다는 것을 그도 모를 리가 없었다.

그럼에도 불구하고 그는 감히 금기시되어 있는 그 문제를 들고 나오기까지에는 꽤 많은 고민을 해야만 했던 것이다.

한 마디로 세자 책봉문제 앞에서 지켜본 바 있는 방원의 눈초리가 심상치 않았기 때문이었다. 그러고 만에 하나 야기될지도 모를 불상사를 미연에 방지하기 위해서라도 그는 용기를 내야만 했던 것이다.

그런데 예상했던 대로 태조 이성계의 자세는 너무나 단호했다.

"이지란 장군, 내가 확실하게 말씀하리다. 두 번 다시 그런 무엄한 소리를 입 밖에 꺼내는 자는 대역죄로 다스릴 것이오. 왕명을 어기고 종사를 문란케 하는 대역무도죄로……. 이지란 장군, 과인의 말뜻을 알아들으시겠소?"

이성계는 이지란이 심심풀이삼아 그런 이야기를 끄집어내지 않았을 줄로 능히 알고 있었다. 따라서 그는 미리 엄하게 쐐기를 박아두려 들었던 것이다. 이지란과 방원이 유별나게 친하다는 사실을 알고 있었기에 말이다.

"예. 전하, 망극하여이다."

청해부원군 이지란은 숨을 죽이고 몸을 조아리며 말았다.

중전 강씨는 여전히 무슨 생각에 빠져 있었다.

"무슨 생각을 그리 골똘히 하고 있습니까?"

"마마! 신첩 생각에는……."

"그래 중전 생각에는……?"

"아무래도 좌시중 조준대감의 말이 마음에 걸렸습니다요."

"좌시중 조준대감의 말이라면?"

"세자 책봉문제를 거론 할 때 조준대감이 이런 말씀을 했다는 소리 들었사옵니다. 장자로 세자를 책봉할 의향이 없으시면, 차라리 방원이가 어떻겠느냐 하는……, 그 말소리가 신첩의 목에 가시처럼 걸려 있사옵니다."

중전 강씨는 기어코 방원이란 이름을 입에 올렸다. 그녀로서는 점점 다가오는 죽음의 그림자 앞에서 너무나 불안하고 너무나 초조했던 것이다.

"허허……, 또 심약한 소리!"

이성계는 중전을 더욱 힘껏 보듬어 안으며, 그녀를 안심기키려 들었다.

"어느 누가 되었건 세자책봉 문제를 두 번 다시 거론하는 놈이면 가차없이 대역죄로 다스릴 게야. 자고로 세자책봉 문제는 두 번 다시 거론 못하는 법이라니! 그러니까 제발 엉뚱하고 요망스런 생각일랑 버려요!"

"전하, 신첩은 마마만 믿겠사옵니다. 신첩이 혹 죽게 되더라도……."

이성계는 중전 강씨가 미심쩍어 하는 것 같아 다시 말을 이었다.

"그리고 좌시중 조준대감이라든지 하윤대감도 그래. 왕세자를 책봉하려는 그때는 과인이 그들의 말을 경청했지만 지금은 다르단말이요. 중전도 아다시피 세자책봉 교서까지 내렸고, 지금은 만사가 기정사실이 되어있음이야. 그리고 또 오늘에 이르러서는 의안대군 방석을 따르는 대신들도 많아지질 않았겠소? 과인이 무게를 실어 주었거든. 가령 삼봉대감이라든지 의성군 남은대감이라든지……. 게다가 과인이 왕세자를 친히 돌보고 있거늘……."

이성계가 이렇게까지 이야기하자 중전의 숨소리가 다소 가라앉고 있었다. 태조 이성계의 품에 안겨있을 때만은 겨우 안심을 할 수 있었다. 그러다가 이성계가 떠나고 나면 그녀는 금방 또 무섭고 불안해 졌다.

그렇다고 이성계가 밤낮 중전만 끼고 있을 수도 없는 일.

"중전마마, 정도전대감 입시이옵니다."

때마침 내전 문 밖에서 상궁의 목소리가 들려왔다.

이성계로서는 깜짝 놀랄 일이었다.

"뭣이라고? 충의군 정도전대감이 내전까지 어떻게?"

해석하기에 따라 중전이 내전에서 조정 권력의 중심부에 서 있는 대신을 불러들인다는 사실은 예삿일이 아닐 뿐만 아니라 있을 수도 없는 일이었다. 게다가 정도전이라면 이성계가 가장 신임하는 조정 대신이 아니었던가?

"놀래지 마오소서, 전하. 신첩이 잠시 뵙자고 전갈을 보냈사옵니다."

중전이 이성계의 품에서 벗어나며 옷 매무새를 고쳤다.

"……."

결코 유쾌할 수 없는 일이었지만 이성계는 정도전을 거의 무조건적으로 믿어 왔기 때문에 별다른 내색을 하려 들지 않았다. 게다가 중전 강씨가 환후 중이었으니…….

"들라고 일러라."

중전은 서둘러 자세를 고쳐 앉으며 체통을 세우려 들었다.

이윽고 내전의 방문이 열리자 삼봉 정도전이 미소를 띠우며 들어섰다. 그는 상궁을 통해서 이성계가 내전에 머물고 있다는 사실을 알고 있는 모양이었다.

"마마, 정도전이옵니다."

"하하하……, 어서 들어와 앉으시구료."

이성계는 정도전을 반가워했다.

"상감마마 황공하옵니다. 중전마마께서 꼭 하실 말씀이 있으시다기에 들어오긴 왔사오나 상감마마가 계시는 지라……."

정도전은 내전 앞에서 상궁을 통해 이성계가 와 있다는 말을 듣고 무척이나 난처한 입장에 빠져 있었던 모양이었다.

"허허허…… 괘념치 마시오. 이렇게 잘 만났소이다."

이성계는 마치 피붙이를 맞이하듯 해 주었다.

"중전마마, 환후는 좀 어떠하신지요?"

정도전은 끓어앉으며 깎듯이 예의를 차렸다.

"괜찮습니다. 대감이 염려해 주신 덕택으로……."

"부디 엎드려 바라옵건대 하루 속히 쾌차하옵소서!"

언제부터인가 중전 강씨는 이성계 다음으로 의지하는 인물로 정도전을 손꼽아 두고 있었다. 보다 구체적인 구상으로 말한다면 왕세자 방석을 거친 풍파로부터 보호할 수 있는 바람막이로 믿으려 들었던 것이다.

"충의군 나리, 여러가지로 고맙습니다. 언제나 나는 감사하는 마음뿐입니다."

중전 강씨와 정도천은 이미 공생의 형태로 조화를 이뤘다. 정도전으로서도 왕세자의 절대적인 신임을 등에 질 수 있다면 자신의 뜻을 펼치는데 그보다 더 유리할 수 있는 언덕은 없었던 것이다.

"불초 소신이 몸 둘 바를 모르겠사옵니다. 황공하옵니다, 중전마마. 허허허……."

이성계는 중전 강씨를 안심시키기 위해 정도전의 입을 빌릴 심산이었다.

"마침 잘 오셨구료, 삼봉대감. 중전이 몸이 좋질 않고 마음이 허약해진 탓인지 곧잘 중언부언 헛소리만 하고 있어요. 괜스레 씨잘데없이 왕세자가 걱정이라느니, 또 어느 누가 걱정이라느니……, 허허허."

그러자 정도전이 기가 막히게 이성계가 바라마지 않는 말을 들려주었다.

"중전마마, 그런 하념일랑 행여 마옵소서. 종사의 만년대계를 위해 상감마마께서 정하신 일이옵니다. 어느 누가 감히 전하의 뜻을 거역할 수 있사오리까?"

신덕왕후 강씨는 자신의 죽음을 에견했는지 자신이 직접 이성계와 정도전으로부터 어린 자신들의 장래 보장을 확약받고자 했다.

물론 그녀의 진심으로서야 두려운 존재인 이방원의 죽음까지라도 확인하고 싶었겠만, 일을 그렇게까지 벌일 수는 없었으니 안타까움만 더했다.

내전에 앉은 중전이지만 어린 아들을 보위에 올리기 위해서는 조정의 세력 판도를 예의 주시해야만 했는데, 가만히 살펴본 즉 조정의 세력 판도는 크게 두 갈래로 나누어져 있었다.

한쪽은 이성계와 정도전과 왕세자 방석으로 이어지는 주류이며,

또 다른 갈래의 세력은 방원을 중심으로 한 비주류들의 결합이었다.

"마마, 성은이 망극하여이다. 전하께서 신첩 곁에 계시고 충의군 나리께서 이렇게 가까이 계시니, 마음 편안하고 무척이나 행복합니다."

중전 강씨는 오랜만에 미소까지 지어 보였다. 하기야 조선의 하늘과 땅을 소유했고, 전 조선의 하늘 높이 그 위세를 떨치고 있는 정도전과 이성계를 거느린 여인이 되어 있으니, 더는 두려울 것도 불안할 것도 따로 없었다.

"그럼, 그럼. 허허허……, 중전이 스스로 마음을 추스리고 힘을 내야지. 그래야 병이 빨리 낫는다구. 내 말 알아듣겠소, 중전?"

이렇듯 신덕왕후 앞에서는 이성계도 나약한 한 사람의 사내였다.

"알았사옵니다. 세자저하와 어린 새끼들을 위해서도 신첩이 오래오래 살아야겠지요."

"중전마마, 무슨 그런 망극하신 말씀을……, 허허허."

정도전은 비록 의원은 아니었지만 신덕왕후의 병이 홧병이라는 것쯤은 알고 있었기에 그녀에게 자신과 용기를 주기 위해 노력하고 있었다. 그러기 위해서는 적어도 중전 앞에서만은 늘 희망찬 얼굴을 보일 필요가 있었다.

"여봐라, 게 누구 없느냐?"

모처럼 신덕왕후가 위엄있는 목소리로 상궁을 불렀다.

"예, 중전마마."

상궁이 잽싸게 대답하는 목소리가 들렸다.

"여기 시원한 제호탕 더 내오고, 다른 과일도 가져오도록 해라."

"예, 마마. 곧 대령하겠사옵니다."

중전은 이성계와 정도전을 언제까지라도 자기 앞에 앉혀두고 싶어했다. 그녀의 욕심대로라면 세자 방석이가 보위에 올라 그럴 듯한 한 사람의 임금으로 행세할 때까지 그들 두 남자를 거느리고 싶었을 것이다.

그러나 삼봉 정도전은 눈치 빠른 사람이었다. 조정 중신이 중전이 거하는 내실에서 오랜 시간을 지체한다는 게 모양새 좋은 일은 절대 아니었다. 그는 잠깐 중전의 병문안만 다녀간다는 정도로써 족했던 것이다.

"중전마마. 소신 그만 일어날까 하옵니다."

"왜? 가시려고? 더 앉았다가 가시지 않고?"

이성계가 정도전을 붙잡으려 들었다. 그는 정도전이 오고 보니 신덕왕후가 기운을 차리는 듯해서 기분이 좋았던 것이다.

"아프신 몸에 너무 오래 지체한 것 같사옵니다."

정도전은 만약의 경우를 맞이하더라도 잠깐 병 문안했다는 것 이상의 오해를 빚을 일은 하고 싶지가 않았다. 그러자면 한시 바삐 그 자리를 떠나야만 했던 것이다.

"괜찮습니다, 나리."

중전 강씨가 아쉬움을 나타냈다.

"이봐요. 중전이 대감을 한사코 붙들지를 않습니까, 허허허……."

"황공하옵니다, 중전마마. 부디 어서 쾌차하소서. 소신 물러가옵니다."

정도전은 중전 강씨가 야속하게 생각하리만큼 칼같이 물러날 때를 지키려 들었다. 어차피 권력주변은 살얼음판이니 정도전이 중전이 있는 내전에 들러 얼마나 오래 긴 시간 지체했으며, 무슨 이야기가 오갔는지까지 금방 소문이 날 것을 잘 알고 있었다. 따라서 중전 강씨의 야속함 정도는 별 문제가 아니었다.

중전 강씨는 마치 떠나는 사람의 옷자락을 붙잡듯 정도전에게 애원조의 말을 남기려 들었다.

"신첩은 대감만을 믿습니다. 우리 어린것들을 모쪼록 끝까지 돌보아 주십시오. 그래야 저승에 가서도 내가 눈을 편히 감을 수가 있을 겝니다."

"중전마마, 소신 백골난망(白骨難忘)이로소이다."

삼봉 정도전으로서는 신덕왕후의 그러한 애원이 새삼스러울 것도 없었다.

어린 왕세자 방석의 책봉문제가 대두되었을 때부터 정도전은 중전의 뜻을 따랐고, 앞으로는 운명을 같이하지 않을 수 없는 입장에 처해졌기 때문이었다.

정도전과는 반대의 입장에 처한 대신으로서는 송당 조준 대감을 들 수 있었다.

그들은 함께 조선 개국의 1등공신으로서 그 어느 누구보다 이성계의 두터운 신임을 받던 신하들이었으나, 왕세자 책봉문제로 의견이 상충되면서 정치적인 운명을 달리했던 것이다.

송당 조준은 어린 방석이를 세자로 책봉하려는 이성계의 뜻에 반기를 들었다. 개국 초기에는 강력한 통치력을 가진 왕이 대를 이어 나라의 기틀을 다져야 할 뿐만 아니라, 왕위 세습의 전통은 자고로 장자 상속인데 어떻게 거꾸로 막내동이 방석이에게 보위를 물려주려 하느냐 하고 반론을 제기하면서, 여러가지 이유로 장자 상속이 어렵다면 차라리 개국공신 중의 개국공신인 방원에게 왕위를 계승

시키는 것이 낫지 않겠냐는 뜻을 분명했던 것이다.

송당 조준대감이라면 과전법을 실시하여 전제개혁을 단행함으로써 조선왕조의 경제적 토대와 기틀을 마련한 대신임에도 불구하고 이 왕세자 책봉으로 하여 그는 이성계의 눈 밖으로 밀려나고 말았다.

한편 정도전은 민심수습 차원에서 방원의 왕위 계승에 반대하는 입장을 취하려 들었다.

물론 그의 주장에는 일리도 있었고, 설득력도 있었다. 이를테면 그 당시 일반 백성들에게 이방원이란 인물은 인간 사냥꾼으로 비쳐지고 있었다.

제 아무리 쉬쉬 하려 들어도 개경의 선죽교에서 고려의 만고충절 정몽주를 격살한 장본인이야말로 이방원이란 것을 모르는 이가 없었고, 일편단심 고려에 충절을 지키려는 많은 유생들을 집단 학살한 장본인 또한 이방원이란 사실을 너무나 잘 알고 있었다.

게다가 이성계 역시 무장 출신으로서 많은 정적의 피를 흘렸던 사람이다.

그래서 태조 이성계와 삼봉 정도전은 백성들에게 다음 왕은 손 끝에 사람의 피를 적셔 본 적이 없는 인물이란 인식을 심어 주고자 들었던 것이다.

어쨌거나 이성계와 한 배를 타게 된 정도전은 새 왕조의 만년대계를 반석 위에 올려 놓기 위해 정치적으로나 사회적으로나 많은 문물의 개혁과 건설을 책임진 무소불능의 정치가로 대활약을 계속할 수 있었다.

그는 정총과 더불어 '고려사' 37권을 편찬하는 한편 '경제문감'을 저술하여 정치제도와 조직의 기본틀을 마련하고 특히 '불씨잡변' 등을 지어서 '척불숭유(斥佛崇儒)'의 국가이념을 확립하기도 했다.

그는 또 새 서울 한양의 4대문과 4소문을 만듦에 있어 음양오행설에 의한 천지팔방 풍수설과도 조화를 이루는 것으로, 남에는 숭례문(崇禮門), 동에는 흥인문(興仁門)으로 짓는 등 8문의 이름을 모두 창안하였으며, 새 대궐로 열리는 궁전들도 경복궁(慶福宮), 근정전(勤政殿), 자정전(資政殿) 등으로 명명하면서 해박한 그의 지식을 유감없이 발휘하기도 했다.

그렇다면 정도전과 이방원의 관계는 어떠했는가?

물론 그들의 역학관계(力學關係)는 정적(政敵)이었다. 그러나 그들의 인간 관계는 서로가 존경해 마지 않던 사이였다.

이방원은 정도전의 선구자적 지식과 꼿꼿한 성품, 게다가 반짝반짝 빛나는 수완에 늘 혀를 내둘렀으며, 삼봉은 삼봉대로 이방원의 신중함이나 두둑한 배포 또는 불 같은 추진력 등을 높이 평가하고 있었다.

만약 두 사람이 한뜻으로 뭉치기만 한다면, 그 당시로서는 못 이룰 게 없을 정도였다고 말할 수도 있으리라.

하지만 두 사람은 일찌감치 갈라선 상태였다.

정도전은 이성계가 띄우고 있는 배의 뱃사공 노릇을 하고 있었고, 이방원은 성 밖에 있는 사저에 웅크리고 앉아 절치부심(切齒腐心)때만 기다리는 인물이 되어 있었다.

하기야 정도전도 오르막 길이 있으면 내리막 길이 있다는 것을 잘 알고 있던 사람이었다.

그는 자신이 잡은 권세가 영원할 것이라 믿고 교만에 빠지지 않아야함도 알고 있었으며, 한때의 어려움에 처했다고 해서 절망해서는 안 된다는 사실도 알고 있었다.

이성계가 새 나라의 보위에 오르던 날이었다.

대궐 안은 축하연에 취해 있었고, 은은한 당악이 태평성대를 연주하고 있었다.

"하하하. 삼봉대감, 과인의 말을 들어보오. 오늘 내가 보위에 오른 것은 대감의 힘이요, 은공이로다. 부디 우리 의지하고 믿고 존경하면서 자손만대에 아무 변함없기를 바라는 바이오."

이성계는 이렇듯 먼저 자신의 가슴을 열어보였다.

"망극하여이다, 전하. 옛날 중국의 제환공이 포숙아에게 치국의 방도를 물었을 때 포숙아가 말하기를 '공이시여. 공은 거나라에서 어려움에 처하셨을 때를 부디 잊지 마시고, 소신 또한 함거에 실려서 어려움에 처했을 때를 잊지 않겠나이다' 하였다고 들었습니다. 전하, 그러므로 전하께서는 낙마하셨을 때를 잊지 마시고, 소신은 목에 쇠사슬이 매어져 있었을 때를 잊지 않겠나이다. 그리하면 자손만대를 기약할 수 있지 않을까 하나이다."

"옳거니, 우리가 어찌 그 시절을 잊으리오! 허허허……."

그러니까 정도전은 이성계가 말에서 떨어져 몸져 누워 있었을 때를 잊지 말았으면 했고, 자신은 고려말에 수구세력들에게 밀려서 삭탈관직당하여 멀리 귀양길에 있었을 때를 결코 잊지 않겠다는 말로써 맹세를 다짐했던 것이다.

성취의 기쁨에 도취되어 교만해지거나 안하무인격이 되고 보면, 지난 날의 모든 공과가 물거품이 되고 만다는 말이기도 했다.

14. 업보

어느 누가 말했던가?

인생살이 윤회의 강물에 던져진 하나의 나뭇잎 같은 것이라고……

그토록 집요하게 이승에서 귀한 모든 것을 얻으려고, 그토록 악착같이 버둥거리던 신덕왕후도 결국은 자신의 마음속에서 일어난 홧병을 이기지 못하고, 그해 8월 열사흘 날에 유명을 달리하고 말았다.

그녀는 그렇게 아끼고 사랑했던 10대의 두 왕자와 경순공주란 딸 하나를 삼복더위 속에 남겨둔 채, 혼자서 저 세상으로 떠나가고 말았던 것이다.

그러나 죽어가면서도 그녀는 차마 깨닫지를 못했다. 자신의 집착이란 것이 조선조 초기 대궐 속에서 얼마나 엄청나고 무서운 파괴력을 지닌 불씨가 되어 있었던가를…….

진정 그녀가 현명한 여인이라면 자신의 몸을 던져서라도 자기 몸에서 받아낸 가장 어린 왕자 방석에게 보위를 전하겠다는 헛된 꿈을 꾸지 말았었으면 좋으련만…….

그렇다. 그녀는 권력의 양면성을 모르는 여인이었다. 권력으로 비호를 받을 입장에 처해 있을 때는 권력이 꿀보다 진한 맛으로 달콤하고 향기롭지만 권력으로부터 배반을 당하는 처지가 되고 보면, 권력이란 다름아닌 피 비린내 풍기는 죽음의 사자(使者)인 것을…….

무학스님은 한결같은 마음가짐으로 회암사의 계월헌에 머물고 있었다. 그는 새로운 바깥 소식을 그리워하지도 않았다. 그는 자신이 지닌 능력의 한계를 알고 있었기에 분별력 없는 처신을 하려 들지도 않았다.

이를테면 불교를 노골적으로 배척하는 정도전과 맞붙어 불교는 널리 중흥해야 마땅할 종교라는 논지를 펴본댔자 이미 승산없는 시비란 걸 알고 있었다. 이 땅에 정착했던 불교가 그동안 뿌렸던 해악에 대한 과보를 지불해야 한다는 결론 앞에 서 있었기 때문이었다.

그리고 살아 생전의 신덕왕후에게 나아가 보살님의 마음을 가지라고 권하고도 싶었지만 그 짓 역시 부질없는 행동이 되고 말리란 결과를 알고 있었다. 부나비는 생리적으로 밝은 빛을 찾아 나아가 결국은 불꽃에 전신을 빼앗겨 타죽고 말듯이 신덕왕후 또한 실로 무거운 업보를 타고 난 여인이었다.

"큰스님, 큰스님!"

바깥에서 들리는 원융스님의 목소리에 다급함을 느끼면서 무학스님은 금방 감(感)을 잡았다.

"무엇이냐?"

"예. 대궐에서 전갈이 왔습니다요."

"왕후마마께서 세상을 떠난 게로구나."

"그렇습니다요, 큰스님."

"음……."

무학스님은 잠시 기도를 올렸다.

"큰스님, 어찌 할깝쇼?"

원융스님은 무학스님의 대답을 기다리다 못해 다그쳐물었다.

"범종각에 가서 종을 울리거라. 그리고 원무스님에게 가서 국상을 당했다는 부음도 전하고……, 나는 곧 법당으로 나아가마."

스님은 법의를 차려입고, 보광전 대법당 안으로 나아갔다. 왕후의 죽음 소식을 접한 모든 스님네들이 이미 대법당 안으로 모여들고 있었다.

범종이 슬픈 쇳소리로 울려퍼지기 시작했고, 대법당 안에서는 무학스님의 집전으로 신덕왕후의 영가천도 의식이 거행되었다.

보광전 대법당이라면 신덕왕후 강씨가 어린 딸과 두 아들을 데리고 와서 부처님을 향해 많은 발원을 하던 곳이었다. 보나마나 그녀는 그곳에서 불쌍한 중생들의 복을 빌어주거나 구천을 떠도는 원혼을 위로하는 기도를 올리는 대신, 철부지 어린 방석이가 탈없이 보위에 오를 수 있게끔 부처님의 특별한 가피력을 원하는 기도를 올렸으리라.

그러기에 부처님의 눈으로 보자면 신덕왕후 역시 불쌍하고 가련한 중생일 뿐이었으리라.

"원융아, 늙은이가 대궐로 나아가야겠구나."

보광전을 나서며 무학스님은 원융스님에게 출행 준비를 지시했다.

"소승도 따라가야 할깝쇼, 큰스님?"

원융스님으로서는 이른바 왕후의 문상을 떠나려는 스님의 뒤를 따라가야 하는지, 아니면 스님 혼자 가시게 내버려 둬야 좋을지를 알 수가 없는 노릇이었다.

"원융이는 예 있거라. 나 혼자 가마 타고 갔다 오마."

사실은 스님으로서도 별로 내키지 않는 발걸음이었다.

고려조였다면 왕사가 주가 되어 국상(國喪) 전체를 집전할 테지만 조선조의 중신들은 스님의 존재를 경원시하다 못해 무시하려 들고 있지 않은가?

게다가 보나마나 이성계는 무학스님을 만나면 맘 놓고, 자신의 슬픔을 토로할 텐데 과연 무슨 말로 그를 위로해야 좋을지 대책이 서지 않았다.

그러나 가지 않을 수도 없는 일.

스님의 예상대로 이성계는 비탄과 허탈감에 빠져서 내전 깊숙이 틀어박혀 꼼짝도 하지 않았다.

그는 중전이 운명한 그 순간부터 음식마저 전폐했다고 했다.

스님이 대궐에 당도하자, 이성계를 보살피던 홍내관이 가장 반가워하며 귀띔해 주었던 것이다.

"왕사어르신. 제발 상감마마께서 수라상을 물리치지 않게끔 좀 도와주십시오."

스님이 내전에 들어서자, 이성계는 부시시한 얼굴로 앉아 있다가 휑한 눈으로 한동안 지켜본 다음에야 상대가 무학스님이란 걸 알아보는 듯했다.

"이 어인 모습이옵니까, 전하?"

무학스님은 신덕왕후의 죽음에서 비애감을 느낀 것이 아니라, 이성계의 모습에서 애처로운 슬픔을 느낄 수가 있었다.

고려말기의 공민왕이 노국공주의 죽음을 보면서 그 충격에서 벗어나질 못해 국사를 그르친 일이 있었는데, 그의 모습을 보니 문득 그 옛날 일이 기억되기도 했다.

"전하, 그만 슬픔을 거두소서."

"……."

"전하께옵서는 만백성의 어버이시옵니다."

스님은 이성계의 두 손을 잡으며 눈물을 뿌렸다.

"알아요, 알아. 과인도 알고말고……."

"수라상을 물리치시면 아니되옵니다, 전하. 지금이야말로 전하의 참 모습을 보여 주실 때입니다. 새 나라를 일으켜 세우신 어른이옵니다. 사적인 슬픔은 안으로 삭이셔야 합니다. 아직도 전하께옵서는 만백성을 걱정하고 천 년 사직을 위해 행하실 일이 너무나 많지 않사옵니까?"

"……과인이 지지리도 복 없는 남자인가 합니다. 박덕한 인간인 게야. 대사, 내 이 꼬락서니가 무엇입니까?"

그는 넋두리를 펼치듯 했다. 그나마 스님이라도 만나고 보니 넋두리를 펼칠 수가 있었던 모양이었다.

무학스님은 이성계의 그런 모습에서 지엄한 군주의 절대고독을 엿볼 수가 있었다.

그런 것이었다.

임금을 대하는 뭇 대신들이나 만백성은 임금의 몸에는 체온이 실린 사람의 피가 돌고 있다는 사실을 인정하려 들지 않았다. 임금의 눈에는 사람의 눈물도 없는 것으로 인식하려 드는 것이었다.

"전하, 제행무상인가 하옵니다. 부디 맑은 정신을 되찾으소서. 나무관세음보살."

이성계는 다시 혼잣말처럼 중얼거렸다.

"과인이 못난 인생입니다. 이승에서 두 번씩이나 마누라를 잃어버리다니……, 필부도 이렇지는 않을진대……. 불과 5년 전에는 첫마누라가 홀연히 떠나가더니 이번엔 또 저렇게……, 또 한번 홀애비 신세라니……, 억장이 무너지고 기가 찹니다, 대사. 허허허……, 과인이 쌓은 업보가 수미산보다 높은가 봅니다. 그렇지 않고서야 어찌 이렇듯 황당한 꼴을 두 번씩이나 당해야한다는 말이오? 과인의 악업이 쌓이고 쌓였던 모양이야. 안 그렇습니까, 왕사어른?"

다행이라면 다행이었다.

이성계는 업사상(業思想)에 의지하여 자신의 슬픔을 소화하려 들고 있었다. 굳이 누구를 원망하거나 탓하기보다는 자신이 지은 악업이 원인이 되어 오늘의 슬픔을 당하는 것이라 여기고 있었으니…….

"전하!"

틈을 보아 스님이 일상의 어조로 나섰다.

"……?"

대답은 안 했지만 이성계는 시선으로 듣고 싶어했다.

"부처님이 기원정사에 계실 적 일이옵니다. 어떤 과부가 삼대독자를 잃고 비탄에 빠져서 먹지도 못하고 잠도 자지 못하고 수 많은 날을 보내다가 부처님을 찾아와 자신의 슬픔과 눈물을 호소했더랍니다. 그 여인네는 세상에 나보다 더 슬픈 여인은 없으리란 생각에서 이렇게 말씀했습지요. '세존이시여, 이 슬픔에서 벗어날 길을 불쌍한 이 여인에게 가르쳐 주십시오.' 그러자 세존께서는 미소를 지으며 이렇게 말씀하셨답니다. '가엾은 여인이여, 꼭 한 가지 방법이 있으니 내 말대로 하겠는가? 지금 곧 저 마을로 내려가서 아직까지 사람이 죽어나간 적이 없는 일곱 집을 찾아내서 그 집에 들어가 쌀 한 웅큼씩만 얻어 오시오. 그렇게 하면 내가 그대의 슬픔에서 벗어나는 길을 가르쳐 드리리다.'"

화답은 없었지만 이성게는 조용히 귀 기울이고 있었다.

"전하, 그 다음 이야기가 궁금하십니까?"

"……?"

"3대독자를 잃은 그 여인은 마을로 내려갔습니다. 그런데 불행히도 그 여인은 아직까지 사람이 죽어나간 적이 없는 집을 찾아낼 수가 없었습니다. 해서 쌀 한 톨도 얻을 수 없었던 것입니다. 며칠 뒤에 그 여인은 맥이 빠져서 다시 부처님 앞에 나타났습지요. 그러자 부처님께서는 여인에게 가만히 물어보셨습니다. '세상에서 가장 불행하고 슬프다고 생각했던 여인이여, 과연 사람이 죽어나간 적이 없는 집이 어디에 있던가요?'"

스님은 그 부분에서 이야기를 뚝 끊었다.

물론 이성계는 그 여인이 깨달은 바가 무엇이란 것을 금방 알 수 있었고, 스님이 들려주려 했던 이야기가 무엇이란 것도 즉시 알 수 있었다.

세상 사람들은 다른 사람이 두 팔을 잃은 모습을 지켜보면서는 예사롭다가도, 자기 손가락에 티끌같은 가시 하나만 박히고 보면 온통 세상이 고통의 연속인양 생각하고자 하는 것이었다.

스님은 이성계를 하직하고 신덕왕후 빈소에 들러 향을 사룬 다음, 잠시 그녀의 명복을 빌어주고 곧장 회암사로 향했다.

정안군 이방원측에서 그가 입궐했다는 소문을 듣고, 사람을 보내 조용히 만나뵙기를 청했으나 무학스님은 피곤하다는 이유를 들어 정중하게 그 청을 물리쳤다.

내년이면 칠순이 되는 노승으로서 가까이 해도 좋을 사람 멀리 해야 좋을 사람 분별 못할 스님이 아니었다.

정확히 언제부터인지는 모르지만 스님의 마음속에 자리잡고 있는 정안군 이방원은 '언젠가는 큰일을 저지를 사람'이었다.

정안군 이방원에게 왕위계승 어쩌고 하는 주장을 하다가 송당 조준 대감이 밀려나고, 정도전이 어린 방석이를 왕세자로 책봉하는데 앞장섰다는 소문을 접하고서부터 스님은 조정대신들이나 왕가의 대군들을 만나기가 두려워졌던 것이다.

그러고 보면 이성계가 스님에게 세자책봉 문제를 상의하려 들지 않았기에 망정이었다.

그 문제는 '전하께서 정하실 일이란' 말로 한발짝 물러설 수는 있겠지만 그런 태도는 예의에 어긋나는 일이고 불가불 방석의 편에 들거나 그 반대편에 서야 할 입장을 만나게 될 뻔했던 것이다.

중전의 죽음으로 인한 이성계의 슬픈 얼굴을 대한 얼마 뒤 무학스님은 또 하나의 비보를 접했다.

하얀 서리가 내리던 어느 가을날이었다.

그것은 다름아닌 목은 이색의 죽음이었다.

물론 이색은 비명횡사를 한 것도 아니고, 젊은 나이에 요절한 것도 아니었지만, 그의 부음을 듣는 순간 스님은 가슴속 한켠이 뻥 뚫리는 듯한 서러움에 휩싸이기도 했다.

"먼저 가서 기다리시게나, 목은아우님."

이색의 부음을 접하고서 스님은 눈가에 어리는 눈물을 찍어내며 마음속으로 이렇게 속삭이듯 했다.

그리고 스님은 이색의 장례식에 참석하는 대신 법당에 나아가 진심으로 그의 명복을 빌고 또 빌어주었다.

생사일여(生死一如)라는 말이 불교적 절대 진리라, 죽음을 대하면서 새삼 허무감에 빠져 울고불고 할 필요는 없다고 하더라도 친했던 친구를 이별함이 어찌 서럽지 않을 수 있겠는가?

다시 말하자면 비록 법의를 걸친 스님일지라도 슬픔만은 여느 사람들과 별반 다를 바 없는데, 드러내놓고 나타낼 수도 없는 처지라 이색의 장례식에는 나아가질 않은 것이었다.

스님이 슬픔에 젖어 있어도 세월은 계속 흘렀다

어느덧 또 한 해가 바뀌어 태조 6년을 맞은 것이다.

그해가 무학스님으로서는 고희를 맞이하는 해이기도 했다. 물론 불가에 귀의해서 살고 있는 스님이기에 고희를 맞았다고 해서 별난 의미를 새기려들 그도 아니었다.

시자승 원융스님만이 '금년이면 우리 스님의 고희이신데……' 하는 생각을 품고 있었을 뿐.

그러던 어느 날 원융스님은 적당한 때를 만났다고 생각하고 스님에게 넌즈시 운을 뗐다가 도리어 혼만 나고 말았다.

"큰스님? 올해로 큰스님께서는 고희를 맞이하시는데……."

"이놈아, 스님네는 법랍으로 따지는 게지……."

스님은 원융스님에게 입도 뻥끗하지 말라는 식으로 핀잔을 주었던 것이다.

실제로 스님은 번잡스러운 것이 싫었다. 올해가 무학스님의 고희라네 하는 소문이라도 나는 날엔 당장 회암사 스님대중이 가만히 있으려 들지 않을 것이고, 그렇게 되면 신도들도 덩달아 와자지껄 법문을 원하네 법회를 열어줬으면 하는 등으로 소란을 피워댈 게 너무 뻔했다. 또 그런 소문은 당장 이성계의 귀에 들어가게 될 것이고…….

그러나 무학스님의 뜻은 스님의 뜻이었고, 이성계의 뜻은 이성계의 뜻이었다.

스님으로서는 천만 뜻밖의 소식을 대궐로부터 들었던 것이다.

그러니까 이성계는 모든 것을 익히 알고 있었다는 듯 왕사의 고희를 기념하는 '수탑(壽塔)'을 회암사의 북쪽 언덕배기에 봉안토록 어명을 내렸던 것이다.

참으로 놀라운 발상이었다.

이성계는 무학왕사의 건강을 기원하는 당신의 마음을 아예 석탑으로 세겨 세우고자 했던 것이다.

"오, 무슨 그런 황공스럽고 과람하신 분부를……."

무학스님으로서는 자기를 향해 있는 이성계의 뜨거운 마음이 너무나 놀랍고 감격스러울 지경이었다.

"헤헤헤……, 큰스님. 소승놈은 한량없이 기쁩니다요. 상감마마의 하해 같으신 은공과 따뜻하신 정리……, 이 얼마나 고맙습니까요?"

"그래. 그래서 이렇게 눈물이 나는구나. 변치않는 마음 또한 불심이거늘……, 여느 사람의 마음이란 것이 그렇지 아니하냐? 곤경에 처했을 때 만난 사람들이 그 곤경에서 벗어나면 그만이기 일쑤인

데……, 위만 쳐다보고 사는 사람들은 그때그때 필요할 적마다 자기
네 이익만을 위해 찾아와서 이용하고는 마치 휴지조각 버리듯 해버
리기 십상인데 말이야……."
 "큰스님, 차가 식어가니다요. 어서 드소서."
 "오냐, 오냐."
 계월헌 바깥에서 꽃샘바람 소리가 들려오고 있었다.
 "오, 꽃샘바람이 일고 있구나."
 "그렇지만 며칠 전에 비까지 내렸으니, 머잖아 살구꽃, 복숭아꽃이
활짝 피어나겠습니다요."
 "그렇고말고. 허허허……."
 무학스님은 모처럼 봄 기운을 가슴속으로 느끼며 차향을 즐겼다
 "이럴 때 한산군어른께서 살아계셨더라면……, 생각하니 슬프고
또한 눈물이 납니다요. 전하께서 큰스님 수탑을 세우신다면 목은선
생께서는 틀림없이 찾아오셔서 한바탕 큰스님과 장난 말씀을 나누
셨을 텐데……."
 무심코 원융스님이 이색을 회상시켜 주자, 스님 귓가에는 금방 이
색의 다정한 목소리가 쟁쟁하게 들려왔다.
 "허허허……. 오냐, 수탑까지 세웠으니, 몸 건강하게 오래오래 한
오백 년만 더 살아보거라."
 이색이 살아있다면 틀림없이 그런 식의 농을 건넸으리라.
 "무심한 인생인 게야."
 스님은 불현듯 이색에 대한 그리움에 사무쳤다.
 "목은선생께서는 큰스님보다 한 해가 밑이시니까, 내년쯤에야 고
희를 맞이하실 수가 있었는데……."

무학스님과 달리 원융스님과 이색은 또 어떤 정담을 나눴을지 몰라도 원융스님 또한 이색을 그리워하는 애달픔을 갖고 있었다.

"음……. 내가 토끼띠이고, 목은공은 용띠였어. 제행무상인 게야……."

스님이 사르르 두 눈을 내려감았다.

스님과 이색이 개경의 송악산 아래 자하동 골짜기 어느 정자에서 만나고 있었다.

사위를 에워싼 산천은 흰눈이 하얗게 덮여 있었으며고, 이색은 감기 뒤끝의 기침을 토해대고 있었다.

마주 바라다보이는 산비탈 눈구덩이 속에 노루 한 마리가 빠져 있기도 했다.

백설이 자자진 골에 구름이 머흘레라

반가운 매화는 어느 곳에 피웠는고

석양에 홀로 서서 갈 곳 몰라 하노라.

이색이 서글픈 어조로 이런 시조 한 수를 읊고 있었다. 때는 이성계가 등극했던 그 해 겨울이었다.

스님은 이색에게 8년 동안이나 꽁꽁 숨겨왔던 설봉산 토굴에서의 이성계 장군을 만났던 이야기며, '서까래의 왕(王)자' 꿈 해석 이야기도 들려주었다.

"이런 도둑놈 같은 음흉한 늙은이를 봤나?"

이색은 소스라치게 놀래며 이런 말도 했다.

스님은 고개를 설레설레 저었다.

다정했던 과거사를 추억해 보는 것이란 일종의 고통이었다.

"……그러니까 작년 한 해 동안 큰스님께서는 마음 아프신 일을 많이도 겪었습니다요. 가만히 돌이켜보면……."

"그런 것 같구나."

"전하의 계비 신덕왕후께서 병으로 세상을 하직하셨고……, 목은 선생께서도 노환으로 돌아가시고……."

"나무관세음보살."

어인 일로 이 날따라 원융스님은 작정을 하고 스님의 말벗이 될 요량이었는지 좀처럼 자리를 떠나지 않았다.

바깥에선 또 꽃샘바람이 심하게 나뭇가지를 흔드는 모양이었다.

"저……, 큰스님."

역시 원융스님은 무언가 할말이 남아 있었던 것이다.

"말해 보거라."

"요즘 떠돌아다니는 낭설에 의하자면, 여러가지 해괴한 말들이 너무나 많습니다요."

"……낭설이라고?"

"어떤 유명한 점장이에 의하면 이렇게 예언을 했노라고 합니다요. 글쎄, 나랏님의 여러 왕자들 중에서는 '천명을 타고난 왕자님이 한둘이 아니고 여러 사람이다' 라고요."

무학스님이 두 눈을 치켜떴다.

점장이가 지어낸 말이거나 아니면 누가 일부러 퍼뜨린 유언비어이건 간에, 왕자들 중에서 천명을 타고난 왕자가 하나 둘이 아니라는 말은 그런 뜬소문 자체만으로도 이미 예삿일이 아니었던 것이다.

"천명을 타고난 왕자?"

스님은 짐짓 무슨 말인지 모르겠다는 표정을 지었다.

"예. 하늘의 명을 받은 '천명(天命)' 말씀입니다요. 천명이란 말이 무슨 뜻이겠습니까요? 결국은 군왕이 된다는 것 아닙니까? 지금의 나이 어린 왕세자 방석대군도 임금이 되고 또 다른 왕자들……, 셋째, 넷째, 다섯째 등등 여러 명의 다른 왕자들이 번갈아 보위에 오른다는 말씀이니……. 그렇게 되자면 대궐이 좀 시끄럽겠습니까요? 대궐이 온통 야단법석만 떨다가 말지 않겠느냔 말씀입니다. 너도 나도 제각각 왕 노릇을 한번씩 하겠다고 나선다면……."

듣고보니, 원융스님은 무학스님에게 전하는 이상으로 구체적이면서도 은밀하고 무서운 어떤 이야기들을 귀동냥한 모양이었다.

"시끄럽다, 사물스럽게시리……."

스님은 엄한 목소리로 원융스님의 말 막음을 하려 들었다.

"예. 큰스님. 하지만 보위를 놓고 왕자들끼리 다툼질이 있을 것이라는 개운찮은 풍문들이 쫙 깔렸습니다요. 겉으로 드러내지는 않고 있지만, 왕자들은 저마다 눈에 쌍심지를 켜고 아귀다툼을 하고 있다는 소문입니다요."

"허허, 그래두 이놈이 요망스럽게 입초사를 하고 있구나. 이놈아, 늙은이가 귀라도 씻어내고픈 심정이란다. 탐욕과 성냄과 어리석음에 활활 불타고 있는 가련하고 못난 중생들 같으니라구……."

무학스님으로서는 눈에 붉은 핏발이 서 있는 정안군 이방원이가 금새 어디선가 나타날 것만 같은 느낌에 젖어들었다.

15. 함허당

　불행하게도 대궐 안의 권력기류는 여느 사람들이 '설마'하고 눈살을 찌푸리는 그런 최악의 상황으로 치닫고 있었다.

　몸이야 비록 산사인 회암사에 앉아 있었어도, 무학스님은 눈만 감으면 한눈에 이런저런 상황을 점칠 수가 있었다.

　따지고 들자만 신덕왕후의 죽음이 그렇게 악화일로를 치닫는 계기가 되어 있었던 것이다.

　정도전 일파가 왕세자로 되어 있는 방석이를 적극 옹호하게 되자, 어미까지 잃어버린 왕세자에 대한 연민의 정에서 이성계의 신임과 편애에 가까운 애정이 자연 정도전에게 쏠릴 수밖에 없는 일이었다.

　그렇게 되자 가뜩이나 왕세자 책봉에 불만을 품고 있던 이방원 일파로서는 정도전 세력에 대한 전의를 가다듬게 되었던 것이다.

바야흐로 이방원 일파는 호시탐탐 기회만을 노리는 무서운 독수리로 변했다.

이런 상황을 알면 알수록 스님의 마음은 무겁고 어두워지기만 했다.

수천 년의 인류역사를 되돌아보건대 왕위를 둘러싼 골육상쟁보다 더 추악하고 참혹한 비극은 찾아볼 수 없는 일이었다.

왕위를 위해서라면 아비가 자식을 죽였고 자식이 아비도 죽였을 뿐만 아니라, 남편이 아내를 죽이기 일쑤였고, 아내가 남편을 죽이기도 했었다. 자고로 왕위는 절대적인 힘의 상징이었기에 승리만 하고 보면, 제 아무리 비인간적인 패륜이나 비열하고 잔인한 수단과 방법을 동원했을지라도 한순간에 정당성을 회복하는 것이었다. 그와는 반대로 제 아무리 양심적이고 합리적인 서열에 의했을지라도 왕위를 잃고 보면 그 세력은 하루 아침에 반역의 무리로 전락하면서 참혹한 최후를 감수하지 않을 수가 없게 되어 있었다.

따라서 무학스님으로서는 섣불리 이성계의 뒤를 이을 보위를 둘러싼 왕자들간의 알력과 암투 현장에 뛰어들 수가 없는 노릇이었다. 그러한 권력암투 현장의 뒤끝은 승자 아니면 패자로서만 나타나기 때문이었다.

어디 그뿐이던가? 역사는 늘 승자 편에서 기록되기에 패자가 내세우는 진실이나 도덕성이란 모조리 부정이요, 불법으로 기록되기 마련인 것.

당장 세상이 다 알고 있는 정몽주의 우국충절 또한 부득불 대역죄로 다스려지지 않았겠는가?

그렇다고 무학스님이 하찮은 목숨 부지를 위해 비겁하게 꽁무니를 빼고 있었다는 의미는 아니었다.

무학스님으로서는 조정 권력의 중심부에 나셔야 할 하등의 명분조차 찾을 수 없었다. 도데체 '억불숭유' 정책을 표방하고 있는 조선왕조에서 허울 좋은 왕사라는 직위가 무슨 대단한 위력을 발휘할 수 있었겠는가?

스님은 혼자서 몇번이나 고개를 가로저었다.

이성계에게 바깥에서 들을 수 있는 권력의 암투 현상을 곧이곧대로 전하고, 왕세자 책봉 문제를 다시 한번 더 생각해 보든가, 아니면 적어도 형제간의 골육상쟁만은 일어나지 않도록 현명한 판단과 조치를 취하는 방향으로 유도하고픈 마음도 일어나긴 했으나, 그런 방향의 생각 역시 곳곳에서 암초에 부닥치곤 했던 것이다.

성격상 이성계는 아버지의 명령이나 통치계획에 반기를 드는 자식들을 용서할 리 만무하였다. 뿐만 아니라 이미 기정사실화 되어 있는 왕세자 책봉문제를 재론한다는 그 자체만으로도 치명적인 왕권의 손상이라고 치부하지 않을 수 없었다.

상황은 점점 분명해지고 있었다.

무학스님이 손꼽아 보았을 때, 이성계의 아들들 중에서 왕세자인 방석을 제하고 보면, 보위 승계문제로 가장 억울해 할 사람은 역시 다섯째인 정안군이었다. 한씨부인의 아들로 태어난 둘째 방과나 세째 방의는 남들도 그렇게 보고 있듯이 본인들 스스로 권력에 미련을 갖지 않은 듯했다. 다섯째 이방원을 제하고 보면 넷째아들 방간이 얼마간 흑심을 품을 수 있는 위인으로 보여지긴 했으나, 그간의 활약상을 미루어볼 때 방원과는 비교가 되지 않을 젊은이였다.

그러나저러나 문제는 복잡 미묘하기 짝이 없었다. 차라리 정안군

이 이성계의 맏아들이라면 또 모를 일인데, 왕세자 책봉이 잘못되었다는 주장을 편다고 하더라도 당장 다섯째인 이방원에게 보위를 물려줌이 마땅하다는 논리를 펴기란 참으로 궁한 입장이 되어 있었다.

물론 불길한 예감과 함께 끔찍한 징조들이 눈에 띄고 있는데도 입을 다물고 두고만 보아야 하니 그 심정 답답하기 이를 데 없었다.

원융스님도 무학스님의 심사를 읽고 있었는지, 한동안은 아무런 귀띔도 해주려 들지 않았다.

그리하여 회암사에는 폭풍 전야와 같은 고요함과 적막감만이 맴돌고 있었다.

명색이 왕사인 무학스님이 입을 꾹 다물고 있는데 여타 스님들이 함부로 대궐 안 이야기를 입에 올릴 수야 없는 일이기도 했다.

봄이 되면 피어나던 하얀 찔레꽃과 철쭉꽃들이 시들면서 이제는 꽃이 아니라 푸른 잎들이 춤을 추기 시작하는 초여름 날씨가 이어지고 있었다.

고희라는 나이를 맞이하고 보니 무학스님 또한 무심코 피고지는 야생화를 보면서도 다시 한 번 이 꽃들이 피고지는 모습을 볼 수 있으려나 하는 서글픔에 곧잘 젖어들곤 하였다.

부처님 말씀따나 이 세상에 존재하는 모든 것은 아름답다면 무한히 아름다운 존재였고, 의미를 가진다면 무궁무진한 의미를 가지는 존재들이었다. 민들레 한 포기의 일생을 살펴보아도 그러하고 한 마리의 매미 일생을 두고 보아도 그러하며, 개미들이나 벌들의 살아가는 모습을 지켜보아도 그러했다.

무학스님이 회암사 경내를 천천히 거닐고 있었다. 어디선가 큰 소리가 나는 것 같아 건너다보니 원융스님이 철부지 어린아이에게 야단을 치고 있었다. 어린아이는 석탑 주위의 잔디밭에 피어난 노란 민들레꽃을 꺾다가 원융스님에게 들켜버린 모양이었다.

물론 원융스님은 그 어린아이로 하여금 다시는 꽃을 마구 꺾거나 나비를 함부로 잡아죽이지 말라는 뜻으로 일삼아 야단을 치는 중이었다.

"큰스님, 큰스님. 계월헌으로 돌아가 보소서."

한동안 무학스님을 찾아다녔는지, 원무스님이 저만큼 뒤에서 큰소리로 외쳤다.

"무슨 일인고?"

스님은 대궐에서 반갑지 않은 소식이라도 전해 온 것같아 공연스레 불안해졌다.

"낯선 젊은 스님 한 분이 큰스님을 뵙고자 찾아왔습니다만……."

"낯선 젊은 스님이라……? 알겠네."

스님은 천천히 계월헌을 향해 걸어갔다.

먼 빛으로 보아도 젊고 앳된 젊은이 한 사람이 계월헌 문 앞에 서서 두 손으로 합장한 채 다소곳이 서 있었다.

스님이 다가가자 젊은 스님은 공손히 예를 올렸다.

"소승은 법명이 기화라고 합니다."

스님은 기화라는 젊은이를 훑어보면서 무척 영특하게 생긴 물건이라는 느낌을 받을 수 있었다.

하긴 머리 깎고 먹물옷 입은 중이라면 누구나 무학스님을 천견할 수 있는 것은 아니었다. 어중이떠중이 중들을 누구나 만나겠다고 하면 스님으로서는 예불을 드리고 잠을 잘 시간도 갖지 못할 만큼 구름같이 모여들어서, 전국의 스님네가 몰려올 판이었다. 그래서 회암사까지 찾아 온 중들 거의 대부분을 원무스님이나 원융스님이 따돌려보냈던 것이었다.

스님은 말없이 계월헌으로 올라가 자리를 잡고 앉았다.

기화스님도 말없이 따라들어 와 스님을 향해 큰절을 올리기 시작했다. 그리고 그는 다소곳이 꿇어앉았다.

스님이 가만히 기화스님을 건너다보는데, 그는 우람한 바위처럼 조용히 앉아 눈을 뜨고 있었다.

침묵의 그 한순간에 스님은 젊은 스님 기화가 그릇다운 그릇이 될 싹수를 지닌 사람인지 아닌지를 탐색하는 것이었고, 기화는 기화대로 과연 큰스님이 자신을 제자로 수용할 것인지, 아니면 내치고 말 것인지 기다려봐야 하는 것이었다.

뎅그렁, 뎅그렁 하는 풍경소리만 들려왔다.

"그래, 늙은이를 찾아온 뜻은?"

스님은 퉁명스런 어조로 한 마디 툭 내뱉았다.

"큰스님께 불법을 얻고자 하옵니다."

기화스님의 목소리는 너무나 선명했다.

"불법을 누구에게서 얻어? 스스로 깨치고 또 깨쳐야지."

"……."

스님의 그 말에 기화는 아무 말도 하려 들지 않았다. 대답이 궁해서가 아니고 대답이 너무 많아서 차라리 침묵으로 대신한 것이었다. 불법은 스스로 깨치고 익혀야 한다는 말을 하고 있는 스님도 기실은 많은 선사들을 찾아다니며 불법을 구했던 사실을 기화가 모를 리 있었겠는가?

"어디서 오셨는가?"

"예. 한양성 남쪽 관악산의 의상암이란 곳에서 지난 해에 머리를 깎았사옵니다."

기화스님은 시건방을 떨지 않았다. 흔히 스님을 친견하러 오겠다는 젊은 스님들 중에서는 선(禪)이 뭔지도 모르면서 선문답을 하려드는 경우가 많았다. 그들이야말로 날개도 없으면서 허공을 날줄 알고 언덕 위에서 벼랑 아래 낭떠러지 밑으로 뛰어내리는 어리석음을 범하곤 했다. 그들은 자신들도 양팔만 벌리면 저절로 날 수 있으리란 착각 속에 잠긴 셈이었다.

"……이름이 뭐이라고?"

"예. 기화이옵니다. 몸 기자(己)에 화할 화자(和) 옳습니다. 속성은 모금도 유자(劉)성으로 충청도 중원이 탯자리이며 어미는 모방자(方)성인가 하옵니다."

"그만. 세속 인연이야 부질없는 것이고……."

"……."

기화는 다시 침묵으로 화답하고 있었다. 토를 달려고 들면 세속 인연이 부질없는 것이란 무학스님의 말씀에 기화 역시 얼마라도 반론을 제기할 수가 있었으니 말이다. 이 세상에 남은 것들 중에서 도대체 부질없는 인연이 어디 있단 말인가? 한 몸이 생명을 얻어 태어남에 있어 세속 인연을 빌지 않고 어떻게 가능하단 말인가?

"그건 그렇고……, 지금 몇 살?"

"예. 병진년 동짓달인가 하옵니다."

"병진년이라. 가만있자, 자·축·인·묘·진·사·오……. 갓 스무둘이구나. 그래, 좋은 때지. 석가세존께서는 스물아홉에 출가했으니 기화스님은 더 빨랐구만. 물불 가릴 것 없이 용맹정진할 수 있겠어."

"큰스님. 부디 가르침을 주소서. 부끄럽사옵니다."

"……."

이번에는 스님이 잠자코 있었다.

"이렇듯 큰스님을 뵙게된 게 꿈만 같사옵니다. 이 몸이 큰스님을 친견하려 가겠다니까 도반들 모두가 비웃음을 감추지 못하더이다. 어떤 도반은 이 몸이 큰스님을 친견하기만 하면 손가락에 장을 지지겠다고도 했사옵니다."

"니놈 기화가 태어난 때가 병진년이라 했것다? 그 해에 무슨 일이 일어난 줄이나 알고 있느냐?"

스님은 기화스님이 하고자 하는 말들이 씨잘데 없는 요설이란 듯이 이렇게 엉뚱한 물음을 던졌다.

"병진년이라면……, 지난 고려왕실의 32대 우왕 2년이었습니다."

"이것아, 누가 그걸 물어보았더냐?"

"……."

기화스님으로서는 눈앞이 캄캄할 노릇이었다. 우왕 2년이라면 고려왕조가 망해갈 무렵이었는데, 그 해에도 수많은 일이 일어났을 테니 도대체 스님이 원하는 대답이란 게 어떤 것인지 그로서는 도저히 감을 잡을 수가 없었던 것이다.

"허허허……, 우리 집안의 큰어르신 한 분이 바로 그 해에 입적을 하셨느니라."

그러자 기화스님은 깜짝 놀라는 표정을 지었다.

"큰스님, 부끄럽고 민망하옵니다. 소인 아무 것도 모르고 있사옵니다."

"그럴밖에 없지. 가만히 생각해 보니 병진년 바로 그 해였다. 이

늙은이의 스승이신 나옹 큰스님께서는 바로 그 해 5월달에 열반에
드셨느니라. 그러니 옛사람은 죽어가고……, 니놈 기화는 핏덩이가
되어 새 생명으로 다시금 태어나고……. 허허허."

그 순간 기화스님은 모골이 송연함을 느꼈다. 나옹선사가 떠나가
던 해에 자신이 태어났다는 사실이 결코 우연만은 아닌 것 같다는
생각이 들어서였다.

아니, 나옹선사가 떠나가던 그 해에 어찌 기화스님 한 사람만이
탄생했을 것인가? 그럼에도 불구하고 스님은 무슨 까닭으로 그 사실
을 일러주는 것이었을까?

"큰스님, 소인을 거두어 주옵소서."

"……."

수수께끼라면 수수께끼였다. 기화스님을 처음 만나 본 스님이 도
대체 무슨 까닭으로 나옹선사가 죽으면서 기화스님이 태어났다는
말씀을 일깨웠을까?

물론 그 해답은 수십 년이 흘러간 후에 나타났다. 무학스님이야말
로 기화스님을 처음 만나보고서 '이놈은 장차 큰 그릇이 될 것이란
확신'이 섰기 때문에 그런 이야기를 꺼냈던 것이다.

그리하여 그 날 스님을 찾아왔던 그 곱고 앳된 젊은이야말로 장
차 지공과 나옹, 무학 등 삼대화상의 법통을 이어갈 큰스님으로 자
리매김 되어야 할 함허당이었던 것이다.

함허득통화상은 저 유명한 '현정론'을 저술한 큰스님으로 불교이
론과 문장에 뛰어난 대교학자일 뿐만 아니라, 선정사상을 현실에 밀
착시켜서 생활화한 조선왕조 초기의 대선사로 추앙받은 인물이다.

이듬 해 봄이었으니 태조 7년이었다.

스님은 잠시 회암사를 떠나 용문사로 들어갔다. 되도록 많은 사람을 만나려 들지 않았고, 잡사에 관여하려 들지 않았지만 회암사에 머무르는 동안에는 이런저런 피치 못할 사정들로 인해 조용한 자기만의 시간을 자꾸 빼앗길 뿐아니라 번잡스럽고 피곤해지기 일쑤여서 휴식을 겸하려 들어갔던 것이다.

물론 무학스님은 거처를 옮김에 있어 태조의 윤허를 얻어야만 했다. 이성계가 스님을 찾는데 연락이 두절된다면 관련인사들이 크게 문책당할 일이어서 적어도 이성계에게만은 거처를 확실히 알려두어야 했던 것이다.

경기도 양평에 있는 용문사는 원래 무학스님과도 인연이 깊은 도량이었다.

왕사인 스님이 도착하자 용문사에서는 극진한 반가움을 표하고자 했다. 그러나 스님은 원융스님과 함께 한적한 곳에 위치한 승방 두 개만 치지하려 들면서, 아예 무학스님이 용문사에 와 있다는 소문도 나지 못도록 했다.

용문사에서도 법당에서 들리는 독경 소리를 들을 수가 있었고, 숲 속에서 새어나는 산새 소리 또한 끊이지가 않았다.

뿐만 아니라 뒷산 여기저기에는 철쭉꽃이 무더기로 피어 있었으며, 연산홍도 아름답고 소담스레 피어 있었다.

"큰스님께선 감회가 깊으시겠습니다."

자리를 정해 앉고 한숨을 돌리자, 차를 마시며 원융스님이 조용히 입을 열었다.

"이 요사체 저쪽 뒷길 저기에 있는 저 허름하고 작은 암자 보이느냐? 내가 소싯적에는 잠시 저곳에서 선정을 닦았느니라. 허허허……,

그 일이 엊그제 같은 데 벌써 50여 년 세월이 흘러갔구나. 세월은 유수 같고 날으는 화살 같다더니만 정녕코 빠르기도 하지. 어느새 내가 일흔을 넘긴 늙은이로 변해 있으니……."

스님의 주름진 얼굴에 아련한 향수가 어려 있었다. 같은 곳에 앉아 50년 세월 저편을 그리워하는 마음이었다.

"그 시절이 언제였습니까, 큰스님? 소승은 큰스님께서 저 아랫녘 전라도 송광사에서 소지선사님께 구족계를 받으신 다음으로 알고 있는데요."

"……그때쯤이었지. 젊은 내가 지리산 속에서 한 3년을 공부하다가 아무래도 안 되겠다 싶어서 절을 찾아 내려왔었으니라."

"큰스님, 지리산에서는 무슨 공부를 하셨습니까요?"

"이것저것 잡학으로 닥치는 대로 익혔지. 젊은 혈기에 욕심만 앞섰으니 집쩍집쩍 공자님의 유서도 읽어보고, 천문 지리에다 음양도 참설에 노장자 사상까지……, 그러다가 선사님을 찾아뵙고 장차 중이 될 작정이라고 했더니만……."

모든 스님들이 그러하지만 무학스님 또한 처음으로 출가를 결심하고 머리 깎았던 때를 잊지 못했다.

"무엇때문에 출가를 생각했는고?"

소지선사는 무학스님에게 대뜸 이런 질문을 던졌다.

"이것저것 모르는 것이 너무 많사옵니다. 삼라만상 우주의 진리도 까마득하고, 더구나 온갖 사물의 생사의 길은 넓고 큰데 불법 만나기는 더욱 어려우므로 진리와 도를 배우고자 합니다, 스님."

무학스님은 그 당시 꽤나 엄청난 대답을 하려 들었다. 길가에 버려진 질경이 한 잎이 지닌 생명력의 신비도 못 들여다본 주제에 삼라만상 우주의 진리 어쩌고저쩌고 했던 셈이다.

"흐음, 맹랑한 놈. 주체도 못할 놈이 엄청 큰 그릇을 원하고 있구나."

원융스님은 입가에 미소를 띄웠다.

중이 되어 보겠다고 처음 절을 찾아오는 젊은이들에게 왜 중이 되려 하느냐고 물어보면, 저마다 별별 희한한 대답들이 나오는 꼴을 많이 접했기 때문이었다.

"그래서요, 큰스님?"

"그러고 나서 얼마 아니되어 나는 송광사를 떠나 운수행각 끝에 이곳 용문사를 찾아왔었느니라. 때마침 혜명과 법장 두 국사께서 이 산에 계신다는 말을 들었거던. 가만. 내가 이런 이야기 원융이 너한테 아니했던가?"

"어렴풋이 알고는 있습니다만 또 한번 들려주소서, 큰스님!"

원융스님으로서는 스님에 관한 한 모든 것을 소상하게 알고 있어야 할 의무감에 젖어 있었다.

"그럴까? 심심파적으로……, 허허허. 어느 날 하루는 갑자기 불이 났던 게야."

"불이라뇨! 어디에서 불이 났단 말씀입니까, 큰스님? 법당 안에서요?"

"법당에서가 아니고 내가 참선 정진하고 있던 저 작은 암자에서……, 그러니까 지금의 저 암자는 다시 지어진 것이고……."

"그래서요, 큰스님?"

무학스님은 눈을 지긋이 감고 한동안 있다가 말을 이었다.

"그런데……, 나는 암자에 불이 난 사실을 까맣게 모르고 그대로 앉아 있었구나. 다른 스님네들이 불이야 하고 소리지르며 샘물을 길어다가 뿌리는 등등 야단법석으로 큰 소란이 일어났어요.”

“저런! 그러다가 큰일 날 뻔했습니다요, 큰스님.”

“큰일은 무슨 큰일. 무학이가 불에 타 죽으면 그뿐이지…….”

“예? 아니, 큰스님께서요?”

“어쨌거나 다른 사람들 말이 한쪽 벽에서는 불이 붙어 타들어가고 매운 연기가 방안 가득차는 데도 나라는 사람은 뜨거운 줄도 모르고 꼼짝달싹 하지 않은 채 그냥 눌러앉아 있더라는 게야. 그러자 다른 스님네들이 놀래서 부랴부랴 불 속에서 나를 끄집어냈다는 게야.”

“아, 큰스님께서는 그때 선정에 들어 계셨군요. 그러니까 차고 뜨거운 줄도 모르시고……, 시커먼 연기에 숨 막히는 줄도 모르시고, 철석같은 부동의 자세로말씀입니다.. 마치 태풍 속에서도 까딱하지 않는 바위처럼 부동심에서…….”

“부동심? 허허허. 나 또한 알 수도 없고 자신할 수가 없는 일.”

“왜요, 큰스님?”

“나중에 함께 정진하고 있던 도반들이 그렇게 말하더란다. 젊은 무학이는 암자에 불이 났는데도 마치 나무인형처럼 부동심이었노라고…….”

“큰스님, 역시 놀랍습니다요!”

“하지만, 원융아? 지금도 이 늙은이는 그때 일을 자신할 수가 없단다.”

“무슨 뜻입니까요, 큰스님?”

“들어보겠느냐? 늙은이가 부처님께 의지하고 니놈한테 고백할 테니……, 그때에 참으로 내가 선정삼매에 빠져서 그러했는지, 아니면 바보 멍청이가 돼서 그랬는지, 그것도 아니면 실상은 젊은 내가 졸음을 이기지 못해서 깜빡 잠 귀신에게 홀려 있었는지를 자세히 알 수가 없음이야, 지금까지……. 오늘날 돌이켜 생각해 봐도, 늙은이 내가 참된 나를 모르고 그것이 무엇인지를 모른다니……, 나무관세음보살."

그때 저 산등성이 푸른 하늘가에는 한 조각 흰구름이 떠다니고 있었다. 무학스님은 무심한 얼굴로 그 흰구름을 망연히 바라보고 있었다.

원융스님은 열린 문틈으로 흰구름을 바라보는 스님의 그런 얼굴이 흰 구름을 닮았다는 생각을 했다. 아무런 마음도 없이 흘러가고 아무런 걸림도 없이 흘러가는 흰구름처럼 스님 역시 먹은 마음 없이 살아가고 아무런 미련없이 죽음을 기다리고 있잖은가?

'도란 알고 모르는 데 있지 않느니라. 안다고 할지라도 그것은 망상이고 모른다 할지라도 그것은 답이 되지 않느니……, 참으로 의혹이 없는 도에 이르게 되면 마치 하늘이 활짝 개인 것같이 되리라. 그러므로 이러쿵저러쿵 일부러 따질 일이 아니니라.'

원융스님은 한일자로 입을 굳게 다물고 계신 스님으로부터 이런 묵언의 말씀을 듣고 있었다.

16. 왕자의 난

　무학스님이 용문사에서 흰구름을 벗삼고 있는 그 시간, 한양의 권력층 내부에서는 불꽃튀는 암투가 진행되고 있었다.
　방원의 사저를 향해 한 마리의 흑마가 바람처럼 달려가고 있었고, 그 말등 위에는 어금니를 불끈 깨문 이지란이 올라타고 있었다.
　"정안군나리 계시오니까?"
　방원의 사저에 도착한 이지란은 하인들의 인사에 답례마저 생략한 채 사랑방 앞으로 나아가 큰 소리로 외쳤다.
　"어서 들어오시오, 청해군나리. 그렇지 않아도 몹시 기다리고 있었습니다."
　이지란의 목소리에 반색을 하며 마루로 뛰쳐나온 이방원은 덥썩 그의 손을 잡아 끌었다.

"무얼 하고 계셨습니까?"

방 안으로 들어가며 이지란이 이렇게 인사를 던졌다.

"보시다시피 허허허……."

이방원은 교자상 위에 펼쳐 놓은 책자를 가리켰다.

자리를 정해 앉으며 이지란이 빈정거리듯 뼈있는 말을 던졌다.

"무척이나 한가하십니다, 정안군나리!"

"그럴밖에요. 지금 내가 할 일이 뭐가 있겠소?"

이방원도 자리에 앉으며 가시 숨긴 말로 화답했다.

미리 준비되어 있기나한 듯 금방 그 방으로 주안상이 들어왔다.

"근자에는 청해군나리께서 술을 즐긴신다기에……."

이방원이 이지란에게 술을 권하며 넌지시 그의 부화를 건드렸다.

"……세상 돌아가는 꼬락서니가 하도 같잖아서, 애꿎은 술만 마셔 댑니다요. 허허허……."

이지란은 연거퍼 서너 잔의 술로 목을 축였다. 물론 이방원도 묵묵히 술잔만 비우고 있었다.

두 사람은 얼마간 취기가 오르자, 이지란이 다시 걸쭉한 입담으로 대들듯 했다.

"그래, 정안군께서는 근자에 백성들 사이에 떠돌고 있는 풍설을 못 들으셨습니까?"

"풍설이라뇨?"

이방원은 짐짓 모를 일이라는 듯 두 눈을 치떴다.

"아, 어느 점장이가 예언했다는 해괴망측한 헛소리 말이외다."

"허허허. 그 헛소리라면 나도 들었습니다. 우리 왕자들 중에는 천명을 타고 난 사람이 여럿이라고 했다던가? 그런 얘기 않습니까?"

"하하하……, 나리께서도 어쩐지 귀는 열어놓고 계시는구만요."

"귀야 언제나 열려있는 것 아닙니까, 청해군나리?"

"물론입죠. 귀는 언제나 열려있는 법이니까……, 그런데 정안군께서는 이렇게 늘상 앉아만 계실 작정입니까?"

이지란은 도대체 답답해서 견딜 수가 없다는 투로 말했다.

"……누군가가 천명을 타고 났다면……, 그것을 기다릴 밖에 없는 일 아니겠습니까?"

이방원은 어금니를 깨물며 한발짝 뒤로 빠지듯 했다.

'태조 이성계의 아들들 중에서는 임금이 될 아들이 많다'라는 그 해괴한 낭설을 접했을 때, 젊은 방원의 심기는 불편하다 못해 미칠 지경이 되어 있었다. 누군가가 형제간의 우애를 갈라놓거나 부자간을 이간질하기 위한 악의에 찬 흑색비방이었기 때문이었다. 게다가 왕세자 방석의 생모였던 신덕왕후가 세상을 떠난 뒤로는 의안대군 방석을 에워싼 정도전과 남은 일파의 교만 방자한 행태가 두드러지게 눈에 띄어 그를 더욱 자극하고 분노케했다.

물론 세력 판도에서 보자면 이지란은 이방원 세력의 주축이었다.

"하하하……, 가소로운지고!"

이지란이 술 한 잔을 단숨에 죽 들이켠 다음 혼잣말처럼 내뱉았다.

"가소롭다뇨, 장군?"

"……알고 봤더니 정도전이 자기네 좌중에서도 그따위 말을 꺼냈다는군요, 무엄하게도……."

이방원의 얼굴이 금방 파랗게 질려갔다.

"무슨 말씀입니까?"

"나리께서 그 말씀 들으시면 기가 차실 것 같아 지금껏 참아왔던 것입니다."

"청해군나리, 말씀을 해야 참고말고가 있지요. 도대체 삼봉 그 어른이 무슨 말씀을 했다는 것입니까?"

"글쎄 자기네 좌중에서 '천명을 가진 왕자가 여럿이다' 하는 풍설이 나돈다는 말이 나온 모양인데, 거기까진 참을 수가 있겠습니다. 그런데 정도전 대감이 이렇게 말씀하더라는 겁니다. '하지만 뭐 걱정할 일입니까, 미리 싹을 잘라 버리면 그만일 것을!'"

이윽고 이방원의 두 주먹이 부르르 떨고 있었다. 비유하자면 정도전 일파는 방석이란 왕세자가 아닌 왕자들의 목숨은 자기네의 손바닥 안에 있다는 표현과도 같은 것이었다.

"저런 발칙하고 무엄한 위인 같으니라구. 청해군나리, 그 말씀 누구한테서 어디서 들으셨소이까? 도무지 믿기지 않아서 그럽니다."

"그만두시지오, 정안군나리. 허허허……."

"물에 물 탄 듯 웃고 넘기실 일이 절대 아닙니다, 장군나리. 시제 대궐 안에서 돌아가는 형세를 봐도 그렇지가 않습니까? 생시에 먹은 마음이란 취중에서도 나오고 꿈에서도 나오는 법 아닙니니까?"

바야흐로 한바탕 폭풍우가 몰아치려면 미리 번개가 치고 천둥부터 울어쌌기 마련이듯 조정대신들 사이에는 삼삼오오 짝을 지어 여기저기서 치열하고도 처절한 암투들을 벌이는 중이었다.

따라서 정도전 일파가 첫번째의 제거 대상으로 손꼽고 있는 인물은 바로 정안군 이방원이었다.

그리고 아직 이 편도 아니고 저 편도 아닌듯이 묘한 위장술로 치장한 제3의 기회주의자들 또한 결코 만만하게 보아 넘길 수 없는 세력권을 형성하고 있었다. 아니, 실인즉 그러한 위인들이야말로 경계 대상이기도 했다. 그들은 좀체로 속내를 드러내지 않고 있으므로 함부로 밀어붙이기도 쉽지 않았고 끌어당기기도 어렵기만 했다.

어디 그뿐이라던가? 암투가 계속되다 보면 첩자들도 많이 생겨나기 마련.

정도전이 자기네 좌중에서 했던 말을 이지란이 전해 들을 수가 있었다니, 벌써 무서운 첩보전까지 전개되고 있는 양상이 아니겠는가?

"하기사 요즈음 정도전과 남은 일파가 조정에서 날뛰고 설치는 양상이란 시속 말로 눈꼴 시어서 목불인견(目不忍見) 아닙니까요? 상감마마께서 왕세자만 감싸고 도시는 바람에 더더욱 그렇지만……."

이지란이 말끝을 흐렸다. 화근은 결국 이성계가 막내동이 어린것을 왕세자로 책봉하겠다는 판단에서 비롯된 것이지만, 감히 전하를 향해서는 불충한 말을 할 수가 없기 때문이었다.

이방원이 속앓이를 해야 하는 까닭도 바로 거기에 있었다. 자칫 잘못 하다가는 아버지이며 절대군주인 이성계에게 불충한 신하요, 아들이 될 염려가 있을 만큼 민감한 사안이라 조심에 거듭 조심을 해야만 했던 것이다.

물론 이방원도 생각을 뒤집어 보기도 했다. 이를테면 아버지인 이성계의 말에 쫓아 '막내동생 방석이가 보위에 오르고 나라를 잘 통치하도록 바람막이가 되어 준다면' 하는…….

그렇게 한다면 조정이 안정되고, 자신의 마음도 편안해질 것 같기도 했다.

그러나 권력의 속성이란 또 그렇게 단순하고 명료한 색을 띠고 있지는 않았다. 이방원이가 그런 식으로 나온다고 해서 세상사람들이 그게 그의 진심이라고 믿어줄 것 같지가 않았던 것이다. 그뿐만이 아니었다. 좋은 일에서나 궂은 일에서나 이방원을 따르고 있던 동료나 부하들이 당장 반기를 들게 뻔했고, 그래도 이방원이가 고집을 부리면 그들은 결국 하나, 둘 모두 그를 떠나고 말게 분명했다.

아니 먹물은 하얀 종이를 새까맣게 물들이듯 정도전 일파는 기어코 이방원이란 존재를 집어삼켜야 직성이 풀릴 게 뻔한 해답이었다.

"나는 정도전대감의 성품을 누구보다 잘 알고 있습니다. 그 어른의 성질로 봐서는 우리 왕자들을 충분히 해꼬지할 수도 있는 위인입니다."

이방원이 이렇듯 야무지고 모질게 나오자 이지란은 오히려 물렁해졌다.

"무슨 그런 천부당 만부당하신 말씀을……."

따지고 보면 이지란은 몸집만 비대한 것처럼 그의 마음도 다소 헤픈 셈이었다.

"아니예요, 아닙니다. 충분히 그러고도 남을 사람입니다. 그 어른은 겉보기완 달리 차갑기가 얼음장 같은 사람입니다. 목적을 위해서는 수단과 방법을 가리지 않을 성격이지요."

이지란은 설마 하는 표정으로 이방원의 말을 듣고 있었다.

"믿을 수가 없다면 내가 실례를 들어보겠습니다. 아바마마께서 보위에 오르신 직후이었습니다. 그때 포은선생이 죽음을 당하고 그의 일당으로 몰려 도은 이숭인이가 아직도 귀양살이하고 있었을 때 일입니다. 그래서 내가 삼봉어른을 만나 넌지시 운을 떼 보았습니다.

이제는 새 왕실이 들어선 마당이니 도은선생을 풀어주는 것이 좋지
않겠느냐 하구요. 그러자 정도전 삼봉대감은 미소를 머금고 생각해
보자고 말했습니다. 물론 나는 일이 내가 말한대로 풀릴 줄 알았습
니다. 그런데 나중에 알고 보니까 정도전은 은밀히 심복인 황거정을
귀양지까지 보내서 도은선생을 죽여버리고 말았습디다."

그제서야 이지란은 놀라움을 나타냈다. 그로서는 정도전의 실체가
그러할 줄 몰랐던 모양이었다.

"뿐인 줄 아십니까? 지난 공양왕 시절 '이초의 옥사사건'이 생겼
을 적 일입니다. 그 당시 목은 이색선생의 무혐의가 빤히 보이는 데
도 정도전은 그를 가장 신랄하게 탄핵하려 들었습니다. 청해군나리
도 알고 계시다시피 정도전과 목은선생은 어떤 관계입니까? 정도전
이야말로 목은선생의 제자요, 직계 문하생이 아닙니까? 따라서 정도
전어른은 일단 걸림돌로 인정되면 스승도 제자도 그리고 동료도 가
차없이 제거하는 인물이었습니다."

이지란이 머리를 끄득거렸다. 동시에 그의 마음 한구석에서는 이
른바 정치에 대한 환멸감 비슷한 느낌이 솟아나고 있었다.

이방원이 다시 말을 이었다. 그로서는 이지란의 마음을 야무지게
조여둘 필요성을 느꼈던 것이다. 언젠가 있을지도 모를 결전의 그날
에는 적으로 간주되는 인물의 목을 가차없이 베일 수 있는 적개심을
심어둬야만 했다.

"다시 말씀드리지만 정도전은 우리 왕자들을 충분히 해칠수 있는
사람입니다. 솔직히 말하자면 나는 그 어른을 어느 정도 안다고 자
부 했다가도 다시 깜짝깜짝 놀래곤 했습니다. 실로 무서운 사람이란
것만 확실하다고 할까요? 아바마마께서 저 코흘리개 방석을 세자로

책봉하려고 하실 때만 해도 그러했습니다.”

이방원은 새삼스레 이성계가 방석이를 세자로 책봉했을 때의 자초 지종을 상세히 털어놓기까지 했다.

이지란이 이미 알고 있는 이야기도 있었으나, 금시초문(今始初聞)인 이야기도 있었다. 이를테면 좌시중 조준이 상감마마게게 아뢰었던 내용은 익히 알고 있던 것이었다.

“상감마마, 신 좌시중 조준이 아뢰옵니다. 지금은 국초입니다, 마마. 새로이 나라를 세우고 새 터전을 마련해서 국기를 튼튼히 다져야 할 때인가 하옵니다. 장차 종사의 만년대계를 위해서 할 일은 태산같고 어렵고 힘드는 일이 한두 가지이겠습니까? 전하, 아뢰옵기 황공하오나 불과 10여 세 안팎의 세자저하로서는 새 나라 새 왕조에서 장차 국사를 감당하기에는 어려움이 실로 많을 줄로 사료되옵다. 상감마마, 창업을 하기는 쉬워도 그 이룬 것을 지키기란 어렵다고 하였사옵다. 곧 ‘창업은 이이나 수성은 난’이라고 했습니다. 어지럽고 혼탁한 세상을 평정하여 대업을 세우기도 쉬운 일은 아니오나 그보다 더 어렵고 어려운 일은 장차 백성을 평안케 하여 국기를 안정시키면서 오로지 교만과 방자함에 떨어지지 않고 나라를 다스리기가 더욱 더 힘들다는 뜻인가 하옵니다. 부디 통촉하소서, 마마. 신 조준이가 엎드려 바라옵나이다.”

그런데 조준대감의 이런 읍소(泣訴)가 있고 난 뒤에 이방원은 정도전을 은밀히 만났다는 것이었다. 물론 그때까지만 해도 방원은 정도전을 믿고 있었으며 그의 협조를 구하기 위해서였다.

“삼봉어른. 저 좌정승 조준대감의 말씀이 틀렸습니까? 어째서 삼봉대감께서는 뒤에서 나서 주지 않으셨습니까?”

"……."

정도전의 입가에는 미소만 머물러 있을 뿐.

"나는 그 분의 말씀이 열백 번 지당하다는 생각입니다. 지금은 모든 것이 어설프고 힘이 드는 국초입니다. 창업에 이어 수성하라는 말씀입니다. 이제 겨우 열 살 안팎의 방번이나 방석이가 세자라니 그게 될법한 일이라고 진정 생각하시는 것입니까? 코 흘리개 저들에게 대통을 잇게 하다니요? 새 왕실은 이제 겨우 걸음마 단계입니다. 비록 장성하고 영특한 왕자가 있어 그 대를 이어간다 해도 막중한 국사의 어려움을 풀기가 힘에 부칠 지경인데 하물며 철부지 어린것에게 수성과 사직의 대통을 잇다니요? 삼봉어르신, 나라 살림이 사사로운 집안 일 같은 것입니까? 차제에 어르신의 소신을 확실히 한번 말씀해 주십시오. 어르신의 뜻은 과연 어디에 있습니까?"

점잖게 말하고는 있었지만 방원의 어조에는 자연 노기와 흥분이 묻어나왔다.

이윽고 한동안 침묵 속에 잠겨 있던 정도전이 무겁게 입을 열었다.

"정안군 나리, 소신인들 어찌합니까? 상감마마의 뜻이 저렇듯 확실하신 것을……."

과연 정도전은 현명했다. 군왕 통치시대에서 '임금의 뜻을 따를 수밖에 없다'라는 말은 절대로 패하지 않을 입장에 서는 것이었다.

"내가 어의를 몰라서 드리는 말씀입니까? 어의가 비뚤어지고 잘못 된 것은 대신들이 나서서 바로잡고 말려야지요. 특히나 삼봉어른 같은 중신들이 나서서…… 그게 곧 올바른 신하의 도리가 아니겠습니까?"

"……."

방원은 잽싸게 도망치려는 듯이 어의를 빙자하는 정도전의 목덜미를 나꿔채듯 해놓고 보다 날카롭게 쏘아붙였다.

이방원의 그런 역습에 정도전은 잠시 말을 잃고 있었다.

"삼봉어른, 조준대감을 보시지 않으셨습니까? 그 어른은 국초의 어려움과 사직의 만년대계를 위해서는 분명히 '불가(不可)'라는 소신을 밝히지 않았습니까? 그런데 응당 삼봉어른도 나설 줄 알았더니만……, 어르신께서는 외면만 하고 계셨습니다. 말씀이 되는 일이오니까?"

이방원이 이렇게까지 심하게 조여들자, 정도전도 침묵만으로는 버틸 수가 없었는지 가까스로 입을 열었다.

"물론 창업수성의 어려움이 크다는 점을 모르는 바는 아닙니다. 나 또한 익히 알고도 남음이 있지요."

"그렇다면 어르신의 뜻을 어전에서 밝혀 주십시오. 시(是)는 시요, 비(非)는 비라구요."

"어흠. 역사란 게 반드시 그렇게만 흘러가는 것도 아니지 않겠습니까?"

정도전은 옹색한 논지로 얼버무리고자 했다. 하긴 그로서도 답답하기는 이방원과 마찬가지였다. 이성계의 뜻도 그러하지만 조선조 2대 임금부터는 무치(武治)가 아닌 문치(文治)시대를 열고자 하는 역사적 소명에서 왕세자 옹립계획을 세웠는데 차마 이방원에게만은 속시원히 그를 설득시키거나 납득시키기가 실로 난처한 일이었다. 말하자면 정도전은 이상을 앞세운 왕도정치를 실현하자는 편이었고, 이방원은 현실정치를 주창하는 셈이었다.

"대체 무슨 뜻입니까, 삼봉어른?"

"……가령 주나라 8백 년의 국기를 다진 주공 소공같은 현량한 삼촌들도 계시다는 말씀입니다. 유충한 어린 조카 성왕을 도와서 주나라의 태평성대를 이룩한……, 그렇다면 정안군께서도 어린 동생들을 도와줄 수도 있는 일이 아니겠습니까?"

"뭐요? 아니, 그렇다면 삼봉어른은 스스로 태공망을 자처하시겠다는 뜻입니까? 어리고 유충하기 짝이 없는 의안대군 방석이를 도와서……."

"무슨 황송하게 과람하신 말씀을……, 감히 소신 주제에 어찌 그렇게까지……, 하하하."

꽤나 오랫동안 계속된 방원의 이야기를 가만히 듣고만 있던 이지란의 얼굴색은 시시각각 불그락푸르락 변하곤 했다.

방원의 이야기가 끝나자 이지란은 골치가 지끈지끈 아프다는 듯이 다시 두어 차례 술잔을 비우며 방원의 잔에도 술을 따뤘다.

결국 방원과 정도전은 막다른 골목에서의 접전만을 남겨둔 셈이 되어 있었다.

이미 그들 양편을 놓고 시시비비를 따지기는 어렵고도 늦은 일로 되어 있었으며, 과연 어느 편이 강자여서 일방적인 승리라고 점칠 수도 없는 형국에 다다라 있었다. 정도전이 이성계의 후광을 입고 있었다면 방원은 조선조 개국의 결정적인 역할수행으로서의 공적에다가 일곱 왕자 중에서 제일 막강한 실세로 군림하고 있지 않았겠는가?

따라서 두 사람간의 접전에서 패배자는 그야말로 역사적인 비극의 주인공으로 전락할 운명에 처해 있었던 것이다. 그래서 한 치의 양보가 있을 수 없는 상황에 처해진 셈이었다.

세상사는 언제나 엎친데 덮친다고 했다. 조선조의 권력실세 내부에 이러한 암투가 전개되는 과정과 맞물려 대명(對明)외교전에서도 골치 아픈 혼선이 빚어지고 있었다.

1398년 태조 7년 무인년의 봄부터 여름 사이에 발생했던 숨가쁜 사건들이 그것이었다.

이른바 상대국(上大國)인 명나라는 조선에서 보낸 국서 즉 표문(表文)의 글이 불손하다는 트집을 잡아 사신 정총을 지난 해 가을에 붙잡아 두었다가 그를 죽게 하더니만 그 이후에도 계속해서 굴욕을 가하는 압박을 가중시키고 있었다.

그러자 이성계와 정도전 등은 명나라의 고압적인 태도에 대해 하나같이 분개하고 있었다. 특히 정도전은 자기와 함께 '고려사'를 편찬한 적도 있는 정총의 죽음에 더더욱 노기 충천하여 요동벌로 군사를 일으켜서 명나라를 칠 것을 주장하기까지 했다.

한편 그 당시 태조 이성계는 중병을 크게 앓고 있던 중이었다.

그러니까 국사에 관한 한 거의 모든 결정권을 정도전에게 맡기다시피 했던 그로서는 어찌 할 바를 몰라했다. 어지간한 내부 문제라면 눈썹 하나 까딱하지 않고 즉석에서 판단 처리하거나 아예 정도전의 주청에 수결만 하고 말 일이었으나 소국인 조선이 대국인 명나라를 치겠다는 정도전이 고집 앞에서만은 주춤하지 않을 수가 없었던 것이다.

물론 감정적으로 말하자면야 지체없이 명나라를 쳐부수고 싶은 게 이성계의 마음이기도 했고, 이왕이면 중국 대륙 전체에 조선의 깃발을 드날리며 그 위세를 천하에 드높이고 싶은 것 또한 임금으로서 마땅히 가질 만한 웅지였지만, 일이 잘못되는 경우에는 왕조의 몰락은 말할 것도 없고 조선 전체가 쑥대밭이 되고 말 것은 너무 자명한 이치였다.

이윽고 고민에 고민을 거듭하던 이성계는 신병을 앓고 있는 조준에게 입궐하라는 어명을 내렸다. 결단에 앞서 보다 많은 의견을 수렴해 보려는 뜻이었다.

그런데 왕세자 책봉문제로 정도전과 정면으로 맞섰던 조준대감으로서는 다시금 '요동출병건'에 관해서도 정도전과 정면 대결을 하고 나섰다.

"상감마마, 좌시중 조준대감 입시이옵니다."

홍내관의 보고를 받은 이성계는 엇비슷 누워 있던 옥체를 조금 더 일으켜 세웠다.

"어서 드시게 하라."

이성계가 명을 내리자 내전의 방문이 열리고 조준이 들어와 예를 올렸다.

저만큼 떨어진 곳에 앉아 있던 정도전은 잔기침을 하면서 자기도 거기 있다는 뜻을 나타냈다. 전군사의 병권까지 쥐고 있는 정도전의 세력은 하늘을 날으는 새들도 그의 눈치를 살펴야 할 만큼 위세당당하던 참이었다.

이성계를 향해 조준이 문후를 여쭙자, 이성계는 송당 조준의 신병을 걱정해 주었다.

"황공하옵니다. 소신이 불충하여 이럴 때 신병을 앓게 되었나이다."

"아, 아니오. 과인의 병도 보시다시피 말이 아니랍니다. 지금 과인이 송당어른을 부른 까닭은 다름이 아니고, 정도전대감이 주창하는 요동출병문제에 대한 좌시중 어른의 생각을 듣고 싶어서입니다."

이성계의 그런 말에 정도전이 바짝 신경을 곤두세우고 송당 조준을 지켜보기 시작했다. 이미 정도전은 요동정벌 계획에 자신의 정치 생명을 걸고 있었다.

이윽고 조준대감의 카랑카랑한 목소리가 울려퍼지기 시작했다. 얼굴에는 병색이 완연했으나 그의 목소리는 뜨거운 열기까지 느껴질 정도였다.

"전하, 소신이 아뢰옵니다. 시제 명나라의 압박과 굴욕을 온 조정이 모르는 바 아니오나 오늘날은 꾹 참고 국력을 더욱 다질 때인가 하옵니다."

정도전의 시선에 파란 불꽃이 일기 시작했다.

"전하, 지금은 국초이옵니다. 엊그제 도읍을 한양성으로 옮기고 나서 새 궁궐을 짓고 새 도성을 쌓느라 백성들이 피로하고 온나라가 힘들어 하고 있는 판세입니다. 저간의 나라 형편이 이러할진대 누구와 더불어서 군사를 일으키며 군량비를 조달할 수 있다는 말씀입니까?"

이성계는 조용히 송당 조준의 말을 경청하면서 사리에 맞는다는 뜻으로 받아들이고 있었다.

어쩌면 거기까지의 말은 정도전으로서도 충분히 짐작할 수 있는 진언이었다. 요동정벌에 반대하는 중신들이 내세우는 논지가 하나같이 그러했기 때문이었다.

그런데 송당 조준의 말은 다시 이어지고 있었다.

"전하, 소신이 가만히 살피건대 오늘의 나라 형세는 지난날 상감마마께서 '위화도 회군'의 거사를 일으키실 때보다도 더욱 어렵고 나쁜 형편이옵니다. 지금 정도전대감이 주창하는 말씀은 마치 버마재비가 굴러오는 수레바퀴를 앞발로 막아보자는 식의 어리석음과 무모함에 지나지 않는 줄로 아옵니다. 그러므로 정도전대감의 언행은 그 충정과 의욕이 도를 지나친 것이며, 다만 사세를 짐작 못하고, 교만방자함에서 나온 허세와 허언뿐인가 하옵니다."

송당 조준은 실로 무서운 말을 입에 올렸다. 그 말들은 정도전의 정수리를 쇠망치로 후려치는 격과 같은 내용이었다.

정도전은 온몸을 부들부들 떨기 시작했다. 그곳이 어전 앞이 아니라면 당장 칼부림이라도 일으켜야 성에 찰 것 같았다.

하긴 그곳이 어전이었기에 조준도 그런 말을 했던 것이다.

17. 흉변

극단적인 분노의 상태에서 마구 폭발하려는 감정을 웃음으로 바꿀 수 있는 자제력은 실로 놀라운 것이었고, 여느 사람으로서는 그런 능력을 갖기란 거의 불가능한 일이었다. 그 웃음이 본래의 의미로 전해지는 웃음이 아니라 위장된 웃음이라 할지라도 마찬가지였다.

그런데 정도전은 그럴 능력을 가진 사람이었다.

"허허허……."

이렇듯 정도전은 살벌하기 짝이 없는 자기 감정을 슬쩍 되돌린 후에 뼈있는 한 마디를 이어나갔다.

"조준대감의 말씀이 무례하고 방자하구료. 조정대신이 국사를 논하는 말씀을 어찌 그렇듯 천방지축일 수 있단 말입니까? 말씀을 삼가하시오, 조준대감. 여기는 상감마마를 받들어 모시는 어전입니다.
쯧쯧쯧."

"상감마마, 미련하고 어두운 소신의 뜻을 부디 통촉하옵소서."

이성계는 부동의 자세로 지그시 눈을 감고 있었다. 정도전의 인품
이나 능력 등은 익히 아는 바이지만 송당 조준대감의 충정 또한 놀
라웠다.

송당 조준은 죽음을 각오한 마음으로 자기 뜻을 개진한 것이었다.

어쨌거나 이성계는 어명으로 결단을 내려야만 했다.

"그만들 두시구료. 과인이 두 분 정승의 갸륵한 충성은 알고도 남
음이 있습니다. 그렇소, 나라 형세가 미치지 못합니다. 이번 일은 참
고 견디면서 사신을 또 한번 보내고 외교적으로 해결할까 합니다.
이후로는 출병이니 하는 말씀을 삼가하시기 바라오. 새 나라가 아직
은 일천한 터에 스스로 국난을 불러올 수도 없는 아닙니까?"

말하자면 이성계는 송당 조준의 손을 들어 준 것이다.

"성은이 망극하여이다."

그리하여 송당 조준과 함께 정도전은 군소리 없이 어의를 받아들
였다.

이렇게 어전에서 의기양양한 삼봉 정도전의 콧대를 꺾어버린 송
당 조준은 퇴궐하는 길로 이방원의 사저를 찾아갔다.

조정대신으로 자신의 뜻을 관철시킨 것 같아 앓고 있던 몸이 한
결 가벼워진 듯도 했다. 어쩌면 그는 하나의 국난을 평정한 기분을
느끼는 것이었다.

그렇다. 백번 천번 거듭 생각해 봐도 정도전의 '북벌론'은 무모하
기 짝이 없는 과대망상적인 계획이었다. 멀리 명나라가 대륙에 떨어

져 있었으므로 조선에서는 그들의 속사정을 속속들이 모르는 일. 게다가 명나라의 요동벌은 땅이 넓어서 단기전으로는 끝낼 수가 없을 테니 자연 장기전으로 돌입하게 될 텐데 피폐한 조선에서 무슨 수로 장기전을 수행할 군사나 전쟁물자를 동원한단 말인가?

생각만 해도 끔찍한 일이 아닐 수 없었다. 정도전은 고려조 시절 항몽 30여 년이란 쓰라린 과거를 잊은 모양 같았다. 국토가 황폐화한 것을 제하더라도 본래의 우리 핏줄이 그 얼마나 더러워졌던가?

"오, 좌시중 어른. 여러 가지로 정승어른께 감사하는 마음뿐입니다. 아프신 몸으로 이렇게 내 집까지 찾아와 주시니 송구스럽기가 짝이 없습니다."

이방원은 누구 못지 않게 송당 조준을 반가워했다.

"무슨 말씀을……. 소인의 신병이 깊어서 자주 찾아뵙지 못함이 오히려 민망하고 송구스러울 뿐입니다, 나리."

"자자, 차라도 한 잔 드시면서 이야기를 나누십시다."

송당 조준 역시 현실론자였고 방원측 사람이었다. 그러나 그는 기회주의자는 아니었다. 언제 어디서나 자기 주장이 뚜렷하고 스스로 옳다고 인정되는 일이라면 죽음을 두려워하지 않는 선비기질을 고스란히 간직한 인물이었다.

두 사람은 차를 마시면서 이런 저런 담소를 나누기 시작했다. 물론 조준으로서는 병석에 있는 이성계를 대하고 정도전 입회하에 '불벌론'에 쐐기를 박았던 일을 소상히 털어놓았다.

"허허허……, 그러니까 정도전 대감이 한껏 권세를 과시한 것입니다. 내가 그를 잘 알고 있습니다. 지금 이 나라 형편에 군병을 일으킬 수 없음은 아마 누구보다 삼봉 본인이 더 잘 알고 있을 겁니다.

그럼에도 불구하고 요동으로 출병하겠다 뭐다 주장하는 것은 필시 또다른 목적이 있는 것입니다. 다시 말하면 나라의 군권 강화를 빌미삼아 또다른 자기 속내를 채우자는 것이지요. 나는 짐작하고 있었습니다.”

이방원은 최악의 경우까지 가상해 놓고 있었다. 이성계가 요동을 치러 나갔다가 위화도에서 회군을 했듯이 정도전에게서도 충분히 그럴 수 있다는 개연성을 점쳐 보았던 것이다.

“무슨 말씀입니까, 정안군나리?”

송단 조준은 이방원이 생각하고 있었던 그런 방향에서는 아직 별다른 가정을 해본 적이 없었던 모양이었다.

“자, 보십시오, 정승나리. 나라의 군권을 강화한답시고 ‘사병제(私兵制)’를 폐지하는 바람에 시제 나한테는 칼 한 자루 손에 쥔 것이 없음입니다. 모든 창과 칼 등 온갖 무기들을 조정에 바쳤으니까요. 정승께서도 아시다시피 의성군 남은이를 시켜서 사병을 폐지한다는 명목으로 그렇게 된 것 아닙니까?”

사병제도를 폐지한다는 것. 당시 이 발상이야말로 가히 혁명적인 것이었고, 일파만파(一波萬波)의 파장을 불러일으켰던 것이었다.

원래 사병제도는 고려조부터 있어 온 전통으로 권문세도가들이 자기네의 가문이나 재산을 지키기 위해 사사로이 병사들을 훈련시키고, 양성했을 뿐만 아니라 항시 거느리고 있었던 제도이었다. 그런데 조정의 세력이 약화되고 사회기강이 문란해지면서 권세가들의 위세는 점차 누가보다 많은 정예군사를 거느리고 있느냐 하는 것으로 가늠되기 시작했다. 끝내 조정에서마저 통제 불능일 정도로 많은 사병들을 거느린 세도가들이 수두룩하게 되어 버렸던 것이다.

실제로 이성계가 위화도 회군에서 성공할 수 있었던 요인 중의 하나도 그의 가문이 거느리고 있던 사병들의 힘이 막강했기 때문이었다.

그런데 근자에 와서 이성계는 이러한 사병제도의 혁파를 원하고 있었다. 물론 그러한 개혁의 입안자는 정도전이었다. 정도전의 논지는 분명했다. 왕권 강화를 위해서는 사병제도의 혁파가 급선무라는 것.

따라서 대의명분은 뚜렷하고 충분한 것이었다. 조정 대신들이 저마다 수백 수천 명씩의 막강한 사병을 거느리고 있는 한 군왕은 그러한 조정 대신들의 눈치를 살피지 않을 수가 없었으며 수가 틀리는 날에는 어느날 아침에 새로운 왕이 탄생될 수도 있는 상황이 계속되기 때문이었다. 그래서 정도전은 조정 대신들이 사사로이 거느린 사병을 조정이 거느리는 군조직으로 개편하겠다는 것이었다. 그렇게 되니 많은 사병들을 거느리고 있던 조정 대신들로서는 기가 막힐 일이 아닐 수 없었다.

그러나 송당 조준은 사병제도의 혁파에 공감하고 있었다.

"정안군나리, 사병제도의 폐해는 모든 이가 공감하는 일 아니겠습니까? 새 왕실에는 사병이란 있을 수도 없고, 또 있어서도 아니되는 제도인가 합니다. 왜냐하면 나라의 군권을 확립하는 것이 급선무가 아니겠습니까?"

송당 조준은 이방원이 사사로이 거느리던 사병을 관군으로 마지못해 내놓게 된 일이 섭섭해서 하는 말인 줄로 알아들었다.

물론 그런 점도 없지 않았지만 이방원이가 염려하고 있는 바는 어째서 나라의 전 병권을 정도전이 틀어쥐게 되었느냔 그 점에 있었다.

나라의 전체 병권을 한손에 틀어쥐고 있는 자라면 나라의 운명을 한손에 틀어쥐고 있는 것과 다를 바 없는데, 하필이면 어린 방석이를 세자로 보호하려 들고 있는 정도전이가…….

"허허허……, 지당하신 말씀입니다, 대감. 그래서 어명에 불문곡직하고 따랐으며 나도 모든 것을 협력한 것 아닙니까? 허나 요즘 와서 정도전 일파가 움직이는 꼴을 보자니까 완전 무장해제 당한 듯한 내가 너무 허술하고 외롭다는 생각입니다. 내 몸 하나 보호해 줄 칼 한 자루 화살 한 개도 가진 것이 없으니 황량한 벌판에 내팽개쳐진 빈 몸뚱아리뿐이라는 느낌입니다."

송당 조준은 여전히 사병제도가 야기할 수 있는 폐해를 비판하는 입장에 서 있었다.

"정안군나리. 마음을 다지소서. 나리께서 심기가 몹시 불편하신 듯 하옵니다. 모쪼록 편안히 하소서."

끝내 방원은 탄식으로 말막음을 했다.

"삼봉의 권세가 한없이 비대해졌어요. 안하 무인격에 너무나 교만방자합니다."

그 무렵 방원을 더더욱 불안하게 만든 일은 이성계의 병세가 점점 악화일로를 걷고 있다는 사실이었다. 전의 등이 온갖 정성을 쏟고 있었지만 차도는커녕 이따금 혼수상태에 빠지기까지 했으니 대궐 안은 살얼음판 위의 분위기만 같았다.

창황망조(蒼黃罔措). 궁중 내관들은 물론 대소신료 모두가 이성계의 신병으로 인해 제정신을 차릴 수가 없을 지경이었다. 이렇게 되자 왕세자인 의안대군을 비롯해서 경순공주와 방번·방의·방간 등과 정안군 역시 근정전 서랑에서 합숙하다시피 하며 이성계의 병문 안을 해야만 했다.

그러니까 방원은 이중 삼중고를 겪고 있는 셈이 되었다. 부왕인 이성계의 병세도 큰 근심 중의 하나였지만 만에 하나 부왕이 별안간에 유명이라도 달리하는 날에는 국가의 전 병권이 정도전의 손에 가 있었으므로 자연 왕실의 운명도 그의 손아귀에 들어가고 말지도 모른다는 우려를 떨쳐버릴 수가 없었다.

생각해 보나마나 방원의 우려는 너무나 뻔한 계산이었다. 정도전은 이미 기정사실화되어 있는 왕세자 방석이를 보호한다는 명분을 내세워서 실제적인 왕으로 군림하려 들게 명약관화한 일이었던 것이다.

그런 상황임에도 불구하고 이성계의 병세는 호전되기는커녕 점점 더 위험한 지경으로 빠져들고 있었다.

이윽고 이성계를 '서소량정'으로 비접(避接)해야 한다는 계획까지 수립되기에 이르렀다. '비접'이란 병중에 있는 환자를 다른 곳으로 옮겨가게 해서 그 신병을 요양케 하는 '피병'의 또다른 이름이었다.

임금의 신분으로 대궐 안에서 앓게 되면 여러 모로 번잡스러울 뿐만 아니라, 아무래도 국사에 관심을 가져야 하므로 치병에도 좋지 않으니 아예 산수 좋은 곳으로 옮겨서 병을 앓고 있는 본인도 마음을 편안히 하면서 치병에만 전념할 수 있게 한다는 판단에서 나온 결정이었다.

바로 그럴즈음.

방원은 첩자를 통해서 실로 무서운 저들의 음모 한 가지를 접하고 있었다.

드디어 정도전이 칼을 빼어든다는 계획이었다.

저들이 꾸미고 있는 음모란 그야말로 간단 명료한 것이었다.

한마디로 비접을 나가기 전에 이성계가 모든 왕자들을 근정전 서랑에서 대면하려 할 적에 한 무리의 자객들을 숨겨두었다가 일순간에 왕세자인 의안대군 방석을 제외한 모든 왕자들의 목을 베어버린다는 내용이었다.

아니, 정도전이 정작 노리는 목숨은 바로 정안군 이방원의 죽음이었다.

물론 방원은 저들의 음모가 너무나 엄청난 것이라 설마하기도 했다.

그러면서도 경계를 늦출 수가 없었고, 또 어명이 내렸으니 근정전 서랑으로 나아가지 않을 수도 없었다.

그 날 밤 방원은 다른 왕자들과는 달리 사소한 주변 분위기에도 신경을 곤두세우며 입궐을 하고 있었다.

아, 방원은 드디어 머리끝이 쭈뼛서는 사실을 발견했다. 여러 명의 왕자들이 입궐하는 마당인데 대궐 뜨락과 대문 등에 걸려 있어야 할 등불들이 켜져 있지 않았다. 8월 하순께의 밤은 너무나 깜깜해서 지척을 분간할 수 없이 어두웠으며, 누가 칼에 찔려 죽어간다 해도 그 누구도 알 수가 없을 것만 같았다.

방원은 별안간에 복통을 만난 듯한 행동을 취하며 대궐을 몰래 빠져 나올 수가 있었다. 그의 형들도 그제서야 이상하다는 낌새를 알아 차리고 대궐에서 물러났다.

한편 의성군 남은의 첩이 살고 있는 한양의 송현동 집에서는 정도전을 중심으로 남은은 물론 왕세자 방석의 장인이 되어 있는 부성군 심효생과 경순공주의 남편인 홍안군 이제 그리고 부승지 변중량과 친군위 박위 등등이 한자리에 모여 있었다.

원래가 그 집은 정도전 일파가 거사를 모의하는 곳이어서 여느 사람들 눈에는 잘 띄지 않는 한적한 곳이었다.

그들 앞에는 주안상이 마련되어 있었고, 몇 개의 촛불이 빛을 발하고 있었다. 그런데 정도전 이하 막료들의 얼굴에는 고무풍선처럼 팽팽한 긴장감만이 서려있었다.

"하하하. 자, 충의군나리, 내 술 한 잔 받으시지요."

"예, 좋습니다, 부성군나리. 그리고 이 술잔은 우리 의성군에게……"

술잔이 돌아가고 저마다의 얼굴 위에 웃음꽃은 피어 있었으나 그 방안에 가득찬 불안과 초조의 그림자는 물러설 줄 몰랐다.

따라서 그들이 주고받는 말소리는 그저 심심파적으로 해보는 소리같이 들리기만 했다.

"삼봉어른, 감사합니다. 허허허……."

"우리 남은대감께서 '사병제 혁파'라는 상소문을 올린 것은 열백 번 잘하신 일이란 생각입니다. 나라 병권의 확립을 위해서도 그렇고……."

"하하하……, 효험이 어찌 그뿐이겠습니까, 삼봉어른? 그러니까 '사병제'를 혁파하자는 바람에 그놈의 사자한테서 발톱과 이빨을 몽땅 뽑아내고 독침까지 없애버린 격입니다요. 바로 이방원에게서……, 하하하."

"그렇습니다. 그렇고말고요. 참으로 앓던 이 빠지듯이 속 시원한 일입니다. 삼봉어른이 아니었으면 이런 일들을 해낼 사람이 없고 말구요.”

“자자, 어서 한 잔씩 쭈욱 들이킵시다. 하하하…….”

그들은 대궐에서 들려올 낭보를 기다리는 중이었다. 그들이 기다리는 낭보란 다름아닌 정안군 이방원의 피살 소식이었다. 물론 그들은 신덕왕후 소생들을 제외한 이성계의 첫째부인 한씨 소생 왕자들을 모조리 격살하란 밀령을 내렸지만 다른 왕자들은 덤으로 죽이는 것이었고, 정안군의 제거가 그날 밤 거사의 첫번째 목표이었다.

정확히 말하자면 그날은 태조 7년 무인년 8월 스무엿새 날이었다.

회암사를 감싸안은 여름밤이 고요와 적막 속에 깊어가고 있었는데 이날 밤따라 허공을 날아다니는 반딧불이 유난히도 극성을 피우고 있었다.

계월헌 선방에도 촛불이 타고 있었다. 지난 봄에 용문사로 나들이 갔던 무학스님이 며칠 전에 다시 회암사로 돌아와 있었던 것이다.

한낮의 8월더위가 깊어가는 밤 기운에 밀려 점차 수그러들고 있었다.

무학스님은 지그시 눈을 내려감은 채 묵묵히 앉아 있었지만 웬일로 마음이 편치 않은지 웅얼웅얼 입 안에선 염불소리만 자꾸 새어나왔다.

“큰스님, 찻물 대령이옵니다.”

원융스님이 찻물 주전자를 들고 계월헌 댓돌에 서서 이렇게 인기척을 낸 후 잠시 기다렸다가 조용히 방문을 열고 들어와 앉았다.

“……”

스님은 아무런 반응을 나타내지 않았다.

"오다가 들여다봤는데……, 기화스님이 사생결단하고 공부하는 것 같았습니다."

"……."

"헤헤헤……, 기화스님은 쓸만한 큰 그릇이 될 것 같았습니다요."

원융스님은 차를 만들며 저 혼자 하고 싶은 말을 다하고 있었다. 그러다가 새삼스레 스님을 건너다보면서는 움찔했다. 스님의 얼굴 표정이 심상치 않아서였다.

"차 드십시오, 큰스님."

원융스님이 찻잔 종지를 두 손으로 공손히 들어 바쳤다. 스님이 찻잔을 받아 입 안을 축였다.

원융스님은 잠시 혼란스러워했다.

"왜? 하고싶은 말이 있느냐?"

스님이 미리 넘겨짚어 주었다.

"저……, 상감마마 환후가 몹시 위중하신 것 같답니다, 큰스님. 낮에 대궐에서 나온 내관 말을 들어보니 보름이 지나도록 별 차도가 없으시단 말들이 있었습니다."

"……."

"그러면서 내관들 하는 말이 왕사어른께서 불보살님께 잘 좀 빌어 주십사 했습니다요."

"나무관세음보살."

"큰스님, 이러시다가 혹……, 무슨 큰일이 벌어지는 건 아닙니까요? 나랏님께서 병을 못 이기고 세상을 떠나시게 된다면……."

"고연 놈! 방정 맞은 소릴 찾아가면서 하는구나."

스님이 따끔하게 일침을 가했다.

"……아니면 큰스님 얼굴이 왜 그렇게 어둡습니까요? 헤헤헤……,
소승은 큰스님 얼굴을 보면서 점을 칩니다요."

"나랏님은 죽지 않느니."

스님의 목소리에는 어떤 확신이 차 있었다.

"그런데요, 큰스님?"

"대궐 안에서 흉변이 발생할 게야!"

"흉변이라면……? 그…… 그 무슨 말씀이십니까?"

"……."

스님은 손수 차를 따뤄 마시려 들었다. 입 안이 메말라가는 모양
이었다.

"나도 모르겠다. 참변이자 흉변이고말고……."

"큰스님!"

원융스님의 애가 타들어갔다. 근자에 무학스님이 이 날 밤처럼 불
편해 하는 모습을 본 적이 없었던 것이다.

"그만두자꾸나. 내가 무슨 점쟁이라더냐? 하지만 분명한 건 분명
한지고. 상감마마께선 아직 일러요. 절대로 붕어(崩御)하실 분이 아
니야. 그 어른은 아직도 10년은 더 살아남으실 걸. 암, 지금은 안 죽
는다. 그 어른보다는 늙은 내가 먼저 죽는다."

사뭇 무학스님은 좌불안석인 모습이 되어 두서없이 마구 뒤엉키
는 말을 중얼거리듯했다.

"큰스님, 도대체 무슨 뜻이옵니까? 소승이 듣기에 큰스님께선 무
슨 말씀을 하고 계시는 건지 마구 헷갈리기만 하고 종잡을 수가 없
습니다요. 대궐에서 무슨 흉변이 일어나고 무슨 참변이 일어난단 말
씀입니까? 그리고 상감마마께서 10년을 더 사신다는 말씀은……."

원융스님이 이런 말을 하다 보니 스님은 어느 새 우뚝 서 있었다.

"원융아, 일어나거라. 이거 안 되겠다. 한시가 급한 것 같구나."

"이런 밤중에 어디로 가시겠단 말씀입니까, 큰스님?"

원융스님도 벌떡 일어나며 물었다.

"싸게 나가 보자꾸나. 우린 법당으로나 가볼까?"

"큰스님, 좀전에 예불도 다 마쳤습니다요."

"허허, 잔소리 그만하고, 늙은이 손을 붙잡고, 앞장을 서거라!"

"아, 예. 그럼 법당으로 어서 가시지요, 큰스님.!"

원융스님은 스님이 그토록 안절부절을 못하는 모습에 놀라움이 더했다. 흡사 신들린 사람이 행동하는 모양 같기도 했다.

스님은 원융스님의 손에 이끌려 보광당 법당으로 들어섰다. 그러고는 부처님을 향해 큰절을 올리기 시작했다. 얼핏 보면 아들 못 낳는 여인이 삼천 배를 올리며 치성들이는 모습이었다.

잠시 후 스님의 얼굴에선 비 맞은 듯 식은 땀이 흘러내리고 있었다.

원융스님은 무작정 두 무릎을 꿇고 합장을 했다. 그는 스님을 지켜보아야 할 참이었다.

그러나 스님의 큰절은 그칠 줄을 몰랐다. 원융스님은 스님의 서원이 무엇인지를 가늠할 수조차 없었다.

바로 그 시각.

한양성에서는 정안군 이방원의 사저 안에서였다.

젊은 이숙번 장군과 이방원의 처남 민무질, 민무구 등이 모여 있었다. 상좌에는 이방원.

방원은 좀전 대궐의 근정전 근처에서 몰래 빠져나온 후 미리 기다리고 있던 이들에게 은밀하면서도 치밀한 밀령을 내리는 중이었다.

말하자면 정안군 측에서도 비로소 칼을 뽑아들기로 했던 것.

참으로 절박한 순간순간들이 지나가면서 정안군의 모의가 구체화되고 있었다.

막다른 골목에서 부닥친 두 사람은 어차피 사생을 결단하지 않을 수 없는 것.

"오늘 밤이 기회니라. 오늘 밤을 놓치면 역사는 우리를 버릴 것이다. 한 치의 실수가 있어서도 아니되느니라. 한번 실수는 병가지 상사라고 했지만, 우리에게는 단 한 번밖에는 기회가 주어지지 않았느니라. 간당 정도전 일파는 내가 처치할 것이니라. 다시 말한다. 정도전과 남은 등이 어린 왕세자 방석이를 앞세우고 날 비롯하여 내 형제 왕자들을 해꼬지하려 했다. 해서 내가 먼저 선수를 치려는 것이다. 속담에 일렀듯이 약자선수이니라. 이 나라의 모든 병권을 정도전이 쥐고 있으니 더욱 그럴 수밖에 없느니라. 만에 하나 대사를 그르치는 자는 내일 아침 밝은 날 아침이면 죽고 말 것이다."

방원의 눈에서는 불꽃이 철철 흘러내리고 있었다.

숨소리마저 죽인 이숙번의 눈에서도 불꽃이 피어올랐다.

민무질, 민무구 형제들의 얼굴에도 얼음장보다 차디찬 굳은 결의가 용솟음치고 있었다.

그 밖에, 그 곳에 모여 있던 모든 사람들의 얼굴이 이미 생사의 경계를 초월한 무심의 경지에 가 있었다.

18. 상왕의 슬픔

8월 하순께의 여름밤은 별빛도 없이 깜깜했고, 들리느니 가느다란 풀벌레 소리에 이따금 울리는 풍경소리뿐이었다.

회암사의 보광전 대법당에서 끊임없이 큰절을 올리고 있던 무학 스님은 어느 순간이 되자 한계를 느꼈는지 우뚝 선 자세로 합장만 하고 있었다.

그때까지 가슴 조이며 그를 지켜보던 원융스님도 말 없이 다가가서 부축하려 들었다.

원융스님의 부축을 받으며 무학스님은 법당 안에서 밖으로 나왔다.

보광전 앞에 서 있는 석등에서는 가느다란 불빛이 흘러나오고 있었다. 스님을 부축한 원융스님은 조심조심 밖으로 걸어나와 계월헌

쪽으로 가는 돌계단을 오르기 시작했다.

"큰스님, 조심하소서. 너무도 어둡습니다요. 오늘따라 별빛 하나 보이지가 않습니다."

원융스님은 흡사 어린아이를 달래듯 스님을 조심스레 부축했다.

"오냐, 깜깜하고 어둡구나. 어두워요……."

스님의 목소리에는 습기가 가득 차 있었다. 그의 속마음도 어두운 모양이었다.

"그만 전에는 미처 몰랐더니, 돌계단이 높기도 합니다요, 큰스님."

"그런 것 같구나. 예전에는 몰랐는데……, 예전에는 미처 몰랐어요……."

하다가 스님이 그만 발을 헛딛고 말았다.

"아이쿠!"

"큰스님, 왜 이러십니까?"

"아!"

스님이 그 자리에 털썩 주저앉았다.

"아이그머니, 이 일을 어떻게 합니까요?"

원융스님도 급히 주저앉아 스님의 아파하는 발목을 어루만지려 들었다.

"아!"

스님이 고통스럽게 신음소리를 내질렀다.

"나무관세음보살."

바로 같은 그 시각.

한양성의 송현동에 있는 어느 한 집이 무서운 불길에 휩싸여갔다.

그와 동시에 말 울음소리 들리는가 하면, 사람들의 소란스런 고함소리와 단말마의 비명소리가 터져나오기 시작했다.

"뒷문에다 불을 질러라!"

"정도전을 놓치지 마라!"

"남은이를 잡아내라!"

"죽여라, 때려잡아라! 단칼에 참해 버려라!"

그러니까 방원의 밀령을 받은 그의 부하들이 의성군 남은의 첩실 집을 급습했던 것이다.

따라서 근정전 사랑채에서 왕세자를 제외한 왕자들을 모조리 암살하려던 정도전의 음모는 실패로 돌아갔고, 정도전과 그의 측근들의 모의 장소를 기습, 번개같이 저들의 핵심 인물들을 도륙해 버린 이방원의 공격작전이 도리어 성공을 거두었던 것이다.

다른 무엇보다 방원에 의해 정도전이 참살당했다는 소식을 접한 이성계는 앓고 있던 몸임에도 불구하고 땅을 치며 울부짖었다. 아니, 그의 분노가 폭발하고 있었다.

"너 이놈, 방원아! 니놈이 그럴 줄 알았느니라. 이 천하에 불학무도한 것. 너 이놈, 방원아! 방원아, 너 이놈!"

그의 목소리에는 단순한 비통함이나 원망이란 차원을 넘어선 일종의 저주까지 내포하고 있는 듯했다.

뿐만이 아니었다.

성난 불길은 걷잡기가 어렵듯이 방원의 핵심 무장들은 방원이 뜻한 바보다 훨씬 더 비정하고 잔혹한 참살극을 벌여나갔던 것이다.

말하자면 정도전이란 거목을 비롯해 그 밑에 서 있는 작은 나무나 인근의 잡목들만 베어낸 게 아니고, 내일 모레쯤에나 새싹을 틔울까말까한 곁가지와 뿌리까지도 캐어 버리고 말았다.

그러니까 위로는 이성계 한 사람만 남았을 뿐 방원의 세력에 반하는 그 어떤 세력의 그림자도 남아나지 못하게 되었던 것이다. 오직 한 사람 남아있다는 이성계도 이제 자연인으로 방원의 아버지라는 천륜 관계만 유지될 수 있었을 뿐, 임금님이란 절대권력자로서의 자리는 박탈당한 셈이었다.

……죽은 자는 말이 없다.

정도전의 웅지와 그의 진실성이나, 그의 처세경륜과 처세술, 또는 그의 인간됨이나 충성심, 그리고 그의 애정과 미움 등등 모든 것이 침묵의 심연 속으로 빠져들고 말았던 것.

아울러 이성계는 승리하여 살아남은 방원 측근이 고하는 말만 들을 수밖에 없었다.

"상감마마, 흉변인가 하옵니다. 통축하소서, 전하. 정도전과 남은·심효생·이제·병중량 등이 작당 음모하여 대군왕자와 공신들을 해치고자 불궤를 꾀하였사옵니다. 그러므로 사세부득이하여 화급을 다투는 일인지라 미처 상감마마께 고하지 못하고 저들을 처치해 버렸사옵니다. 마마, 행여 놀라지 마옵소서. 엎드려 바라건대 부디 통촉하소서. 전하."

방원의 측근인사들은 자신들이 저지른 거사의 정당성을 호소하기에 바빴다.

정도전이 불충하게도 왕자들을 해하려 들었기에 이편에서 부득이 그들을 진압했다는 것.

이성계는 그들이 주장하는 논지를 믿으려들지 않았지만 믿지 않을 수도 없는 입장이 되어 있었다. 아니, 그는 그야말로 사면초가(四面楚歌)의 입장에 처했던 것이다.

이성계의 입가에 냉소가 꿈틀거리기 시작했다. 역사는 승자의 무등을 타고 흘러간다는 사실을 누구보다 잘 알고 있을 그였다. 만약에 고려조를 위협하고 멸망시킨 승자가 되지 않았더라면, 어떻게 '위화도 회군'을 정당화시킬 수 있었겠는가?

적국을 치겠다고 출병한 병력이 어명을 어기고 말머리를 돌려 자국의 조정을 무너뜨린 그 위화도 회군이야말로 명명백백한 반역행위가 아니고 무엇이었던가?

"오, 애재라, 통재라! 천지신명이 과인을 버렸도다. 과인이 청천백일을 우러러 통곡하고 탄식할진저."

그러했다. 이성계는 오직 탄식만 할 수밖에 없었다. 하늘을 우러러 탄식하고 땅을 치며 통곡하는 것만이 그에게 주어진 허용치였다.

역사는 이러한 사건을 조선조 초기 '제1차 왕자의 난'으로 이름붙여서 기록으로 남겼다.

방원은 정도전과 의성군 남은을 비롯해서 장지화, 부승지 변중량 등 정도전을 따르던 많은 사람들과 태조 이성계의 총애를 받고 있던 여러 중신들을 주살했다.

그러나 정치권력사의 측면에서 보자면, 이 정도의 사건은 흔히 있을 수도 있는 미미한 역사적 사건에 불과한 것이었다.

그 당시의 권력구조를 감안해 본다면 정도전에 의해서 방원 일파가 몰살을 당했을 수도 있었기에 그러하다.

그렇다면 과연 정도전과 방원이 함께 공존공영할 수는 없었던가?

역사는 이런 가정에 대한 그 어떤 해답도 주려들진 않았다.

그런데 '제1차 왕자의 난'이 후세 사람들의 눈살을 찌푸리게 하는 비극으로 알려진 까닭은 이른바 근친간의 골육상쟁이었던 탓이었다.

방원의 뜻이 어떠했던 간에 결과적으로 그의 이복동생이자 왕세자였던 어린 방석이가 무참하게 그 사건에서 희생되고 말았던 것이다. 뿐만 아니라 왕세자 방석의 친형 되는 방번도 역시 귀양지로 가는 도중 살해되었다. 그리고 세자 방석의 장인인 심효생도 살해당했으며, 경순공주의 남편인 이제도 비극의 운명을 피하지 못했다.

말하자면 이성계의 둘째부인 강씨 소생들은 깡그리 살해당한 셈이었고, 오직 한 여인 경순공주만이 남편마저 잃은 몸으로 간신히 살아남을 수가 있었다.

이성계가 하늘을 우러러 탄식만 할 수 있는 입장에 처해 있듯이 예쁘고 젊은 공주 경순 역시 하염없이 눈물만 흘릴 처지에 남겨져 있었다. 그녀는 진작 어미를 잃은 데다 이제 어린 두 동기간을 잃었을 뿐만 아니라 남편마저 무참하게 살해되어 버린 상태에 처했다.

그녀야말로 어쩌다 이성계와 그의 둘째부인 강씨의 몸을 빌어 이 세상에 태어난 죄밖에 못가진 여인이었음에도……

또 어쩌다 살아남고 보니 대궐 안은 온통 남의 나라처럼 무섭고 낯설게만 느껴졌는데, 오직 하나의 의지처인 아버지 이성계마저 하늘을 우러러 탄식만 거듭하는 가련한 노인이 되어 있었을 뿐.

이제 그녀에게 이 세상은 적막강산이었다. 빛 좋은 개살구처럼 명색이 공주인지라 함부로 감정을 실은 말도 못하고, 일거수 일투족에도 주위의 시선을 의식해야 할 처지.

생각하면 할수록 그녀의 처지는 기가 막히는 것이었다.

그러한 비극적인 소식은 물론 회암사에도 전해졌다. 대궐에서 사람이 내려와 공식적으로 그렇게 끔직한 소식을 전하지는 않았지만 비참한 소식은 바람처럼 빨랐다.

그런 소식을 접하자 무학스님은 당장 한양으로 나아가 이성계를 위로해야겠다고 생각하다가 스스로 주저앉았다.

사람을 보내지 않은 것으로 보아 이성계가 이 세상의 어느 누구와도 만나고 싶어하지 않고 있음을 짐작했던 것이다.

스님의 그런 깊은 뜻을 헤아리지 못하고 원융스님만 괜히 혼자 몸이 달아 설치기도 했다.

바람을 탄 비보는 계속해서 회암사로 날아들었다.

이성계가 보위를 물러났고, 둘째아들 방과가 임금이 되어 2대 정종이 되었다는 것.

불행중 다행이라면 '왕자의 난'을 겪고 어쩌다가 황망한 시간에 쫓긴 탓인지 이성계를 괴롭히던 병마가 슬그머니 물러갔다는 것이었다.

그러던 어느 날 무학스님이 있는 회암사로 꽃가마 하나가 도착하더니 그 속에서 비 맞아 땅에 떨어진 꽃잎을 닮은 경순공주가 나타났다. 말을 탄 이지란이 경순공주를 수행한 형상이었다.

처음 경순공주가 법당 안으로 들어갈 때 무학스님이나 이지란은 그녀가 부처님 전에서 얼마간 눈물을 뿌리다간 그만둘 줄 알았는데 그런 것이 아니었다.

그녀는 시간 관념조차 잃어버린 듯 내버려두면 기도가 한평생 이어질 것만 같았다.

"공주마마, 그만 절방으로 내려가시지요."

‘그냥 두어서는 안 되겠다’는 의미로 이지란이 보내는 몇번의 눈짓을 알아차리고 무학스님이 말했던 것이다.

“아닙니다, 큰스님. 그냥 이대로 부처님 앞에 더 있겠사옵니다. 큰스님께서 먼저 올라가시지요.”

이지란도 나섰다.

“공주마마 안 되옵니다. 이렇게 애통해 하시다가 또 쓰러지는 날에는……, 그만 슬픔을 거두고 옥체를 보전하소서. 지금 공주마마께서는 슬픔을 거두고 잠시 쉬셔야 할 때입니다. 그래서 이렇게 아바마마께서 소인을 뒤딸려보낸 것이 아니겠습니까?”

“고맙습니다, 청해군나리. 나리야말로 아바마마의 가장 가까운 어른이시니까……, 나도 잘 알고 남음이 있습니다. 행여 또 내 신상에 무슨 좋지 않은 일이 있을까싶어서……, 아바마마의 하념지덕이겠지요. 하지만…….”

경순공주는 금방 또 북받치는 설움을 억제하지 못하고 눈물을 찔끔거렸다.

“공주마마!”

“차리리 가련한 이 한 몸뚱이 당장 죽어버렸으면…….”

“무슨 그런 당치 않으신 망극한 말씀을…….”

이지란이 펄쩍 뛰었다.

그럴 리야 없겠지만 만에 하나 경순공주 신상에 불의의 탈이 생겨난다면 그 모든 책임은 이지란이 뒤집어써야 할 판이었다.

“나무관세음보살…….”

경순공주의 비통한 모습은 보는 이 누구에게나 연민의 정을 자아내기에 충분했다.

"공주마마, 절방으로 나가셔서 좀 쉬도록 하소서. 부처님은 언제라도 계실 테니까 기도는 천천히 하실 수 있는 일 아니겠습니까?"

이지란이 마구 떼를 쓰듯이 했다.

경순공주는 비대한 몸집에 어울리지도 않은 간청을 하다시피 하는 이지란의 태도를 대하기가 민망했던지 그제서야 기도를 멈추고 일어섰다.

무학스님이 공손한 손짓으로 경순공주를 안내하여 계월헌으로 들어섰다.

무학스님과 이지란과 경순공주가 계월헌으로 들어서자 원융스님이 재빨리 찻물을 들고 왔다.

무학스님은 원융스님을 물리치고, 손수 차를 만들어 경순공주와 이자란에게 대접하려 들었다.

"차를 드소서, 공주마마."

"예. 큰스님."

"자, 청해군나리께서도."

"감사합니다, 왕사어른."

세 사람은 한동안 말없이 차향만 맡았다. 그들 세 사람은 적어도 차를 마실 동안에는 번잡스런 생각을 멀리해야 올바른 차맛을 즐길 수 있다는 것쯤은 알고 있었다.

"……빈도가 생각하기로는 상왕전하께서도 함께 이곳으로 납실 줄 알았습니다."

"아바마마께서 동행하시겠다기에 소녀가 한사코 뿌리쳤습니다. 사사로이는 사위자식의 영가천도재인데……, 아바마마께서 어찌 어울리겠느냐고 하면서……."

"나무관세음보살."

무학스님은 그제서야 이성계의 안부를 물을 틈을 찾을 수가 있었다.

"상왕전하께서는 요즘 어떻게 보내시고 계시는지요?"

사실 '왕자의 난'이 일어난 지 채 한 달이 못 되는 지난 9월에 이성계가 보위를 물러나고 상왕이 되었다는 소식을 들었을 때, 무학스님은 머잖아 이성계가 회암사로 찾아오리란 짐작을 하고 있었다.

이지란이 기가 막힌다는 표정으로 한동안 앉아 있다가 마지 못한 듯 귀띔해 주었다.

"……근자 상왕전하께서는 그 누구도 만나고자 하시지를 않습지요. 내전 깊숙히 칩거해 계시면서 부처님께 염불을 외고 한숨과 회한으로 하루하루를 지내고 계실 뿐이랍니다."

이지란의 귀띔을 들으면서 스님은 생포가 되어 우리 속에 갇힌 한 마리의 호랑이 신세를 떠올렸다.

아니 어두컴컴한 옥에 갇힌 한 사람의 수인(囚人)을 떠올렸다.

어쩌면 울에 갇힌 한 마리의 호랑이나 옥에 갇힌 한 사람의 수인보다 이성계의 신세는 더 불쌍한 것인지도 모를 일이었다. 울에 갇힌 호랑이는 언젠가는 울을 뚫고 깊은 산속 자기 고향으로 돌아갈지도 모른다는 희망을 품을 수가 있었고, 옥에 갇힌 수인은 언젠가 죄과가 끝나면 자유롭게 풀려난다는 기약이라도 할 수가 있지만, 이성계는 그 어떤 희망도 기약도 가질 수가 없는 처지가 아니겠는가?

"왕사어른, 아까도 말씀드렸다시피, 상왕전하께서는 오늘 이곳 회암사에 거둥 못하신 일을 안타깝게 생각하셨습니다."

"나무관세음보살."

"그리고 또한 왕사어른의 다치신 발목 걱정을 많이 하셨답니다. 왕사어른의 발목은 좀 어떠신지요?"

"상왕전하께서 어느 경황에 소승의 이까짓 발목 부상을 다…… 참으로 망극하옵니다."

무학스님의 눈시울에 물기가 비쳤다.

"많이 좋아졌습니다. 늙은이 뼈가 돼서 그런지 한번 다치고 나면 쉬이 낫지를 않는 법이지요."

그러니까 왕사가 있는 회암사에는 무학스님 알게 모르게 대궐의 내관이나 상궁들이 수시로 드나들곤 했다.

그리하여 무학스님의 근황이 알게 모르게 이성계의 귀로 다 들어갔던 것이다. 한편 그 당시 무학스님은 '왕자의 난'이 일어날 줄 미리 알고 있었다는 소문이 파다하게 떠돌아다니고 있었는데, 그 끔찍한 참변이 일어났던 날 밤에 무학스님이 돌계단을 오르다가 발목을 삔 사고로부터 그런 소문이 싹텄는지도 모를 일이었다.

그게 아니라면 그날 밤에 무학스님은 안절부절 하다 못해 느닷없이 보광당 법당에 나아가 한밤중의 기도 모습을 훔쳐 본 스님들이 이야기를 덧붙였는지도 모를 일이었다.

"듣자하니 그날 밤 대사께서는 그 같은 비운이 일어날 줄을 미리 알아 점 쳤다던데……."

"무슨 그런 말씀을……, 아니올시다. 그저 그날 밤엔 느낌이 좋지 않아서……, 관세음보살."

경순공주는 스님의 말에도 관심을 두지 않았고, 이지란의 말에도 관심을 두지 않았다.

그녀는 지그시 눈 감고 오직 조용히 앉아 있을 뿐이었다.

이지란은 경순공주를 모시고 궁궐을 떠날 적에 이성계가 들려 주었던 말들을 떠올리면서 그 말들을 스님에게 전해 주어야 좋을지 자신이 소화하고 말아야 할지 몰라 했다.

"청해군나리. 당신이 경순공주를 좀 따라가서 시위하도록 하구료. 과인이 동행했으면 좋으련만 그런 심사가 못 됩니다. 이 무슨 면목으로 무학왕사를 대할 수 있더란 말이요? '수신제가 치국평천하(修身齊家治國平天下)'라는 말도 있는데 제 집안 하나 건사하지 못한 주제에 어찌 아니 부끄럽겠소? 항차 과인이 군왕이라니……. 스님께 부끄럽고 면목이 없음이야. 대사가 과인을 위하고 도와준 일이 한두 가지가 아니었으며 새 나라 새 왕실에 대한 기대와 희망이 적지 않으셨을 터인데……, 이 무슨 치졸하고 한심스런 꼴인가요? 아마 과인에 대한 환멸과 실망이 많고도 컸을 게요. 지지리 못나고 박덕한 인간이라니……. 철 없는 어린 두 자식이 저희 형에 의해 죽어가고, 사위자식도 죽고 사돈네 영감도 도륙당하고……."

그런 말을 할 때 이성계의 얼굴이 너무나 비참하게 일그러져서 이지란은 눈물을 떨구었다.

"지금의 과인 심사는 말이오. 아무도 모르게 금강산으로 들어가 숨어 버리든지, 아닌면 저 함경도 함주의 고향 땅으로나 내려가 조용히 살고 싶을 뿐이라오."

이지란이 건너보니 스님도 지그시 두 눈을 감고 앉아 있었다.

돌돌돌 귀뚜라미 울음소리만 들려 왔다.

이지란은 이성계의 그러한 심사를 전하려니 구차스럽다는 생각이 들었다. 말하지 않더라도 스님이로서야 이미 이성계의 그런 마음을 알고도 남음이 있을 것만 같았다.

"왕사어르신?"

경순공주가 애절하고 가는 목소리로 스님을 깨우듯 했다.

"예. 공주마마."

"소녀의 바램이 한 가지 있사옵니다."

"무슨 말씀이시온지?"

"쇤네의 뜻을 가납해 주소서, 큰스님."

"말씀하소서, 공주마마."

"……쇤네 한평생을 부처님 모시고 살아갈까 하나이다."

"나무관세음보살."

이지란이 깜짝 놀라서 소리치듯 했다.

"아니, 지금 무슨 말씀이오니까, 공주마마?"

"청해군나리. 놀래지 마소서. 제가 스님이 되고자 하옵니다."

"천만 부당하신 말씀. 공주마마, 아니되는 일입니다. 왕사어른, 그것은 결단코 아니되는 일이라고 말씀해 주십시오."

"큰스님, 가납해 주소서. 머리 깎고 먹물 장삼 옷 걸치고 한평생 부처님 모시고 싶습니다. 불쌍하게 한을 품고 죽어간 사람들을 위해 명복을 빌어 주고……, 나 또한 공부하고 수행정진해서 육도를 벗어나고 해탈을 얻고자 합니다."

"공주마마, 불법을 구하는 길은 멀고도 힘드는 일입니다. 다시 한번 깊이 생각하소서."

"큰스님, 쇤네는 깊이 생각하고 또 생각한 끝에 드리는 말씀입니다. 자, 보옵소서."

경순공주는 하얀 소복에다 머리를 덮어 씌우고 있던 명주 비단수건을 조용히 풀어내렸다. 그러자 서툰 가위질을 한듯 듬성듬성 검고

윤기나는 짧은 머리털이 밤송이처럼 어설프게 드러나 있는 삭발의 머리 모양이 나타났다.

무학스님은 어금니를 깨물었지만 이지란은 경순공주의 삭발 모습에 소스라치듯 놀랐다.

"아니, 이럴 수가? 이럴 수가……"

"나무관세음보살."

"큰스님, 쇤네를 받아 주옵소서. 부끄럽고 외람되게 대충 스스로 가위질을 했사옵니다."

"……"

"그렇다면 상왕전하께서도 알고 계시는 일입니까, 공주마마?"

이지란은 감당하기 어렵다는 표정이 되어 있었다.

"예. 아바마마께도 말씀 올렸습니다, 청해군어른."

"그랬더니……? 상왕전하께서도 윤허하셨더란말씀입니까?"

"……"

경순공주는 선뜻 대답을 하지 못했다.

19. 경순공주의 출가

경순공주가 상왕 이성계 앞에서 처음으로 출가(出家)의 뜻을 내비
쳤을 때이다. 이성계는 미처 그 뜻을 제대로 새겨듣지 못하고 대궐
안이 갑갑하니 얼마간 가출(家出) 혹은 외출을 하려는 걸로 알았다.

"오냐, 애비의 몸으로 어찌 네 심정 모르겠느냐? 네 한 몸의 슬픔
도 감당하기 힘겨울텐데 애비 걱정까지 하려니 오죽 하겠느냐? 가고
싶은 곳이 있으면 애비 걱정일랑 하지 말고 푹 쉬었다가 돌아오도록
해라."

"아바마마, 그런 뜻이 아니오라……. 쇤네는 출가하고 승려가 되겠
다는 말씀이옵니다."

"뭣이 어째? 경순공주야, 지금 과인 곁에는 오직 너 하나만 남아
있는게야……, 과인이 진정 아끼고 사랑하는 딸이 너 하나뿐이다. 그

런데도 중이 되겠다는 말을 하는 것이냐?”

　이성계의 목이 슬픔으로 메었다.

　“아바마마, 말씀 그대로인가 합니다. 쉰네는 속세를 등지고 산사에 들어가서 부처님 모시고 살아가겠사옵니다.”

　“오호……, 마음의 상처가 얼마나 큰 것인가 하는 것을 이 애비 모를 바 아니다만……, 그 흑단같이 고운 머리를 싹뚝 잘라내고, 비단옷 대신에 먹물 장삼옷을 걸치고서 한평생을 보내겠다니…….”

　“아바마마, 그 길만이 소녀의 운명인가 하옵니다. 어릴 적에 어마마마와 함께 부처님 전에 갔을 때면 그곳에서 쉰네는 마음의 평안함을 느끼곤 했사옵니다.”

　“그 일만은 아니되느니! 과인은 용납할 수 없도다. 다시금 두 번 세 번 깊이 생각토록 해라, 아가!”

　“진작에 벌써 마음을 정했으며, 각오가 돼 있나이다, 아바마마.”

　“오호……, 궁중궁궐 속에 공주의 몸이다, 너는. 금지옥엽 과인의 귀여운 딸이란 말이다. 비록 하늘이 무너지는 횡액을 만나서 청상이 된 몸뚱이다만 너는 젊고 예쁘고 앞날이 창창하다니…….”

　“아바마마, 윤허해 주옵소서. 소녀가 바라옵는 바는 불쌍하게 죽어간 지아비의 불쌍한 넋을 위로하여 명복을 빌며, 대자대비 부처님 모시고 한세상을 살아가고 싶을 뿐이옵니다. 이 세상의 부귀영화 다 싫사옵니다. 오로지 저세상에 가서 지아비를 다시금 만나, 그이와 함께 영생하기를 바랄 뿐이옵니다.”

　“그래, 그래애. 너의 생각과 정성이 갸륵하고 장하기는 하다. 허나 새파랗게 젊은것이 머리 깎고 중이 되겠다니 될 법이나 한 소리더냐? 과인은 절대로 받아들일 수 없음이야. 암, 아니되고말고…….”

"아바마마, 가련한 소녀의 일편단심을 헤아려 주옵소서."

이성계로서는 기가 차다 못해 눈 앞이 캄캄하기까지 했다. 아직까지 아버지 말에 단 한 번도 반대의 뜻을 내비친 적이 없는 경순공주가 출가라는 엄청난 결심을 세우고서는 그야말로 막무가내가 아니겠는가?

"얼토당토 않은 못된 헛소리! 그런 황당하고 섭섭한 생각일랑 하지를 마라."

하다못해 이성계는 역정까지 버럭 내 보았다.

"아바마마, 소녀는 굽힐 수 없음이옵니다."

"경순아, 니 생각이 옳고 그르고 간에, 너는 과인의 생각도 해야 하느니라. 외롭고 늙은 이 애비 말이다. 그렇지 않느냐, 경순아? 이제 아비한텐 경순이 너밖에 더 있느냐? 과인이 누굴 믿고 의지해서 살아가더란말이냐? 네가 아비의 외로운 심사를 몰라 주겠다는 말이냐? 그렇게도 니 마음이 모질고 그렇게도 야속할 수가 있겠느냐?"

이성계는 찢어지는 아픔과 설움으로 애소까지 하려들었다.

그러나 경순공주의 뜻은 이외로 완강했다. 하기야 그녀로서는 몇 번이나 스스로 목숨을 끊어버릴까 하는 생각도 해보던 터였다. 그런데 차마 늙은 아비 앞에서 그럴 수가 없다는 마음으로 출가를 결심했던 것이다.

"아바마마, 통촉하소서. 소녀, 내일 모레 지아비의 영가천도재를 올리고 나면, 궁성을 떠나 출가할 결심이옵니다."

경순공주는 일삼아 정나미를 떼어버리듯 차가운 어조로 이렇게까지 말했다.

"허허. 이런 고집불통을 봤나……, 철딱서니 없는 어린것이……,

과인이 너를 용서치 않으리라."

두 사람 사이에 한동안의 침묵이 가로놓였다.

이성계는 이제나저제나 하는 심정으로 경순공주가 와락 울음이라도 터뜨리며 용서를 빌기를 기다리고 있었는데 그의 그런 기대는 금방 산산조각이 났다.

"아바마마!"

"오냐."

"가만히 생각하건대 정안군 오라버님만 원망할 일도 아닌가 하옵니다."

경순공주는 일삼아 이성계의 오장육부를 뒤집겠다고 작정이나 한 것처럼 방원의 말을 꺼내서 아버지의 피를 멎게 만들고 있었다.

"무슨 헛소리냐? 방원이는 용서치 못할 나쁜 자식놈이다. 그 놈을 원망하지 말라니?"

"아니옵니다. 잘못은 아바마마와 일찍 돌아가신 어머님과 그러고 삼봉 대감한테 있는지도 모르는 일이옵니다."

"무슨 뚱딴지 같은 소리를? 어린 네가 무엇을 안다고……?"

"가만히 돌이켜보면, 나이 어린 방석과 방번이는 아무런 죄도 허물도 없음입니다. 철없는 그들이 무엇을 알았단 말씀입니까? 다만 아바마마와 어리석은 어른들이 불쌍한 그들을 죽게 만든 것일 뿐."

이성계는 어이가 없어 경순공주의 모습을 새삼 건너다보았다. 좀 전까지만 해도 한 떨기 꽃송이의 모습으로 다소곳이 앉아 있던 그녀의 모습이 거기에는 없었다. 대신 그 자리에는 더러운 세상풍파를 겪을 만큼 겪은 듯한 성숙한 여인 하나가 오똑이 앉아 있었다.

"이런 무엄하고 버릇없는 것!"

"……생각해 보소서, 아바마마. 철부지 동생들이 언제 누구한테 임금 자리 달라고 보챘습니까? 그 어린것들은 높고높은 임금 자리가 무엇인지도 몰랐던 것입니다. 철부지 동생은 쉰네에게 울며불며 왕세자 노릇하기 싫다는 말도 했었사옵니다. 아바마마, 어마마마 그리고 정도전대감께서 방석이를 억지로 보위에 앉히려 했을 뿐이옵니다. 어른 여러분의 허욕과 탐심이 화를 불러오고 동생들과 제 남편까지도 죽게 만든 것이옵니다."

이성계는 몸을 부르르 떨었다. 경순공주의 한마디한마디가 비수가 되어 이성계의 심장에 꽂혔던 것이다.

바야흐로 경순공주의 말이 옳고그름을 떠나 경순공주에게서 그토록 무서운 비난의 말을 듣고 있다는 그 사실만으로도 이성계의 마음은 아프다못해 쓰라렸던 것이다.

"오호……, 과인이 너무 오래 살았나 보다. 너한테서 그렇게 해괴한 소릴 듣다니……. 과인이 너나 어린 방석 방번이를 얼마나 끔찍이 아끼고 사랑했던 것을 몰라서 그런 소리냐? 복잡한 소리는 빼고서라도, 과인이 사랑하는 마음도 없이 방석이 왕세자 자리를 물려주려 했겠느냐?"

"아바마마, 뭣 모르는 어린 방석이가 비명에 죽어갔다는 말씀입니다. 그래서……, 죄없는 어린것을 비명횡사하게 만든 것도……."

경순공주는 차마 말끝을 잇지 못했다. '죄없는 어린것을 비명횡사하게 만든 것도 사랑이랄 수 있겠습니까?' 하고 오금박기가 너무 지나쳤기 때문이었다.

"인제 보니 경순이 니가 못할 말이 없구나, 허허허……. 그래, 이 아비가 미처 몰랐구나, 네가 그렇게 어른이 된 줄을……. 방원이 저

것이 못된 놈인 게야. 해서 그놈을 용서할 수 없음이다. 애비의 성려를 거슬리고……, 무지막지한 놈.”

“아바마마, 사람 한 목숨 죽고나면 온세상이 헛 것이요, 공(空)이라고 하더이다. 어른들은 어찌하여 그렇게 무섭고 그렇게 탐욕스럽습니까? 오오, 돌아가신 어마마마가 원망스럽습니다. 순하고 죄없는 어린 동생들과 저를 이 지경으로 만들어 놓고…….”

이윽고 경순공주는 북받치는 설움에 겨워 두 손바닥으로 얼굴을 가리고 흐느껴 울기 시작했다.

“음…….”

이성계는 다시 장탄식을 토했다. 경순공주의 원망이 그를 더 한층 비통하게 만들었다. 그녀의 입에서 그 같은 원망이 쏟아질 줄은 꿈에도 상상 못한 일이었다.

이왕 시집까지 보냈던 딸을 한평생 끼고 살 생각을 하고 있었던 건 아니지만 지금처럼 적막강산에 홀로 버려진 신세일 때는 당분간 곁에 있어 줬으면 얼마간 위안이 되련만 했는데 출가를 결심했다며 아비 가슴에 못질까지 하려 들다니…….

사위는 고요한데 촛불만이 타들어 가면서 내전을 밝힐 뿐이었다.

‘나 혼자로구나!’

이성계는 또 한번 한숨을 토해냈다.

“상왕전하, 주상전하 납시옵니다.”

방문 밖에서 홍내관이 아뢰었다.

이성계는 속으로 콧방귀를 뀌었다. 방원이가 제 세상을 만든 다음 조정대신과 백성들의 눈을 의식하고 둘째형 방과를 허수아비앉히듯이 임금으로 만들었다는 사실을 그는 잘 알고 있었다.

둘째아들 방과는 원래 임금이 될 만한 재목도 안 되고, 자기 스스로도 골치아픈 임금자리 따위는 싫었고, 그저 음풍농월이나 하면서 지내기 좋아하는 위인이었다는 사실도 이성계는 너무 잘 알고 있었다.

"상왕전하, 주상전하 납시옵니다."

홍내관이 거듭 아뢰었다.

"뫼시어라."

이윽고 내전의 방문이 열리고, 정종 방과 내외가 들어와 예를 올렸다.

이성계는 흡사 어느 과객의 문안 인사를 받아들이 듯했다.

"부왕마마, 문안 인사 올리나이다."

"고맙소, 주상전하께서 걱정하시지 않아도 좋을 만큼 내 기분이 좋아졌으니……, 부디 주상은 국사나 잘 돌보도록 하시구료."

이성계의 말 속에는 생리로 굳어버린 듯한 빈정거림이 베어 있었다.

정종 방과도 이성계의 태도는 의례껏 그런 것이란 듯이 별다른 기대를 걸지 않았으며, 딱히 무슨 바램도 갖지 않았다.

"오, 경순공주가 마침 있었구료. 허허허……."

정종 방과는 경순공주에게 관심을 기울였다. 임금으로서가 아니라 배 다른 오라버니 입장에서 경순공주가 불쌍하고 처량해 보였던 것이다

"예, 마마."

경순공주도 정종 방과라면 악감정을 품은 적도 없었고 고운 정을 나눈 적도 없었으며, 새삼스레 무슨 경계를 하지 않아도 좋다는 것

을 알고 있었다.

"경순공주를 보니까 생각이 납니다. 매부 홍안군의 천도재가 언제라고 했습니까?"

"내일 모레 사흘 뒤인가 하옵니다."

"저기, 무학왕사님이 계시는 회암사에서 올린다고 했습니까?"

"예. 마마."

"주상도 들어보구료. 지금 경순공주 말이……, 천도재가 끝나고 나면, 경순공주가 머리 깎고 중이 되겠다는 것입니다."

이성계는 정종 방과에게 도움을 빌었다. 방과라면 그 정도의 도움은 줄 수 있으리라 여긴 모양 같았다.

"아니, 무슨 말씀입니까, 공주?"

"황공하옵니다, 마마."

"그것은 아니되는 말씀. 모쪼록 생각을 다시 하기 바랍니다, 경순공주."

역시 방과의 말은 어정쩡하기 짝이 없었다. 그것은 추상같은 임금으로서의 위엄을 갖춘 말도 아니었고, 오라버니로서의 간곡한 애절함에서 나온 말도 아니었다.

"주상이 좀 말려 봐요. 늙은 상왕이라고 말씀을 들어먹지 않으려든다니까, 인제는……."

이성계는 방과에게서 이른바 어명이라도 내려주기를 바라고 있었다. 그러나 방과는 이성계의 뜻을 이해하지 못하고 헛다리만 짚으려들었다.

"상왕마마, 노여움을 푸시고 마음을 편안히 가지소서."

"쯧쯧쯧. 어찌 모두가 이 모양들인고?"

이성계는 짜증을 냈다. 도대체가 마땅찮았다. 그런데다 방과는 부채질하듯 이성계의 부화를 결정적으로 돋구었다.

"그러고 상왕마마, 지금 밖에 아우 정안군 내외가 입시하여 기다리고 있사옵니다."

"뭐야, 방원이 내외가?"

이성계는 전신의 피가 거꾸로 흐르기 시작하는지 온몸을 부르르 떨기까지 했다.

"예, 마마."

"늙은이를 뭣 때문에 만나? 나를 죽이기라도 한답디까?"

"무슨 그런 망극하신 말씀을……."

"만날 일이 없음입니다. 주상, 과인이 몸져 누워 있다고 그러세요. 해서 어느 누구도 만날 수가 없노라고……."

물론 방과에게는 이성계보다 아우가 더 무섭고 두려운 존재였다. 아버지 이성계의 명은 거역할 수 있어도 아우의 부탁만은 거절할 수가 없었다.

"상왕마마, 진노를 거두시고 방원이를 만나보시오소서."

"허허, 만날 필요도 생각도 없다니까!"

그때 문 밖에서 방원의 목소리가 들렸다.

"상왕마마, 다섯째 방원이 입시옵니다. 부왕마마, 부디 통촉하소서. 대저 창업수성인가 하옵니다."

그러자 거의 본능적인 반응이듯 이성계의 발악적인 고함소리가 터져나왔다.

"듣기 싫다, 이놈! 과인은 아무도 아니 만날 것이니라. 물러가거라. 이것아, 저리 멀리 가!"

이성계는 소리만 질러서는 분이 풀리지가 않는다는 듯, 손에 집히는 물건이면 무엇이든지 문쪽을 향해 마구 집어던지기까지 했다.

방원에 대한 이성계의 미움과 분노는 일시적인 것이 아니었다. 따지고 들자면 이성계의 뜻이 처음이자 마지막으로 아들에게 무참히 꺾여버린 셈이기도 했다. 고려를 허물어뜨리고 조선조를 개국해서 태조가 된 다음 이성계의 남은 꿈은 왕세자 방석에게 보위를 넘겨주어 융성한 문치시대를 열고자 하는 것이었으리라. 그런데 방원이가 그 꿈을 가로챈 것이었다.

그것도 불가피한 어떤 과정을 거친 것이 아니라 형제간에 죽이고 살리는 골육상쟁이란 끔찍한 과정을 밟은 것이 아니겠는가?

그럼에도 불구하고 세월은, 또는 역사는 이성계의 염원을 수용하려 들지 않았다.

'제1차 왕자의 난'을 거친 다음 출가의 뜻을 굳힌 경순공주는 기어코 회암사에서 무학대사의 손에 의해 머리 깎고 여승이 되어 속세를 벗어났으며, 방원은 이성계의 미움과 질시 속에서도 쓰러질 줄 몰랐다.

정종 방과 재위 2년.

이성계의 자식들은 다시 한번 임금 자리를 놓고 칼부림을 벌임으로써 이른바 '제2차 왕자의 난'을 치뤘다.

이번에는 이성계의 넷째아들 방간이 언감생심 보위를 넘보다가 이방원 세력들에 의해 일망타진당했던 것이다.

'제2차 왕자의 난'까지 겪고난 다음에야, 방원은 마침내 보위에 올라 3대 태종임금이 되고, 방과는 상왕으로 물러남과 아울러 이성계는 태상왕으로 멀리 물러나야만 했던 것이다.

때에 태종 이방원의 보령은 서른다섯에 불과했으니, 아니할 말로 세상 무서울 것도 두려울 것도 없는 나이였다.

'수단과 방법이 어떠했느냐'하는 문제를 논외로 친다면 태종 이방원은 실로 젊은 나이에 천하를 얻은 셈이었다.

그러나 단 한 가지, 그로서도 아직 풀어내지 못한 과제 하나가 남아 있었으니 그것은 이성계의 마음을 얻어내는 것이었다.

'제1차 왕자의 난' 이후, 이성계는 적어도 방원에게만은 결단코 마음의 문을 열어주지 않고 있었다. 방원을 향한 이성계의 마음은 그야말로 철옹성과 같은 것이었다.

그들 부자관계에선 이미 시시비비를 따질 계제도 아니었고, 부자간의 천륜을 따질 관계도 아니었다.

한편 이성계의 마음을 얻겠다는 방원의 결심 또한 집요하고 끈질긴 것이었다. 그는 이성계의 마음을 얻지 못한 터에 천하가 무슨 의미를 가지느냐는 생각을 하고 있었다.

어쩌면 그러한 그의 집념은 처절하기까지 했다. 아버지가 인정하는 임금이라야 제대로 모양을 갖춘 임금이 될수 있다는 것이었다.

하긴 그럴 만도 했다.

이방원은 이른바 칼로써 보위를 찬탈했다는 오명을 뒤집어쓰고 싶지 않았다. 뿐만 아니라 아버지가 추인해 주어야만 '제1차 왕자의 난'이나 '제2차 왕자의 난'에 대한 당위성을 확보할 수 있었을 뿐만 아니라 형제를 죽이고 유배시키면서까지 왕위를 탐낸 인물이란 역사적 기록에서 벗어날 수가 있었다.

실제가 그러했다.

이방원을 진정한 왕으로 만들어 줄 수 있는 인물은 오직 한 사람 그의 아버지밖에 없었다.

이성계가 인정을 하지 않는 한 보위에 앉아 있었도 이방원은 왕위를 도적질한 일물로 남을 수밖에 없었다.

문제의 심각성은 바로 거기에 있었다. 이성계는 누구보다 뼈 아프게 그 같은 사실을 꿰뚫어보고 있었던 것이다.

그리하여 부자간의 끈질긴 줄당기기 싸움이 시작되었다.

조정의 핵심권력이야 이방원이 장악하고 있었지만 아직도 민심은 이성계에게 머물러 있었다.

물론 여기서 말하는 민심은 좋은 뜻에서의 민심도 되고 나쁜 뜻에서의 민심도 된다. 여하간에 400년 고려왕조를 허물고, 새로운 조선왕조를 개국한 인물은 이성계다 하는 인식이 그 당시 민심의 실체였으며, 그러한 민심에 비춰볼 때 이방원이란 존재는 아직은 조족지혈(鳥足之血)과도 같았다.

그 당시 여느 사람들이 하는 말의 공약수는 대개 이러했다.

'고려를 무너뜨리고 이성계가 조선을 세웠는데 말여, 그 노인네의 여러 명 아들놈들이 임금 자리를 놓고 저희끼리 피싸움이 붙었다는구면. 헌데 이방원이란 그 다섯번째 아들놈이 영악했던 모양이여. 아, 삼봉어른과 이성계가 막내아들 방석이에게 보위를 넘겨주기로 하자 글쎄, 어느 날 밤에 부하들을 시켜서 삼봉어른은 물론이고 이복남동생들 하며 사위까지 목을 베어죽였는 게여. 그래 놓고도 염치는 있었던지 자기가 냉큼 보위에 올라가질 않고 필부만도 못한 자기 둘째형을 정종으로 만들어 보위에 앉혀 놓았다가, 이번에는 넷째아들놈이 자기 깜양도 모르고 임금을 넘보니까 이방원이가 또 그편을

싹쓸이하고 넷째형을 귀양보내고 말았어요. 그러고 나서 방원이가 비로소 보위에 올랐는데……, 태조 이성계는 니놈은 꼴보기도 싫다 하고 그만 함경도로 가 버렸다는 게야.'

다시 말하면, 그당시 백성들에게 비춰진 이방원의 모습은 인간백정이라 할 만큼 냉혹하고 잔인한 인물이었다.

그도 그럴 것이 고려조를 허물어뜨리는 과정에서 모든 악역은 이방원이가 도맡다시피 알려져 있었다. 그 대표적인 예가 포은 정몽주의 격살사건이었다.

그러고 여느 사람들은 조정안 권력자들의 추악한 세력다툼의 실상이나 허구성을 제대로 알 리 없었기에 단지 결과만이 밖으로 새어나가게 되어 있었으며, 불가불 이방원은 자기의 계모(강씨부인)를 미워하다 못해 그녀의 아들 둘까지 참혹하게 죽여버렸을 뿐만 아니라, 죄없는 사위까지 살해한 인물로 낙인찍혀야만 했던 것이다.

게다가 이를 덧붙이자면, 오죽 했으면 이성계까지도 방원이가 무서워서 함경도로 도망쳐야 했겠느냐 하는 말.

이쯤 되면 방원은 민심을 수습하기가 쉽지 않았던 것이다.

회암사 숲속에서는 노란 꾀꼬리 한 쌍이 찾아들어 놀고 있었다. 봄을 맞은 그들은 보금자리를 찾고 있는 모양이었다.

회암사 뒤뜰에 우두커니 무학스님 혼자 서서 꾀꼬리 노는 모습을 지켜보고 있었다. 그러다가 스님은 무슨 생각에서인지 입가에 엷은 미소를 띄웠다.

'조선왕조 3대임금 태종이라…….'

그는 회암사 뒤뜰에 서 있는 몸과는 달리 조선왕실을 걱정하고 있었다.

아직은 이성계가 정정하다는데 어쩌다 그는 함경도로 쫓겨가(?) 있었고, 방원이가 보위에 올랐다는데 민심은 뒤숭숭하기만 하니 태산같은 걱정만 밀려들고 있었다.

'……함경도에 가느니 이쪽으로 오실 일이지!'

무학스님은 은근히 이성계를 그리워하기도 했었다. 그러나 이전과는 달리 불쑥불쑥 그를 찾아갈 수도 없었다. 자식들끼리의 혈투를 지켜봐야 하는 아비 마음이 오죽이나 아팠을까마는, 아비가 되어 남한테는 자식들의 골육상쟁을 내놓고 상의할 수도 없는 일이니, 무작정 찾아가봐야 피차간에 괴로움만 더할 것만 같았기 때문이었다.

물론 스님은 여느 사람이 알고 있는 몇백 배 이상 이성계 부자를 더 잘 알고 있었다. 이성계의 올곧은 성격도 잘 알고 있었고, 방원의 저돌적인 행동이나 깊은 생각도 잘 알고 있었다.

그러면서도 스님은 그 부자간의 원만한 관계를 위해 묘수를 찾아낼 수가 없었다. 막말로 방원이가 아버지를 죽임으로써 문제가 풀어질 수만 있다면 오히려 해답이 간단했다.

어언 태종 2년 늦은 봄이 무르녹고 있던 때였다.

"큰스님, 큰스님!"

스님이 뒤돌아보니 원융스님이 다가와 있었다.

"저……, 태종전하께서 왕림하셨습니다요, 큰스님."

"뭐야, 태종전하가……?"

무슨 일로 태종 이방원이 불쑥 회암사를 왕림했다.

20. 함흥차사

찻잔을 사이에 두고 무학스님과 태종 이방원은 실로 오랜만에 마주앉았다. 무학스님이야 변함없는 승려 그대로였지만 삼십대 중반에 불과한 이방원은 지존하신 임금이 되어 있었다.

"주상전하, 차를 드소서."

방원은 무학스님이 거처하는 계월헌 방 안을 이리저리 휘둘러 보기도 했다.

"감사합니다, 대사어르신."

스님이 지레 짐작했던 것보다 방원은 구김살이 없고 밝은 표정이었다. 그리고 위풍 당당하며 자신감에 차 있었다.

"대사어르신. 지난 과거지사를 가만히 돌이켜보건대 나는 언제나 어르신께 은공만 입었을 뿐 갚은 것이 별로 없구나 하는 생각이 문득문득 떠오르곤 했습니다.”

“그 무슨 망극하신 말씀을…….”

무학스님은 조용히 귀를 귀울였다. 이방원이 꽃놀이삼아 회암사에 왔을 리는 없고, 무엇인가 하고싶은 말이 있어 왔을 터이니 긴장하지 않을 수가 없었다.

그런데 이방원은 이른바 뜸도 들이지 않고, 회암사 방문 목적을 스스럼없이 털어 놓았다.

“해서……, 어르신께서 노구를 무릅쓰고 멀리 원행을 한 차례 해 주셨으면 합니다. 아바마마와 소자 사이의 원만한 관계를 위해 말씀입니다.”

스님은 눈앞이 앗찔함을 느꼈다.

방원이 비록 임금이라고는 하나 그 당돌함이 너무나 지나쳤다. 그는 스님의 의향을 묻는 것이 아니라 아예 어명을 내리고 있었다.

“차가 식어갑니다, 전하. 어서 드소서.”

“아, 예에. 어르신께서도 드시지요.”

뒷산에서는 봄마다 울어쌌던 뻐꾸기 울음소리가 이번 봄에도 구슬피 울고 있었다.

스님은 잠시 지그시 두 눈을 내려 감았다. 오만 가지 감정이 마구 끓어오르기 시작했다.

그러니까 무학스님에게 방원은 처음부터 끝까지 당돌하기 짝이 없는 젊은이였다. 지난 17,8년 전 설봉산 토굴에서 ‘9년정진’을 마치고 이곳 회암사에 처음 내려와 있었을 적에도 이방원은 열여덟 살의 젊은이로서 불쑥 찾아와서 예를 올렸다.

그때 스님은 방원이가 범상한 젊은이가 아님을 느꼈었다.

이후, 이성계의 '위화도 회군' 당시 스님은 방원의 뛰어난 위기관리 능력과 정확한 상황판단에 혀를 내둘렀고, 정몽주의 피살 소식을 접하고서는 그의 저돌적인 공격성에 식은땀을 흘렸었다.

모악산에서 함께 한강을 굽어보면서는, 당시의 형세를 '기호지세'로 여긴다며 노골적으로 고려조를 허물고 이성계를 새로운 왕으로 옹립할 때가 왔음을 시사하면서 그의 무서운 결단력을 내보일 때도 있었다. 때에 스님은 이 젊은이가 승천하여 용이 되든가 아니면 용이 못되고 이무기라도 될 것이란 점을 쳤던 것이었다.

"나무관세음보살. 전하께서 늙은이더러 원행을 하도록 말씀하시니……, 무슨 뜻이오이까?"

스님은 조용히 두 눈을 뜨며, 아무런 짐작도 할 수 없다는 듯이 되물어보았다.

"예, 대사어른. 어르신께서도 짐작하고 계시겠지만 아바마마께서 함주 고향 집으로 또 내려가 버리셨답니다. 소자에게 아무런 한 마디 말씀도 없이……."

그토록 당찬 얼굴이었던 방원도 이 말을 하면서는 다소 어두운 그림자를 얼굴 위에 그려냈다.

"태상왕께서 함경도 땅으로 가 계신단 말씀이오이까?"

"그렇습니다, 어르신. 과인이 보기 싫으시다고……."

"……."

"지난 해만 해도 금강산으로 가시겠다고 하더니만 함홍까지 내려가셨다길래 다시 모셔왔는데, 이번에도 또 내려가셨습니다. 해서 얼마 전에 성석린대감을 보내서 환궁하시도록 애를 썼습니다만 아바마마께서는 막무가내로 말씀을 듣지 않고 계십니다. 그뿐만이 아니

오라, 아바마마께서는 세상 버리실 때까지 함흥에만 유하시겠노라고
고집으로 버티십니다.”

“무슨 말씀인지 알아듣겠습니다, 전하. 그럼 태상왕께서는 누구와
더불어 그곳에 가셨습니까?”

“물론 청해군나리가 봉행했답니다.”

“이지란 장군과……?”

“예. 익히 아시겠지만 두 분 어른 사이란 군신관계 이전에 한평생
의 우의요, 친구가 아니겠습니까? 허허허…….”

방원은 ‘알겠다’는 스님의 대답을 들은 다음에야 그 얼굴에 웃음
을 띄웠다.

차마 발설은 하지 않았지만 ‘오뉴월 닭이 여북 답답하면 지붕에
오르겠느냐?’는 식으로, 태종 이방원으로서는 생각에 생각 끝에 무
학스님을 찾아 회암사로 내려왔던 것이다.

태상왕 이성계 측으로부터 이미 수차례 ‘절대 귀경불가’라는 최
후통첩을 받은 바도 있었던 그였다.

하지만 이성계가 한양이 아닌 변두리에 나가 있는 한 제 아무리
애를 써도 민심을 추스릴 수가 없었으며, 갖가지 억측과 유언비어만
난무하기 마련이었다

조선조의 개국이념이 유학이고 유학의 본질이 바로 ‘효(孝)’에서
출발하는 것인데 임금님 방원이가 아버지를 변두리로 쫓아낸 불효
자 꼴이 되어 있었으니, 말 만들기 좋아하는 입방아꾼들이 가만히
있을 리가 만무했다. 게다가 ‘왕자의 난’이다 뭐다 해서 이야기를
만들고자 들면 그야말로 입초사는 무진장이기도 했다.

“아까도 말씀했다시피 창녕부원군을 함흥으로 내려보냈으나 헛걸

음만 치고 돌아왔습니다. 바로 엊그제 지난 달 일입니다만……."

"노대신 성석린대감이라면 태상왕께서도 못 이긴 체하실 텃수 아
니겠습니까?"

"예, 대사어른. 해서 힘들고 어려우시겠지만 큰스님께서 한차례 내
려가 보셨으면 합니다. 대사어르신 말씀이야 아바마마께서도 들으실
줄 믿습니다. 과인이 이렇게 진정으로 부탁올립니다, 어르신."

"나무관세음보살."

그날에 바람처럼 나타난 방원은 스님에게 태산보다 무거운 과제
하나를 남겨놓고 다시 바람처럼 떠나가 버린 셈이었다.

방원이 떠나고 나자, 스님의 가슴속에는 묵직한 가마솥 하나가 걸
려버린 듯했다.

그도 그럴 것이 스님도 이미 저자거리에 떠돌아다니는 소문으로
'함흥차사'란 이야기를 들어 알고 있었다.

함흥차사. 심부름 떠난 사람이 다시 돌아오지 않는다는 뜻으로 사
용되는 저자거리의 이 4자성어(四字成語)는 이성계 부자 사이를 풍
자하는 빈정거림에서 유래된 말이었다.

그러니까 함흥에 가 있는 태상왕 이성계에게 태종 이방원이 사람
을 보내면, 이성계는 가만히 있다가 아들의 심부름으로 온 신하들을
모조리 활로 쏘아서 잡아죽인다는 말이었다.

어쨌거나 두 번에 걸친 처절하고 피비린내 나는 '왕자의 난'을 겪
고 난 이성계는 실의와 절망 끝에 대궐을 떠나서 자신의 탯자리인
함흥으로 낙향해 있었다.

기록에 나타난 것만 봐도 태종 원년과 2년 두 차례였다.

태종 원년에는 승지 박석명을 보내 문안케 하고 성석린을 함흥에

다시 보내서 이성계를 한양으로 모셔올 수가 있었다.

그런데 금년에도 경기도 소요산 별전에 가 있다가 다시 훌쩍 함흥 시골집으로 내려가 버린 모양이었다.

이성계와 아들 방원의 관계가 이렇듯 껄끄럽고 보니 저자거리에서는 좀더 흉흉한 소문이 날아다녔다.

이성계가 은밀히 군사를 모우고 훈련을 시켜가지고 기어코 아들에게 빼앗긴 임금자리를 되찾을 것이란 소문까지 떠돌아다니기도 했다.

물론 사람들은 소문의 사실 여부보다는 흥미로움에 더더욱 관심을 쏟기 마련이었다. 따라서 소문을 전하는 사람들은 상대방 호기심을 더욱 끌기 위해서 이야기를 덧붙이기 마련이었다.

그즈음 이성계와 이지란은 말을 타고서 구름도 쉬어 넘는다는 철령 높은 재를 넘고 있었다.

그들의 눈 아래로 아름답기 그지없는 산야가 비단폭처럼 깔려 있었다. 새털처럼 가벼운 봄바람이 불고 있었고, 숲속 어느 곳에서나 이름 모를 꽃들이 저마다 가는 봄을 아쉬워하듯 한들거리고 있었다.

이윽고 이성계의 말이 철령 고갯마루에 올라서고 있었고, 이지란의 말도 재 위로 올라섰을 때였다.

무슨 이유에서인지 이성계는 말 옆구리에 심한 박차를 가하며 말고삐를 움켜잡았다. 이성계의 백마는 별안간에 놀란듯 질풍처럼 달려가기 시작했다.

동시에 이지란도 놀라 이성계의 뒤를 바싹 뒤쫓기 시작했다. 그럴리야 없겠지만 어쩌다가 이성계가 낙마라도 해서 변을 당하는 날에는 뜻밖의 화를 입을 수도 있는 일이었다. 당장 이방원에게 버림을 당하지 않을 수 없는 일인데다가, 구구한 억척과 소문들이 꼬리에 꼬리를 물게 될 게 뻔한 이치였다.

"태상왕마마, 태상왕마마! 말을 천천히 달리소서. 말이 너무 빠릅니다요. 그렇게 달리시다가는 큰일납니다요, 전하."

"하하하……, 와……, 와! 얼른 따라오라구, 퉁두란 장군. 내 걱정일랑하지 말고 청해군이나 조심하구료. 하하하."

이성계는 오히려 재미있어 했다. 모처럼 때묻지 않은 그의 웃음소리도 터져나왔다.

말을 타거나 활을 쏘거나 창을 던지거나 하는 등의 무예에서는 늘 막상막하였던 그들인지라 이지란이 이성계를 못 따라 잡을 리는 없었다.

이지란이 이성계를 바싹 뒤쫓으며 다시 만류했다.

"태상왕마마, 내일 모레가 벌써 70고령이십니다. 인제는 말 달리는 솜씨를 자랑할 나이가 아니란 말씀입니다."

"늙은이 걱정은 말고 임자나 조심하라니까! 낙마라도 해서 다치는 날이면 큰일이라구."

"예, 전하, 소신의 사정 좀 봐 주십시오. 신이 전하 뒤를 따르자니 틀림없이 낙마할 것 같사옵니다."

"그런가? 그럼 두 손을 번쩍 들어 주시게나!"

"알았습니다요. 자, 보십시오, 전하!"

이지란은 달리는 말 위에서 말고삐를 놓고 두 손을 번쩍 들어 보였다.

"하하하. 역시 이지란 장군이구만……."

비로소 이성계는 말의 속력을 늦추어 주었다.

두 마리의 말이 뿌연 입김을 길게 내뿜었다.

"아우님."

별안간에 이성계가 이지란을 향해 다정한 목소리로 모처럼 '아우님' 하고 불렀다.

"네. 전하!"

"음, 내가 아우님하고 불렀으면 대답도 맞춰줘야지."

"네, 형님."

"그렇지. 우리는 성님 아우님 하면서 동기간이나 다름없었어요. 나 이성계가 성님이었고, 퉁두란 자넨 아우님이었지!"

두 사람의 노장군을 등에 실은 말들은 또박또박 일정한 거리를 유지하며 걷고 있었다.

"훔쳐먹은 나이라더니, 가고오는 세월은 어쩔 수가 없는가보이. 마음같이 생각처럼 말을 달릴 수가 없음이야."

"아닙니다, 성님. 그만하면 성님은 아직도 정정하십니다. 사실은 이 아우님이 혼 났습니다요."

"에키. 그렇게 억지로 날 위할 필요는 없다니……."

어느덧 그들 두 노인은 함흥평야를 가로 지르고 있었다. 석양 노을이 핏빛으로 물들어가는 황혼의 들녘은 금방 그들 두 사람을 애상조의 회상에 잠기도록 만들었다.

"아, 여기 동북면 지방이야말로 과인의 말발굽이 아니 미친 데가 없었구나. 모처럼 과인의 마음과 몸이 확 풀리는 것 같구료. 여기 함흥평야에서 여진족 삼선 삼개를 때려잡을 때가 엊그제 같은데, 어느새 40여 년 세월 저편인 게야……, 그러고 보니까 구중궁궐 용상 자리란 원래부터 과인에게는 걸맞지 않았던가봐. 그 비좁고 답답한 용상 자리라니······."

"태상왕 전하, 망극하여이다."

"아니, 아니야. 진실로 그래요. 어찌 생각하면 진정코 그렇다니까. 나 같은 늙은 장수한테는 이렇게 푸르고 넓은 들녘이 한결 적합하고 어울릴 게야. 안 그렇소, 아우님?"

이지란은 이성계의 물음에 무슨 말로 화답해야 좋을지 우물쭈물하고 있었다.

"······?"

"임자나 나는 그저 말 달리고 활 쏘는 것을 한평생의 능사로 알고 태어난 팔자였단 말씀이야. 하하하······."

이성계는 제 아무리 호형호제하던 관계였을지라도 차마 이지란에게까지도 자기 마음속의 갈등을 까뒤집어 보일 수는 없었으니 이렇듯 자연의 품 속이 좋다는 말로 둘러치고 있었다.

그러나 이지란은 마냥 이성계의 말벗이나 되어주면서 한가롭게 세월만 보낼 수가 없는 처지였다.

그는 이방원이 눈이 빠지도록 아버지를 기다리고 있다는 사실을 누구보다 잘 알고 있었다. 훗날 역사가들이 태종 이방원을 어떻게 평가할지는 알 수 없는 일이었으나 당장은 이성계만 환궁해 주면 대궐 안은 모처럼 평화를 되찾을 기틀이 마련되어 있었다.

"태상왕마마, 멀리 대궐 일이 궁금하고 걱정되지 않으십니까?"

"흠, 어째 청해군 입에서는 그 소리가 안 나오나 했더니만······."

이성계는 금방 입맛이 가신다는 듯 쓰디쓴 표정을 지으려 들었다. 그러면서 퉁명스럽기 짝이 없는 어조로 한마디 더 내뱉았다.

"내가 대궐 일을 걱정할 것이 뭣이겠소? 주상도 계시고 상왕도 계시는 데……."

"금상전하께서 애타게 기다리고 계실 것이옵니다, 마마."

그래도 이지란 정도 되었으니 이런 식으로나마 직설을 고할 수가 있었다.

"허튼소리. 방원이 놈이 그래 과인 걱정을 한단말요?"

"그렇사옵니다, 태상왕마마."

"과인은 두 번 다시 대궐로는 아니돌아갈 작정이란 것을 아직도 모르고 있었군, 청해군은?"

"마마, 소인은 성석린대감 일이 마음속에 몹시 걸립니다요. 어명을 받들고 그 먼길을 찾아왔는데 노대신을 헛걸음치고 빈손으로 돌아가시게 해서말씀입니다. 늙은 노대신이 면목이 없고 금상전하께 얼마나 황공스럽고 안타까웠겠습니까?"

"싱거운 소리는 그만두시구료, 청해군! 과인은 이제 듣고 싶은 소리만 듣고 살기에도 세월이 아까울 정도라오."

하며 이성계는 다시 말고삐를 움켜쥐고 세찬 박차를 가했다.

이지란은 천천히 말을 몰아가면서 깊은 생각에 빠져들었다. 어느새 이성계가 탄 말은 까마득한 지평선 저 너머로 자취를 감춘 뒤였다.

'내 힘으론 불가한 일이로다.'

이지란은 한계를 느꼈다. 지금까지 이지란으로서도 무리한 청탁을 한 일이 없었지만, 웬만한 일에 있어서 이성계는 자신의 하는 말을 그토록 비정하게 가로막아 본 일 또한 없었다.

'내 힘으로도 저 어른의 마음을 움직일 수가 없다면…….'

함흥평야로 내려덮이는 어둠살이 이지란의 가슴속까지 파고드는 것 같았다.

다음 날 정오 무렵 이성계와 이지란이 함흥에 있는 사저 청마루에 망연히 앉아 있었다.

산새들의 울음소리가 들렸고, 뻐꾸기의 구슬픈 울음소리도 들려왔다.

이성계에게 대궐로 돌아가자는 말만 하지 않으면 그의 얼굴 표정은 언제나 조용했다.

먼 하늘가로 흰구름이 둥둥 떠다니는 늦은 봄 날씨였다.

그런데 이성계에게 환궁하자는 말을 하지 않기로 한다면 이지란으로서도 달리 할 말이 없었다.

이방원은 이성계를 잘 좀 보살펴 달라는 말을 하며 이지란 장군을 함흥에 보내주었지만 숨긴 목적은 그것이 아니란 것쯤 그로서도 너무나 잘 알고 있었다.

어디를 가 있든지 이성계의 신변 안전에는 철저를 기해 오던 방원이었다.

참새떼가 재잘거리며 마당에 내려앉아 맨 땅 위에서 무엇인가를 쪼아먹고 있었다.

"뭣을 생각하고 있소, 청해군?"

두 사람 함께 하릴없이 우두커니 먼 하늘을 지켜보다가 이성계가 먼저 입을 열었다.

"푸른 하늘에 떠있는 흰구름을 바라보고 있습니다요."

"왜? 인생이란 것이 생겼다가 스러지는 한조각 뜬구름 같아서?"

"세상만사가 그런 것 아니겠습니까? 생겨나고 없어지고 없어졌다가는 또 생겨나고……."

"그래요. 만사가 무상인 게야."

이지란이 새삼스레 건너다 보니, 이성계의 얼굴에도 우수가 어려 있었다.

"마마께서는 무슨 생각을 하고 계셨습니까?"

"으흠, 그냥 이리저리 잡스런 생각에 잠겨 있었지요."

"소신이 한번 맞춰보리까?"

"어디, 맞춰보시구료?"

"마마께서는 지금 경순공주님을 생각하고 계셨을 겝니다. 틀렸습니까, 마마?"

"허허허……, 늙은이 속내를 잘도 알아보고 있구만. 허허허. 기왕에 죽은 것들은 죽었다지만 살아있는 경순이를 생각하면 가슴이 메어지듯 쓰리고 아프다오. 그 젊은것이 청상과부가 된 것만 해도 한스럽고 서글프기 그지없는데……, 머리 깎고 산 속으로 들어가 버렸으니……. 모든 게 늙은이의 허물이요, 업보인 것을……."

이성계의 눈시울에 물기가 어리고 있었다.

"태상왕마마, 소인 퉁두란은 변방 여진족으로 장군님따라 싸움터에서 한평생을 보내다가 오늘에 이르렀습니다. 그야말로 동고동락 삶과 죽음의 문턱을 마마와 함께 넘나들었습지요. 밑으로는 지리산과 남해안 바닷가에서부터 북으로는 함경도와 만주 벌판까지……. 이 놈 퉁두란의 화살에 맞아 피 흘리며 죽어간 자도 많았고, 억울하고 불쌍하게 내 말발굽에 짓밟혀 죽은 자들도 부지기수로 많았습니다."

"그걸 누가 몰라? 임자 당신이나 나나 죄업이 크고 많다는 거……, 허허허."

"해서 마마께 한말씀 드리지 않을 수 없습니다요. 늙은 이 퉁두란의 말씀을 가납하소서, 마마."

"무슨 말씀을, 또?"

"부디, 금상전하께서 기다리고 계시는 대궐로 돌아가소서!"

"또 그 소리! 그런 말씀일랑 하지 말라니까. 우리 두 늙은이는 여기서 이렇게 조용히 살아가면 좋지, 뭐……."

"마마, 말씀을 더 들으소서. 소인도 생각이 있습니다요. 앞으로 장차 태상왕마마께서 환궁하게 되시더라도……, 이 늙은 퉁두란이는 마마를 모시지 않을 작정입니다. 소인은 여기 머물러 지내면서 다른 일을 할 생각입니다."

"뭣이라고? 다른 일?"

"예, 마마. 남정북벌, 퉁두란의 이 손바닥에는 붉은 피가 많이 묻어 있구나 하는 생각이 들고, 사뭇 생령들을 죽인 죄과가 너무나 크고 많다는 생각입니다. 그러므로 소인은 그 많은 죄업을 만들어낸 내 손을 씻어주고, 죽은 자의 넋을 위로하며 저들의 명복이나 빌면서 얼마 남지 않은 여생을 마칠까 합니다. 늙은 소인도 산 속으로나 들어가 대자대비 부처님을 모시고……."

"아니, 퉁두란? 그것이 무슨 소립니까? 늙으막에 머리 깎고 무슨 중이 되겠다는 말씀이오?"

"마마, 부처님의 대비심은 하해와 같아서 나 같은 죄인을 너그러이 받아주시며 나 같은 늙은이도 마다하지 않는다고 했습니다."

"허허……, 과인이 차마 듣고싶지 않은 소릴 또 다시 듣는구료. 그것은 아니돼. 내가 용서 못해요. 임자는 나와 함께 여생을 마치기로 하질 않았소? 비록 난 시 난 때와 탯자리는 서로 달랐어도, 죽을 때는 같은 시간 같은 장소에서 함께 죽기로 맹세하질 않았던가?"

"성은이 망극하여이다, 태상왕마마. 허나 그럴 수는 없음이지요. 허허허……!"

이윽고 이성계의 얼굴 표정이 참혹하리만큼 일그러졌다. 말로써 표현하진 않았지만 이 세상에 단 한 사람 남아 있는 벗이라고 생각했던 이지란마저 영영 자기 곁을 떠나겠다고 하니 가슴속 한구석이 뻥 뚫리면서 찬바람이 스며드는 것만 같았다.

손잡고 마주앉아 있다 해도 얼마 남지 않은 세월일 텐데 그 세월도 마다하고 일삼아 헤어져야 한다니…….

이성계의 눈에서 두어 방울 눈물이 흘러내리까지 했다.

두 사람은 말을 잃고 한동안 저마다의 상념에 잠겨 있었다.

그때 무학스님과 원융스님이 그곳으로 찾아오지 않았더라면, 그들 두 사람은 그 자리에 앉아 돌부처가 되었으리라.

21. 귀로

　무학스님의 두 손을 잡은 이성계는 아무 말을 하지 못했다. 스님 역시 할 말을 잊고 있었다. 그들 두 사람은 서로가 그리워하면서도 차마 만나지를 못 했었다.

　"자, 이러고 마당 가운데 서 있지 말고, 어서 올라가십시다."

　이지란이 마당 가운데서 마주 손잡고 서있는 두 노인을 청마루 위로 안내했다.

　참으로 이상한 일이었다.

　이성계는 이성계대로 무학스님에게 할 이야기가 무진장 많은 것 같았는데, 막상 만나고 보니 말문이 터지지를 않았고 무학스님은 무학스님대로 그러했다.

　수인사로 서로 안부를 묻기도 싱거운 노릇이었다.

"태상왕마마, 그동안 별고 없으셨는지요?"

"하하하……, 보시다시피 나는 이렇게 잘 지내고 있어요."

청마루에 올라가 자리를 정해 앉고서야 스님이 먼저 입을 열었다.

"그래, 대사께서도 고생이 많았다지요?"

"빈도는 어차피 고행 길에 나선 사람 아닙니까요."

가까스로 수인사를 마치자 또 말문들이 막혔다.

"이지란 장군님도 반갑습니다."

"저 역시 왕사어른을 만나뵈오니 반갑기 한량없습니다."

이윽고 시자승 원융스님이 정성껏 차를 달여서, 세 사람의 노인들 앞에 공손히 꿇어앉았다.

"그대가 원융스님이라고 했던가? 반갑습니다."

찻잔을 받아들며 이성계가 원융스님에게 따뜻한 시선을 보냈다.

"황공하옵니다, 태상왕전하."

무학스님과 원융스님이 들어오고 이성계와 이지란이 청마루서 나오고 하는 바람에 놀라 후루룩 날아갔던 참새떼들이 다시 마당 한가운데로 내려앉아 모이를 찾고 있었다.

'어떻게 한다?'

이성계와 무학스님은 동시에 이런 생각을 품고 앉아 있었다.

말하자면 이성계는 무학스님이 함흥까지 자기를 찾아온 까닭을 알고 있었다. 스님 역시 이성계가 자기의 방문 목적을 익히 짐작하고 있으리란 사실까지 알고 있었다.

"허허허. 이렇게 앉아 있으니까 옛날 생각이 떠오릅니다요, 왕사어르신. 그 왜 새 도읍지를 찾아서 계룡산으로 내려갔을 적에 말입니다. 때에 마마께서는 왕사어른을 모시고 동행코자 하여 회암사까지 친행하였습지요. 그래서 계월헌에 앉아 이렇게 차를 마신 적이 있지 않았습니까?"

무학스님과 이성계가 너무 오랜 침묵 속에 잠겨있자 이지란이 너스레삼아 이렇게 입을 열었다.

"예, 그때도 소승이 이렇게 차를 따뤄 올렸습지요."

원융스님이 이지란의 말에 화답했다.

"나무관세음보살."

세 노인은 말없이 차를 마시기 시작했다.

그러던 어느 순간이었다. 이성계가 먼저 불쑥 입을 열었다.

"금상전하 방원이가 노스님까지 이렇게 먼길을 원행케 했습니까?"

"……."

"으흠. 늙은이는 돌아가지 않을 것입니다, 대사. 먼 예까지 오시느라 고초가 많았을 줄 압니다만 나는 그럴 생각이 전혀 없습니다."

이성계가 거두절미하고, 이렇듯 먼저 선수를 치고 나오자 스님 또한 맞불작전인 듯 결론부터 들이댔다.

"마마, 그만 노여움을 푸시고, 부디 환궁토록 하옵소서."

"내가 대궐에 가봐야 할 일이 무엇이겠소? 천덕꾸러기 늙은이로서 뒷방 차지나 할 밖에……."

"무슨 그런 망극하신 말씀을……. 마마, 그 옛날 장군께서 서까래 꿈을 꾸시고 설봉산 토굴까지 빈도를 찾아주신 일 기억하십니까? 그때의 일이 천기였다면 오늘 이렇게 빈도가 마마를 찾아뵙게 된 일 또한 천기일런지도 모르는 일이옵니다. 태상왕전하께서는 빈도를 소홀히 대접하지 마옵소서."

이미 무학스님과 이성계의 시선에서 파란 불꽃이 일고 있었다.

"그것은 또 무슨 뜻입니까?"

"지금은 창업의 때를 지나고, 그 이룩한 것을 지키고 가꿔야 할 수성의 때인가 합니다, 마마. 그러므로 전하께서는 밖이 아니고 안에 계셔야 할 줄로 압니다. 기왕지사 지난 세월의 아픔과 고통을 모쪼록 참고 잊으시면서 종사의 만년대계를 스스로 돕는 것이 하늘의 뜻이요, 도리인가 합니다. 금상전하가 또한 자식된 도리로서 그 어버이를 모실 수 있는 정성과 기회를 갖게 하소서. 대저 사사로이는 부자유친의 강상까지 저버리고서야 금상전하께서 무슨 염치와 면목으로 국사를 논할 것이며, 어찌 백성을 면대할 수 있사오리까?"

이지란은 가슴을 조이며 두 사람의 대화를 경청하고 있었다. 마음 같아서는 당장 스님의 편에 뛰어들어 도움말을 주고도 싶었지만 자칫 잘못하다가는 역효과만 날 것 같아 꾹 참고 있었다.

"그렇게 애비를 위한다는 놈이, 늙은이의 뜻을 거슬렸단 말입니까? 으흠."

"판단은 태상왕마마께서 하시되 빈도는 금상전하의 말씀을 곧이곧대로 전해 올리겠습니다. 금상전하께서는 아바마마가 돌아오시는 대로 대궐을 다시 한양성으로 옮길 작정이라고 하셨습니다. 지난번 상왕 시절에 한양성에서 개경으로 다시 도읍을 옮긴 바 있었으나 역시 개경은 틀렸다는 것이옵니다. 새나라 새 도읍지를 버리고 옛날의 개경으로 돌아온 일은 크게 잘못된 일이라고 했사옵니다, 태상왕마마. 금상전하께서는 한양으로 대궐을 옮기고 국기를 다시 굳건히 다지며, 민심을 바로잡을 결심이라 했사옵니다. 부디 태상왕전하께서 환궁하시기를 진실로 애타게 기다리고 있사옵니다."

“…….”

이성계가 바위처럼 앉아 있자, 비로소 이지란이 나섰다.

“그야 금상전하께서 열백 번 잘 생각하신 일이지요. 어떻게 정해진 도성인데 그렇게 쉽사리 버릴 수가 있단 말씀입니까? 태상왕마마, 그렇지 않습니까요?”

“으흠. 그건 금상전하가 잘 생각하신 일이구만. 허허허…….”

이윽고 이성계의 굳어 있던 마음이 조금 허물어지는 듯했다. 무학스님의 막말에도 거부권을 행사하고서는 태종 이방원과 부자의 천륜까지 끊는 수밖에 딴도리가 없었기 때문이었다. 아니, 무학스님의 간청에 못 이겨 발길을 돌렸다면 명분도 그럴 듯해질 것 같았다. 뿐만 아니라 인생의 황혼기에 서있는 몸으로 그나마 한 사람의 말벗으로 남아 있던 무학스님인데, 차마 그 손마저 뿌리치고 싶진 않기도 했다.

대문 밖 어디에서 송아지의 애절한 울음소리가 들려왔다. 어미소와 떨어져 팔려온 송아지 같았다.

“들어 보옵소서, 태상왕전하. 저렇듯이 애타게 어미소를 찾는 송아지 울음소리를……. 마마, 미물 죽생늘도 지어니 찾아 지렇게 슬피 우는데, 항차 인두겁을 쓴 인간이야 오죽하리까? 자식된 자는 그 부모를 그리워하는 것이 마땅한 도리입지요. 그러고 그 부모 또한 자기 자식을 생각하기 마련이고…….”

이지란이 쐐기를 박듯이 이렇게 이성계의 부성애를 자극했다.

결과적으로 무학스님은 태상왕 이성계의 고집을 꺾었다. 따라서 의욕적으로 왕권확립과 아울러 국기를 다지고자 애를 쓰던 태종 이방원에게 무학스님은 결정적인 날개를 달아준 셈이 되었다.

아무튼 1402년 태종 2년 여름, 무학스님은 태종에 의해 회암사의 '감주(監主)'가 되었다.

그러고 보면 무학스님은 이성계 부자에게 꽤나 결정적인 공헌을 했던 것이다.

'태종실록'에 보면 같은 해 8월 2일자에는 다음과 같은 기록도 나온다.

'태상왕이 회암사에서 처음으로 왕사 자초스님의 계를 받았다. 그러고 나서 태상왕은 일체 육식을 하지 않았다.'

생각을 거듭하면 할수록 역사적인 역설을 아니느낄 수가 없는 대목이었다.

이른바 불교국가인 고려조를 무너뜨리고 유교이념의 조선왕조를 건국한 이성계가 말년에는 불가(佛家)에 귀의했다니…….

추측컨대 그의 인간적 괴뇌와 세상사에 대한 허무의식이 그로 하여금 종교적 신앙생활로 귀의케 했을 것이며, 둘째부인 신덕왕후의 명복을 빌기 위해 지금의 정릉에 흥천사를 세우는 등 많은 불사와 법회까지 가졌다니 그의 정신적 방황과 회한은 끝날 줄 모르게 계속된 모양이었다.

청해군 이지란 장군은 이성계의 간곡한 애원도 마다한 채 도성으로 되돌아오지 않았고, 어디론가 자취를 감춰버렸다. 이지란은 자기의 행방을 그 어떤 이에게도 밝혀 주지 않았다.

짐작컨대 그는 첩첩산중에 있는 어느 암자를 찾아가 풍진세상을 등지고 살 요량인 것 같았다.

그렇게 이지란까지 잃은 이성계에게는 그야말로 벗이라곤 오직 무학스님뿐이었다.

회암사로 찾아온 이성계에게 계를 주면서 무학스님은 남몰래 눈물까지 흘렸다.

굳이 까닭을 밝혀보고자 들자면 이성계가 불가에 귀의하고 계를 받을 수밖에 없었던 여러가지 사유를 주워섬길 수도 있겠지만 그것 또한 부질없고 서글픈 노릇.

이성계는 좀더 많은 시간을 무학스님과 함께 하고 싶어했을 뿐이었다. 스님은 그걸 알고 있었다.

그리고 답답한 대궐을 떠날 수 있는 구실로서도 그에게는 무학스님을 찾아간다는 말 이상이 없었다. 방원도 이성계가 무학스님을 만나러 가겠다면 막을 도리가 없었고, 막아야 할 까닭도 없었다.

"태상왕마마, 하례드립니다. 부디 성불하옵소서!"

"나무관세음보살. 왕사어른 고맙습니다. 나같이 미거한 불자에게도 이렇게 계를 주시고……, 허허허."

무학스님이 계를 내리고, 이성계가 계를 받는 모습을 바라보면서 원융스님은 백발이 된 두 어린아이들의 소꿉장난을 보는 듯한 착각에 빠져들었다.

"대사어른, 늙은이가 한가지 제안을 하겠소, 들어주시겠습니까?"

"하명하옵소서, 마마. 빈도 외람되게 지장보살님을 따르고자 하옵는데 구간지옥인들 마다 하겠습니까? 허허허."

"아니, 아니야. 지옥까지 함께 갑시다하는 주문은 아니고……, 그러니까말야. 이 늙은이가 죽어서 묻힐 땅 한뙈기 잡아주시겠소?"

"마마의 유택 말씀이옵니까?"

"그래요. 과인의 묏자리를……. 가만히 생각해 보면 왕사어른이나 내나 저세상 갈 날이 얼마 남지 않았다니. 해서 대사어른 손으로 내 무덤자리를 봐 줍시사 하는 겁니다.”

“예. 빈도가 아는 바는 없으나, 지성을 다하여 마마의 유택을 찾아 보겠습니다.”

“오, 고맙고 고맙구료! 그렇다면 과인도 한 가지 대사께 해드릴 생각이 있습니다. 지금까지 과인에게 베풀어 준 크나큰 공덕에 대한 보답으로……, 과인이 대사님을 위해서 일찌감치 부도탑을 하나 만들 생각입니다. 장차 무학대사님의 진골사리를 모실 부도말씀이야……, 이곳 회암사에다…….”

“빈도에게서 무슨 사리가 나올 수나 있을지요?”

“그건 과인이 모를 일이지요. 하하하…….”

도성이 개경에서 다시 한양성으로 옮겨온 때는 1404년 태종 4년 10월이었다.

그러나 이성계는 그런저런 국사에는 일체 관여하려 들지 않았다.

이제 이성계는 자신이 묻힐 곳을 찾아다니기에만 바빴다. 물론 그는 무학스님과 동행이었다.

“어떻습니까, 대사어른이 보시기에는……. 검안산 아래 여기가 발복지로 명당 자리가 되겠습니까?”

“글쎄 옳습니다.”

무학스님과 이성계는 경기도 양주에 있는 검암산의 지형 지세를 둘러보는 중이었다.

물론 그간 스님과 이성계 두 늙은이는 전국의 명산을 두루두루 돌아 보던 중이었다.

검안산은 현재 망우리 너머 ‘동구릉’이 자리잡은 산이었다. 그곳에는 이성계의 건원릉을 비롯해서 아홉 능침이 있으니 예로부터 명당으로 소문나 있었던 모양이었다.

"늙은이이야 죽으면 한웅큼 부토로 돌아갈 뿐이지만, 그 자손이 번창하고 천년사직을 잘 이어가야 할 것 아닙니까? 그것이 바로 조상노릇 하는 할애비들의 한결같은 바램이겠지, 뭐."

"이를말씀입니까, 마마. 백자천손이 영세 무궁하기를 바랄 뿐인가 하옵니다."

"고맙습니다, 큰스님. 허허허……."

바람이 불어 옷자락이 휘날리기 시작했다.

스님은 문득 바람에 흩날리는 백발이 성성한 이성계의 얼굴을 가만히 지켜보고 있었다.

그러자 이성계는 무안쩍다고 생각되었는지 스님과 시선을 잠시 맞춘 뒤에 입가에 빙그레 미소를 흘리며 입을 열었다.

"세삼스레 무얼 그리 빤히 보십니까, 늙고 주름살 많은 늙은이 상판때기에 뭣이라도 묻어 있습니까?"

"태상왕전하, 빈도가 한 말씀 올려도 노여워하지 않으시겠습니까?"

"말씀하세요. 대자대비 부처님께 귀의한 몸인데, 지금 와서 무슨 말을 듣고 슬퍼하고 노여워하겠습니까, 허허허……."

스님은 또박또박 읊조리듯 말을 이어갔다.

"마마께옵서는 천군만마를 호령하는 장수는 될지언정 군왕자리에는 마땅히 어울리지 않으신 것 같사옵니다. 그러므로 그저 창업개국의 주춧돌 한 개를 부지런히 놓으셨을 뿐……."

"무슨 뜻입니까? 그것이……."

"터를 닦고 주춧돌 세우시는 일은 전하의 몫이었습니다만, 그것을 지키고 길러내는 일은 역시 다른 사람의 몫인가 합니다. 두고 보십시오. 가령 금상전하께서는 만년대계를 세우실 어른인가 합니다."

"그런 무슨 엉뚱한 소리를? 허허허……."

스님의 얼굴 표정은 더욱 진지하게 정색이 되어 있었다. 그의 눈은 빛을 발하듯 상대방의 마음까지 꿰뚫어보는 듯했다.

"빈도가 솔직하게 묻겠습니다, 마마. 애시당초 어린 왕세자를 책봉하셨던 일……, 지금에 와서 생각해도 그 일이 옳으셨는지요?"

"그야, 뭐……."

이성계는 자신있는 대답을 못했다.

"더구나 백척간두에 서있는 어려운 국초에말씀입니다. 황공한 말씀이오나, 그때 일은 종사를 책임져야 할 군왕으로서가 아니고, 한낱 사사로운 지아비의 부정(父情)에 지나지 않았습지요. 물론 그렇다고 금상전하가 하신 일을 다 옳았다고는 할 수 없습니다만……. 빈도는 그것이 언제나 가슴 아프고 안타까웠습니다, 태상왕마마."

그러자 이성계는 긴 탄식을 토해내고, 먼 허공을 올려다보며 말했다.

"그래요, 그래. 그럴 수도 있겠지, 뭐. 관세음보살. 과인이 쌓아놓은 전생의 악업인 게야……."

무학스님은 슬그머니 손을 내밀어 허무감에 휩싸이는 이성계의 손을 잡았다. 이성계 역시 손을 내밀어 스님의 다른 손 하나도 마저 잡아 주었다.

이윽고 두 노인은 시원하게 불어오는 산바람에 옷자락을 날리면서 검안산을 내려오고 있었다.

두 노인들의 모습을 보고 꿩들이 놀라 후루룩 날아가기도 했다.

회암사로 돌아온 스님은 원융스님을 불러 '떠날 채비를 하라' 일렀다. 그러고 원무스님에게 다시는 못 돌아올 것 같으니 '회암감주' 자리도 비운다는 말을 했다.

"큰스님, 어디로 가실려고 그러십니까?"

원융스님은 섬뜩한 기분이 들어 물어보았다.

"금강산이 좋다더구나……."

태종 5년 1405년 을유년 봄이었다.

무학스님은 금강산 진불암에 자리잡고 계시다가 4월에 금장암으로 옮겨 앉았다. 어디서 소문을 들었는지 나이 갓 서른이 된 수제자 함허당 기화스님이 금장암으로 찾아와 문후를 여쭙고 돌아갔다.

기화스님이 돌아간 뒤 스님은 환후를 얻어 자리에 눕게 되었다.

"큰스님, 어찌 하면 좋습니까요? 무슨 탕약을 올릴깝쇼? 가르쳐 주옵소서, 큰스님."

원융스님이 울상을 지었다.

"허허, 이놈 원융아, 관세음보살이다. 나이 80줄에 병이 들었는데 약은 써서 뭘 하겠느냐? 허허허."

스님은 아프신 중에도 입가엔 빙그레 미소 한점을 그려 놓고 있었다. 지난 날이 두서없이 떠오르자 가소롭기 짝이 없는 장난이요, 부질없는 한바탕 소동인 것만 같이 여겨졌던 모양이었다.

"큰스님, 무슨 일로 웃으십니까? '염화미소' 가섭존자님의 연꽃이라도 보셨습니까?"

"내 주제에 연꽃은 무슨……, 무악재에서 만났던 그 늙은 농부님의 검은 암소 생각이 나서 그러는구나. 허허허."

"……."

"원융아?"

"예, 큰스님!"

"팔만 가지 행실 중에서 영아행이 제일이니라. 때 묻지 않은 어린 이의 행실말이다. 옛 조사님들 말씀대로 평상심(平常心)이 곧 도(道) 인게야. 즉심즉불(即心即佛) 마음이 곧 부처님이고말고. 원융이 니놈 이 한평생 고맙구나. 어서어서, 부디 성불하거라."

"큰스님, 4대가 흩어지면 어디로 가는 것입니까?"

"나도 모르겠다. 나무아미타불 관세음보살!"

비로소 무학스님의 두 눈이 사르르 감겼다.

"큰스님, 큰스님! 어디로 가십니까, 큰스님?"

무학대사 자초 큰스님은 태종 5년 을유년 가을, 9월 열하룻날 밤 에 세상을 떠났다. 세수 79세요, 법랍 61년.

그의 부도와 탑비는 회암사에 세워져 있다.

학자들에 의하면, 무학대사의 사상은 도참과 선 그리고 호국사상 의 세 가지로 집약할 수 있으며, 시대와 역사의 변혁기에 진보적인 승려로서 특히 그의 현실참여와 호국사상은 훗날 휴정 서산대사와 유정 사명당에 이어지고, 현대사의 용성대선사와 만해 한용운스님으 로 그 맥이 이어져, 오늘날까지 살아 숨쉰다고 하겠다.

끝.